CHUANGXIN

高校教师对教育技术创新的采纳行为研究

高 峰◎著

GAOXIAO JIAOSHI DUI JIAOYU JISHU
CHUANGXIN DE CAINA XINGWEI YANJIU

中国社会科学出版社

图书在版编目(CIP)数据

高校教师对教育技术创新的采纳行为研究／高峰著．—北京：
中国社会科学出版社，2015.4
ISBN 978 - 7 - 5161 - 5938 - 5

Ⅰ.①高…　Ⅱ.①高…　Ⅲ.①高等学校－教师－教育技术－
技术革新－行为－研究　Ⅳ.①G645.12

中国版本图书馆 CIP 数据核字(2015)第 075063 号

出 版 人	赵剑英	
责任编辑	任　明	
责任校对	邓雨婷	
责任印制	何　艳	

出　　版	中国社会科学出版社	
社　　址	北京鼓楼西大街甲 158 号	
邮　　编	100720	
网　　址	http：//www. csspw. cn	
发 行 部	010 - 84083685	
门 市 部	010 - 84029450	
经　　销	新华书店及其他书店	

印刷装订	北京市兴怀印刷厂	
版　　次	2015 年 4 月第 1 版	
印　　次	2015 年 4 月第 1 次印刷	

开　　本	710×1000　1/16	
印　　张	15. 75	
插　　页	2	
字　　数	259 千字	
定　　价	55. 00 元	

前　言

　　教育是一个国家取得经济增长、促进社会繁荣和增强全球竞争力的关键，也是个人获得良好发展的必由之路。进入信息化、知识经济时代，社会发展对人才信息能力、创新能力等素质的要求给高等教育传统教学模式提出了新的挑战，而以信息和通信技术为核心的现代教育技术的发展为高等教育应对这些挑战提供了机会和途径。新的时代学习者各方面的变化、知识爆炸式的更新换代也迫切要求高等教育在教学中整合先进的教育技术。这种情况为各国政府、高等教育机构所认识，并从政策、投入等方面为发展和推广现代教育技术做出巨大努力，期望通过技术与教学的整合改善高等教育的教学质量，解决面临的种种困境，最终促进高等教育的改革和发展。但遗憾的是我们并没有看到所期望的结果。在教学中使用新技术尚未成为教师普遍自发的行为，高等教育至今还未能因新技术的使用而产生根本性的变革，无论是发达国家还是发展中国家，情况基本相同，我国也不例外。这一情况引起各界的高度重视。

　　针对上述情况，本研究将关注的重点放在高校组织在引进或开发一项新型教育技术后，影响技术在高校组织内扩散或被采纳的因素，研究的对象为在教育技术创新扩散过程中起关键作用的教师个人。研究的主要问题是：影响教师在教学中采纳教育技术创新的主要因素有哪些？这些因素是如何产生影响的？对处于不同采纳阶段的教师来说，影响采纳的因素及其影响机制有何差异？

　　为了回答这些问题，本书在对文献进行分析的基础上，综合了以往相关研究的理论成果，识别了影响教师接受和采纳教育技术创新的关键因素，剖析了关键认知信念对采纳意向和行为产生影响的路径关系，遵循"认知信念→采纳意向→采纳行为"的分析逻辑，从创新特征、个人特征、组织干预、社会影响四个方面提出了四个影响因素结构模型和18个理论假设。为了检验这些模型和假设以解决提出的问题，本研究根据美国学者罗杰斯提出的个人创新采纳决策过程模型，选择了其中两个重要阶段：决策阶段和确认阶段，以高等学校教师在日常教学中网络教学系统的采纳为背景，以5所不同类型的国内高等学校作为研究实施的场所，通过网络和印刷问卷调查方式共获得592个样本数据，其中处于决策阶段的被试样本180个，处于确认阶段的被试样本412个。采用结构方程建模方法对这些样本数据进行了分析，在与以往研究成果对话的基础上，最终形成如下研究结论：

1. 处于决策阶段的被试可分为三类：拒绝者、观望者和转化者；处于确认阶段的被试也可分为三类：中止倾向者、探索者和积极者。不同类别的被试采纳或持续采纳意向不同，对网络教学系统的创新特征（包括有用性感知、易用性感知和相容性感知）、个人特征（包括自我效能、个人创新性）、组织干预（包括制度承诺和促进条件）和社会影响（包括主观规范和社会形象感知）诸因素的认知也不同。

2. 创新特征感知、个人特征、组织干预和社会影响均为影响教师在教学中采纳网络教学系统的重要因素，并且对处于不同创新采纳阶段（决策阶段和确认阶段）的教师来说，有些因素的影响是不同的。具体地说：

（1）对处于决策阶段的教师来说，有用性感知、易用性感知、制度承诺、主观规范和社会形象感知等因素直接正向影响持续使用意向；相容性感知、自我效能、个人创新性、促进条件、主观规范等因素通过正向影响有用性感知间接影响持续使用意向，且自我效能、个人创新性和促进条件还通过正向影响易用性感知间接影响持续使用意向。

（2）对处于确认阶段的教师来说，有用性感知、易用性感知和主观规范等因素直接正向影响持续使用意向；持续使用意向和促进条件直接正向影响使用水平；相容性感知、自我效能、个人创新性、促进条件和主观规范等因素通过正向影响有用性感知间接影响持续使用意向，且自我效能、促进条件还通过正向影响易用性感知间接影响持续使用意向。

（3）对处于不同阶段的教师来说，有些因素的影响发生了变化。制度承诺和社会形象感知对决策阶段教师的持续使用意向具有影响，而对确认阶段教师的影响不显著。个人创新性对决策阶段教师的有用性感知具有影响，对确认阶段教师的有用性感知的影响不显著。

此外，有用性感知、易用性感知、主观规范对持续使用意向的影响，主观规范对有用性感知的影响，促进条件对易用性感知的影响，对两个阶段的教师来说作用程度是不同的。有用性感知对持续使用意向的影响对确认阶段的教师来说作用程度较高；而易用性感知、主观规范对持续使用意向的影响，主观规范对有用性感知的影响，促进条件对易用性感知的影响，对决策阶段的教师来说作用程度较高。

以上结论在增加创新扩散和技术采纳理论研究在中国高等教育领域的经验的同时，在一定程度上也弥补了国内在高校组织技术创新推广和实施研究的不足，为教育技术开发者和高校组织的教学信息化管理提供了有益参考。

本书分为八章：

第一章：导论。主要介绍本研究的现实背景、理论背景和研究意义，在此基础上提出本研究的研究目标和研究问题，确定研究的技术路线和研究方法，并介绍本文的结构和内容安排。

第二章：相关理论研究。回顾与本研究有关的主要理论视角，综述这些理论视角的发展与理论创新途径，为本研究的研究模型发展提供基础。

第三章：教育领域技术创新扩散与采纳研究综述。采用元分析方法分析教育领域现有研究的现状以及关注的焦点因素，在此基础上，对关键影响因素及其与采纳行为的关系进行评析，确立本研究的努力方向和研究重点。

第四章：研究假设和研究模型。首先提出研究模型的理论框架，在此基础上确定本研究的关键变量，然后对变量概念进行界定并提出相关的研究假设，最后给出本研究的研究模型。

第五章：研究环境、测量工具、数据收集与样本特征。首先介绍了本研究的研究环境的选择，然后描述问卷的设计过程，按照这个设计过程讨论变量的操作化和测量工具，介绍小范围访谈和问卷试测过程及结果，接着报告数据收集过程，最后报告对样本特征的分析结果，包括样本的描述统计分析、被试对各因素的认识差异和对被试的聚类分析结果。

第六章：模型和假设检验分析。首先介绍本研究的数据分析方法，然后报告测量模型和结构模型的检验结果。

第七章：结果分析和讨论。从创新特征、个人特征、组织干预和社会影响四个方面对上一章的数据分析结果进行讨论，本研究分析结果与以往研究和理论对话，最后进行综合分析。

　　第八章：研究结论、意义与展望。给出本研究的研究结论，总结研究的创新之处，分析研究结论的管理和实践意义并提出政策建议，指出本研究的不足之处并提出需要进一步研究的问题。

目　录

第一章　导论

第一节　研究背景和意义

一　现实背景

　　教育是一个国家取得经济增长、促进社会繁荣和增强全球竞争力的关键，也是个人获得良好发展的必由之路。而教育发展的历史性实践越来越清晰地印证了这样一个事实：教育技术是一个时代、一个国家或地区教育发展水平的重要标志，教育技术革命是推动教育进步的本质力量。[①] 人们在谈到教育发展时，普遍认为在人类的教育史上迄今为止历经了四次教育革命，《美国教育技术》一书写道："第一次革命是将教育年轻人的责任从家庭转移到了专业教师手中；第二次革命是采用书写作为与口语同样重要的教育工具；第三次革命是发明印刷术和普遍运用教科书；第四次革命现在正发生于西方国家，尤其是美国。这是近年来电子学、通信技术及数据处理技术飞跃发展的结果。"[②] 我国学者根据美国学者伊利关于教育技术涉及教学人员、教学工具和教学活动三类资源的提法，对以上说法予以修正，认为：采用书写文字和印刷术的发明可合并为一次革命，而班级授课制的推行可作为另一次革命[③]。在第一次革命中，"儿童被集中在一起，由专人进行教育"，一改先前"教育由原始社会的大家庭负责"的现象，教育技术中的一个重要资源得到根本性的开发，即教师劳动的职业化。第二次革命中"采用书写文字"和"印刷术的发明"改变了口耳相传的单一信息传播方式，使教育技术的另一个重要资源——教科书得到大面积推

---

① 刘先义：《教育技术革命及其实现》，《学术交流》1996 年第 1 期。
② 章伟民、曹揆申：《教育技术学》，人民教育出版社 2000 年版，第 6 页。
③ 同上。

广。第三次革命中的班级授课制采用"大生产"的教育方式使教师和教科书的作用得到更充分的发挥。以上三次革命奠定了教师中心、书本中心和课堂中心的教学哲学。而随着新技术的发展，这三个中心又会逐渐失去合理性，并被新的、更富生命力的东西所代替，这种新的、更富生命力的东西就是现代教育技术。① 尽管以上关于"教育四次革命"的提法存在一定差异，但它们有一个共同点，就是都涉及了对教育产生重要影响的技术，这些技术包括语言、文字、印刷术和产生于 20 世纪的信息和通信技术。

　　20 世纪是一个技术大发展的世纪，特别是 20 世纪 90 年代以来，以计算机和通信技术为龙头的信息产业飞速发展，形成了以因特网为核心的世界性信息网络，把我们从工业经济时代带入到一个信息化、全球化的知识经济时代。在知识经济时代，知识和信息成为重要的资源和财富，具有创新能力的人力资源在经济发展中具有特殊的价值，高科技产业成为经济中的主导或支柱产业，地域、部门之间的差异主要表现为对信息和知识的生产、传播和使用能力上的差异。这些时代特征使社会对人才的需求产生了很大变化，对人才的能力素质提出了新的要求。美国 21 世纪劳动委员会认为，新时代的人才所具备的能力素质应"包括较强的基本学习技能，还包括思维、推理能力、团队协作精神以及对信息技术的熟练掌握与应用"②。美国教育技术 CEO 论坛第 4 年度（2001 年）报告则明确指出，21世纪人才的能力素质包括五个方面：基本学习技能、信息素养、创新思维能力、人际交往与合作精神及实践能力。③ 以上两个表述都包括了信息能力和创新思维能力两项重要的素质，对人才的这两项素质要求给世界各国的高等教育提出了新的挑战，我国也不例外。就目前我国高等教育的教学模式来看，已很难适应新时代对人才信息能力和创新能力培养的强烈要求。④

　　目前我国高校主要的教学模式仍为以教师为中心的班级授课模式，这种教学模式产生于 300 多年前的工业化社会初期，由于当时生产力水平较

---

①　张俐蓉：《信息技术与学校教育关系的反思与重构》，教育科学出版社 2007 年版，第 69页。

②　参见何克杭《E-Learning 与高校教学的深化改革（上）》，《中国电化教育》2002 年第 2期。

③　同上。

④　同上。

低，社会发展步伐迟缓，知识增长速度较慢，这种教学模式与当时的状况是比较适应的。然而，到了高度发达的工业化社会，特别是进入信息化社会后，社会节奏大大加快，知识总量以爆炸式的速度急剧增长，这种教学模式在人才培养上越来越暴露出局限性。据联合国教科文组织的统计：人类近 30 年来所积累的科学知识，占有史以来积累的科学知识总量的90%，而在此之前的几千年中所积累的科学知识只占 10%。英国技术预测专家詹姆斯·马丁的测算结果也表明了同样的趋势：人类的知识在 19 世纪是每 50 年增加一倍，20 世纪初是每 10 年增加一倍，20 世纪 70 年代是每 5 年增加一倍，而近 10 年大约每 3 年增加一倍。知识的更新换代越来越频繁，新知识不断涌现的同时，旧知识很快过时。采用低效率的传统教学模式和落后的教学方法，往往是许多知识还没等学生学会就可能已经过时了。另一方面，以教师为中心的班级授课模式，主要采用教师讲、学生听的形式，虽然有利于发挥教师的主导作用，便于组织课堂教学，但也存在着致命的缺点，即作为认知主体的学习者在教学过程中始终是被动地接受教师的灌输，难以发挥学习的主动性和积极性，不利于创新能力的培养。在信息的获取、分析和加工能力培养方面，由于在班级授课模式下学生缺乏主动探索、积极发现的学习环境，并且缺乏与外界信息资源进行广泛沟通的通道，因而很难实现培养信息能力的目标。

为了克服传统教学模式的弊端，人们提出了建构主义、学习者中心教学模式、个别化教学、个性化学习、合作学习等各种教育理论，而信息技术的发展正好为这些理论走向实践提供了赖以成长的土壤。学习科学（包括认知科学、神经科学、教育学和社会科学）的最新研究进展则揭示了关于人类学习的三个相互联结的方面，即事实性知识、程序性知识和动机导向的参与，神经科学证明这三类学习分别受控于三个不同的脑系统；而社会科学的研究发现人类的专长（expertise）正是这三类学习的有机结合。[1] 信息技术可以在事实性知识的学习中发挥如下作用：一是借助于丰富的多媒体形式表征信息；二是借助于交互工具促进事实性知识之间的联结。对于程序性知识的学习而言，信息技术可为学习者的学习过程提供支架；为学习者提供多样化的沟通、交流工具；促进网络共同体的形成和发

---

① U. S. Department of Education, "*Transforming American Education: Learning Powered by Technology*", *DRAFT National Educational Technology Plan* 2010. (http://www.ed.gov/technology netp-2010).

展。对于动机导向的参与而言，信息技术可吸引学习者的注意力，激发并维持学习者的学习动机，有助于促使学生成为积极的终身学习者。人们越来越认识到信息技术在彻底改变传统教学模式局限性，培养新型人才上的巨大潜力。①

为了促进信息和通信技术在教育上的应用，建立在这些技术基础之上的各种先进的现代教育技术产品和方法不断涌现出来，电子化学习（E-learning）、网络教育（Web-based Education）、在线学习（Online Learning）、虚拟大学（Virtual University）、远程教育（Distance Education）、视频教学（Video Education/Learning）、混合式学习（Blended Learning）等一些新的术语或教育方式纷纷进入我们的视野；教育机会平等、教育财政和资源短缺、学习者的多元化和多样化等现实问题的解决也正在迈向新的途径。有观察家断言："技术的最新发展将使教与学经受一场革命，催生新的教育系统。"当代技术的发展正潜在地影响着"知识的本质、教与学的本质和教与学的结构"。② 这使得面临重重危机、面对各种责难的制度化教育看到了光明的未来。

此外，信息和通信技术的发展也正在改变着人们的学习方式，特别是青少年一代，他们从小就生活在网络环境下，计算机和互联网就像"麦当劳"一样，成为他们生活的一个组成部分。不同于他们的父辈，现在的学生已经习惯于"界面"式的思考方式，通过点击鼠标来完成学习任务。有研究者认为，教师应根据当今学生的这些特点对自己的教学方式做出改变，以适应时代发展和学生要求。

自 20 世纪 90 年代以来，以信息和通信技术为基础的现代教育技术应用得到世界各国政府的普遍重视，纷纷提出新形势下的教育技术发展计划改革现行教育，掀起了全球教育信息化的浪潮。如：在美国，1993 年制定了国家教师教育技术标准；1996 年联邦教育部发布了题为《让美国学生为 21 世纪做好准备：迎接技术能力的挑战》的第一个国家教育技术发展计划；2000 年、2005 年又相继公布了第二、第三个国家教育技术发展

---

① U. S. Department of Education, "*Transforming American Education：Learning Powered by Technology*", *DRAFT National Educational Technology Plan* 2010. （http：//www. ed. gov/technology netp－2010）.

② 帕特丽夏·加姆波特、马克·查：《技术与高等教育——新时代的契机与变革》，《北京大学教育评论》2003 年第 4 期。

计划，分别题为《电子化学习——将世界一流的教育置于儿童的指尖》《迈向黄金时代的美国教育：因特网、法律和当代学生展望》；① 2010 年的第四个教育技术发展计划《变革美国教育：技术推动的学习》更是将技术在教育上的作用推向一个前所未有的高度，号召"对教育实施革命性的转变，而非小修小补性的自然完善"②。

在英国，1995 年英国政府推出《教育高速公路：前进之路》的行动计划，将 400 多家教育机构首批联网；1997 年英国首相布莱尔承诺利用信息通信技术的威力，改善教和学的质量；同年布莱尔政府发表了《连接学习化社会——国家学习信息系统建设》计划，宣布了教育信息化的设想；2005 年英国教育技能部出台了教育信息化新 5 年政策，即《电子化战略——治理技术：转变学习和儿童的服务》；之后英国教育与就业部又提出 2007—2008 年的 8 个教育信息化战略目标。③

在德国，1996 年为促进教育改革提出的模式项目，将信息和通信技术引入德国教育，同年通过了世界第一部《多媒体法》；1998 年德国教育部长阿莱格尔宣布，制定教育技术发展方案，重点倾向于多媒体教学的应用和计算机操作水平的提高；2000 年初，德国启动了《教育中的信息技术》行动计划。④

在韩国，1996 年教育部颁布了《促进教育信息化实施计划》；1997 年建立了第一个教师网络培训系统；1998 年又对 1996 年的"实施计划"进行了修订。2000 年韩国政府颁布了《教育信息化综合发展方案》；2001 年韩国人力资源部通过了"韩国教育信息系统建设计划"，并投入 950 万韩元发展该系统，同年韩国政府又颁发了《信息和通信技术应用于教育指南》；2002 年开始实施《信息和通信技术应用计划：学科培训发展计划》。此外，2002 年韩国商业、工业和能源部制定了《E-learning 产业推动计划》。⑤

---

① 王运武、陈琳：《中外教育信息化比较研究》，电子工业出版社 2008 年版，第 82—83 页。

② U. S. Department of Education, "*Transforming American Education: Learning Powered by Technology*", *DRAFT National Educational Technology Plan* 2010. (http://www.ed.gov/technology netp-2010).

③ 王运武、陈琳：《中外教育信息化比较研究》，电子工业出版社 2008 年版，第 84—85 页。

④ 同上书，第 87—88 页。

⑤ 同上书，第 92—94 页。

在我国，1997年台湾实施《资讯教育基础建设》计划，时间为1997年到2007年；1998年香港特别行政区教育统筹局制定了《与时俱进：善用资讯科技学习五年策略（1998/1999至2002/2003）》；1999年《中共中央、国务院关于深化教育改革全面推进素质教育的决定》明确指出，要大力提高教育技术手段的现代化水平和教育信息化程度；2001年教育部制定了全国教育事业第十个五年计划，规划提出"教育信息化达到较高水平，部分地区基本实现教育现代化"的目标；2002年教育部正式发布《教育部关于推进教师教育信息化建设的意见》；2004年教育部下发《2003—2007教育振兴行动计划》，决定实施"教育信息化建设工程"；2004年香港特别行政区教育统筹局发布了《善用资讯科技，开拓教学新世纪》；2005年教育部启动了《全国中小学教师教育技术能力建设计划》，旨在提高中小学教师教育技术应用能力和水平，促进教师专业化发展；[1] 2010年颁布的《国家中长期教育发展规划纲要（2010—2020）》指出"信息技术对教育发展具有革命性影响，必须予以高度重视"，要求"提高教师应用信息技术水平，更新教学观念，改进教学方法，提高教学效果"。[2]

其他国家如法国、俄罗斯、新加坡、印度、日本等也都提出了各自的以信息和通信技术为基础的教育技术发展战略。[3] 综上可以看出，在世界范围内，强调信息和通信技术在教育领域的应用，并通过技术的应用来促进教育教学改革，已成为世界各国的共识。

以信息和通信技术为核心的教育技术的发展直接影响了各个国家的教育政策，同时也正在影响着教育机构的教学实践。在高等教育领域，很多学校制订了基于信息和通信技术的教学发展规划，并投入巨资加大信息和通信技术基础设施的建设，强调教师和学生在教和学的过程中使用技术，为教师在教学中有效地使用技术提供专业发展方面的支持，建设信息技术为基础的教育资源等。所有这些都基于这样一个前提性认识，即希望通过新型教育技术的应用让教和学产生革命性的变革。然而，结果却很少如人们所愿。无论在高等学校的校内还是校外，技术的影响可以说是随处可

---

① 王运武、陈琳：《中外教育信息化比较研究》，电子工业出版社2008年版，第75—80页。
② 《国家中长期教育改革和发展规划纲要（2010—2020年）》（http：//www.gov.cn/jrzg/2010-07/29/content_1667143.htm）。
③ 王运武、陈琳：《中外教育信息化比较研究》，电子工业出版社2008年版，第89—104页。

见，几乎遍布了我们生活的方方面面。一些技术如文字处理、电子邮件、PowerPoint、行政和数据管理在高校已相当的常规化。但与此相比，课堂教学中的技术创新并不普遍。今天的课堂教学与50年甚至100年以前相比是如此惊人的相似。信息技术、计算机等改变了我们的校园生活，但它们却远没有改变我们传统的课堂教学模式，很多现代教育技术工具并没有在教和学中得到应用，或者只是作为一个补充而不是教和学的必不可少的工具。当然不可否认也有一些教师开始利用技术重新设计教学，但总体来说，这种努力并不普遍。虽然有诸多技术应用于课堂教学的案例，但技术影响课堂教学的程度仍然是微不足道的，甚至有些只不过是用技术的"新瓶"装传统教学的"旧酒"。从表面上看，技术在教学上的应用有时好像是一派欣欣向荣，如我国从2003年就启动了国家精品课程建设，到2009年国家级网络精品课程已达3000多门，但研究发现，在高等学校中，只有少数教师在教学中采用了网络教学技术。[①] 对于习惯于传统的教学方式的广大教师来说，技术融入教学无疑意味着一种教学方式的变革，而大多数变革都会经历一个复杂的"模式转换"过程。2007年美国学者Grahamand和Robison对一所学校教师的调查发现，超过1/3的教师表示他们在教学中使用了混合式网络教学方式，但多数对教学没有多少改进，看不到在教和学上发生了什么显著的变化或转变。[②] 这种现象在我国高校也是普遍存在的。

以上这些情况引起人们高度的重视。过去我们常常认为，只要技术足够先进、功能足够强大、质量足够可靠、又有益于教学和学习，就会被接受和使用。事实证明这种思想更多的时候是让我们一次又一次地失望。一些学者从教学和技术自身角度进行了大量研究，试图通过优化教学设计和改进技术来促进教师对技术创新的采纳，虽然取得了一定的效果，但由于他们将重点放在"教学和技术上面，而忽视了社会、经济、组织和个人

[①] 赵国栋、黄永忠：《关于中国高等教育信息化发展状况的调查分析》，《中国远程教育》2005年第8期上。

[②] Graham，C. R. and Robison，R.，*Realizing the Transformational Potential of Blended Learning：Comparing Cases of Transforming Blends and Enhancing Blends in Higher Education*，*Blended Learning：Research Perspectives*，Edited By A. G. Picciano And C. D. Dziuban，Needham，Ma：Sloan Consortium，2007，pp. 83—110.

等其他方面的影响"①，上述局面并没有得到明显的改善。这让我们不得不重新考虑到底是什么原因导致教师在教学中愿意或不愿意使用技术？为什么有的技术能够迅速为教师所接受而另一些技术却始终遭到教师的拒绝？为什么有时技术的使用会一如既往地持续下去有时却会半途而废？那些使用和持续使用技术的教师在个人特质上与其他教师有何不同，这些特质是否影响他们对技术的接受？学校组织在其中到底起什么作用？社会因素对教师的技术创新采纳有什么影响？近年来，国外一些学者引进其他研究领域的一些理论如创新扩散理论、技术接受模型等，对这些问题进行了一些探讨，让我们耳目一新。但这些研究还为数不多，而且比较分散，缺乏各种不同背景下的验证，远没有完成知识的累积，需要大量的后续研究进行进一步的深入探讨。

教师对教育技术的采纳和持续利用是导致学校技术创新投入与期望收益实现的关键原因，直接影响着以新技术使用为切入点的教育变革的成败。因此，本研究针对以上问题重点探讨影响教师接受和使用教育技术创新的因素及影响机制，将有助于改变教师对新技术的态度，提高教师接受和使用技术创新的程度；同时也为学校组织教育技术创新实施和变革策略的制订提供参考。

二　理论背景

由于信息和通信技术的飞速发展及其在教育领域中受到的普遍重视，在过去几十年，尤其是最近十几年，在教育技术领域涌现了大量的研究。这些研究覆盖范围极广，包括软硬件开发、基于技术的学习环境设计、学习效果的评价、不同技术使用效果的比较等。根据美国学者巴巴拉·西尔斯和丽塔·里齐的观点②，教育技术研究领域可划分为四个方向：媒体的应用、创新扩散、实施和制度化、政策和法规。以上研究应属于媒体应用方向，这个方向主要侧重于教育技术产品的开发、设计和创造。而对于其

---

① Surry, D. W. & Ely, D. P. , *Adoption, Diffusion, Implementation, and Institutionalization of Instructional Design and Technology.* in R. A. Reiser & J. V. Dempsey (Eds.), *Trends and Issues in Instructional Design and Technology*, Upper Saddle River, NJ: Merrill Prentice Hall, 2002, p.235.

② ［美］巴巴拉·西尔斯、丽塔·里齐著，乌美娜译：《教育技术：领域的定义和范畴》，中央广播电视大学出版社 1999 年版，第 4 页。

他三个方向，以往研究没有给予足够的重视。① 随着越来越多的教育技术产品的涌现，有研究者建议研究的重点应向技术的采纳和扩散方向转移，其理由是教育技术本身具有创新性质，而教育技术工作者对为什么创新会被采纳尚知之甚少②。Holloway 认为，扩散和采纳研究有助于解释教育领域哪些技术、在哪里、为什么会被采纳或拒绝。③ 从近几年国外教育技术研究领域的文献可以发现，目前正在实现这个转移，④ 国内也有一些研究开始关注这一方面的问题，但实证研究较少。

　　通过对现有教育技术创新采纳与扩散研究文献整理发现，大多数研究主要借鉴了传播学的创新扩散理论和信息技术研究领域的技术接受模型。这两种理论代表了技术创新扩散研究的两个流派，且都以个人对创新特征的感知作为解释采纳的关键因素。创新扩散理论认为创新的五个特征属性决定着用户的创新采纳行为，这五个特征属性是相对优势、相容性、复杂性、可试验性和可观察性；⑤ 而技术接受模型中只有两个创新特征属性影响采纳，即有用性感知和易用性感知。⑥ 这两个理论因对技术的采纳具有很好的解释力而被广泛地应用于各个领域的研究，同时理论自身也得到发展。人们在后续研究中提出了各种各样的理论模型来解释技术的扩散及用户的采纳行为，使该领域研究呈现出一派繁荣景象。

　　与此同时，采纳和扩散理论及其相关研究仍然存在不少问题，如：（1）诸多理论模型提出的因素概念相互交叉、重叠，非常混乱，如与相对优势近似的概念就有有用性感知、成本效益、结果期望、绩效期望、外在动机，等等，有时即使是同一个概念其内涵和外延也有不同，如促进条件因素有时包含了自我效能概念有时却没有，这些概念非常近似、互相包含但又有区别，导致所得结论常有矛盾，甚至无法进行比较；（2）多数

---

① 张进宝、毕海滨：《创新扩散视角下的教育技术应用推广机制研究》，《开放教育研究》2008 年第 5 期。

② Surry, D. W., Farquhar, J. D., "Diffusion Theory and Instructional Technology", Journal of Instructional Science and Technology, Vol. 2, No. 1, 1997.

③ Holloway, R. E., Diffusion And Adoption of Educational Technology: A Critique of Research Design. in Jonassen, In Handbook of Research For Educational Communications And Technology, New York, Ny: Simon & Schuster Macmillan, 1997, pp. 1107 – 1133.

④ 高峰：《网络教育技术采纳与扩散研究的元分析》，《开放教育研究》2010 年第 2 期。

⑤ Rogers, E. M., Diffusion of Innovations, New York: the Free Press, 1995, pp. 14 – 15.

⑥ Davis, F. D., "Perceived Usefulness, Perceived Ease of Use, And User Acceptance of Information Technology", Mis Quarterly, No. 13, 1989, pp. 319 – 340.

研究者重于创新采纳的开始阶段，而在创新采纳的不同阶段，用户对各因素的认知以及各因素的影响可能是不同的，由于创新的持续采纳意义更加重大，以后的研究应该更多关注后期采纳阶段，并针对不同阶段进行比较；（3）很多理论模型研究只关注了诸多影响因素的一小部分。虽然文卡塔斯（Venkatesh）等人提出的技术接受和使用统一理论（UTAUT）①综合了以往典型的研究成果，某种程度上改变了这种情况，但该理论中由于某些概念综合了以往的很多因素而存在一些问题，如社群影响因素包含了以往研究的主观规范、社会形象和相容性概念，这些概念综合在一起是否能够反映社群影响概念引起一些学者的质疑。鉴于存在的这些问题，仍然需要开展进一步研究，不断完善和发展以往的理论及研究结论。

一个可喜的现象是，教育技术研究领域开始关注技术创新的采纳与扩散问题，尽管在某种意义上只是以上研究领域在教育上的延伸。创新扩散和技术采纳理论在教育领域的应用在一定程度上解释了影响教育技术创新扩散与采纳的因素和影响机制，推动了教育领域研究的同时，也存在各种各样的问题。由于采纳和扩散理论提出的背景多为企业和其他公共组织领域，将其移植到教育环境特别是高等教育组织环境，以往的研究结论不一定完全成立，可能的原因是：（1）不同于企业和其他公共组织，高等教育组织的主要任务是通过知识的传承和创造培养高级专业人才，教育技术的采用往往是和教学任务紧密相连的，而作为技术使用关键主体之一的教师在教学中教什么、如何教、如何评价学生的学习结果上具有相对的自主性，一些外部因素如组织干预、群体影响等对个人教育技术采纳行为的影响可能与在其他环境下是不一样的；（2）教师在其人生的早期就牢固地形成了关于应该如何教和如何学的哲学或价值观，要改变这种哲学让其适应另一种教和学的方式，采用企业或其他组织类型中经常使用的一些外部激励方法不一定奏效，教师的个人特质可能会内在地发挥更大的作用；（3）高等学校的文化环境相对松散，可能不像企业和其他组织类型环境那样容易受到群体规范的影响。

教育技术创新的采纳和扩散被认为是教育技术研究的"最后一公里"，是教育技术研究在逻辑上的最后一步，维系着教育技术研究成果在

---

① Venkatesh, V., Morris, M. G., G. B. Davis, F. D. Davis, "*User Acceptance of Information Technology: Toward a Unified View*", *Mis Quarterly*, Vol. 27, No. 3, 2003, pp. 425 – 478.

实践应用中的成败。① 为了更好地理解教育技术创新为什么以及如何被采纳和持续使用，将其他领域的理论和研究成果引进过来在教育背景下进行检验和发展，乃至提出专门的教育技术创新扩散与采纳理论，不仅在实践上，在理论上也具有非常重要的意义。

第二节　研究问题

本研究关注教育技术创新在高校组织内的扩散，重点探讨影响高校教师采纳和持续采纳教育技术创新的因素和影响机制。这里对教育技术创新的界定借鉴了罗杰斯（Rogers）提出的创新概念，指被教师个人认为新颖的教育技术，为了便于研究，具体将其操作化为在高校日常教学中使用的网络教学系统。

与以往很多研究不同的是，本研究的教育技术创新是高校组织为了促进教学和学习而统一引进或开发的，而扩散是指高校组织引进或开发的教育技术创新在高校组织内通过一定传播渠道，在组织的适当干预下被教师采纳的过程。虽然有些学校强制教师采纳技术创新，而在另一些学校中教师是否采纳技术创新是出于自愿的，但由于技术创新的扩散是在高校组织内进行的，教师个人不管是出于自愿还是被强制采纳，除技术和个人因素外，组织因素包括学校管理干预、周围社群等因素势必会对教育技术创新的采纳和扩散产生影响。这和以往很多研究中用户自发地采用某一技术创新是不同的。

与以往很多研究的另一个不同是，本研究注意到了在不同的技术创新采纳阶段各种因素的影响差异，并将通过实证数据对这些差异进行比较。根据罗杰斯（1995）的划分，个人的创新采纳决策过程可包括知晓、说服、决策、应用和确认五个阶段，在这五个阶段中，决策和确认两个阶段是至关重要的。在决策阶段潜在用户通过对技术创新的了解，决定是否采纳；而在确认阶段，用户通过一段时间的使用，决定是否在将来继续使用创新。因此本研究将关注的焦点放在决策和确认两个阶段，这将有助于我们理解为什么用户会采纳或拒绝使用教育技术创新，为什么会持续利用或中止采纳教育技术创新。

---

① 郑旭东：《领袖群伦：唐纳德·伊利教育技术学学术思想研究论纲》，《电化教育研究》2005 年第 4 期。

综上所述，本研究在现有理论和相关研究成果的基础之上，将以教师对高校组织统一引进的网络教学系统的采纳为背景，从技术、个人、组织和社群影响四个方面剖析不同采纳阶段（决策和确认阶段）影响教师在教学中采纳或持续采纳教育技术创新的因素以及影响机制，从而为高校组织更好地推动教育技术创新的有效利用提供理论支持和管理工具，也为教育技术的开发提供有益的参考。研究的主要目标为：

- 探讨教育技术的创新特征与教师采纳行为之间的关系。
- 探讨个人特征与教师对教育技术创新的采纳行为之间的关系。
- 探讨组织管理干预与教师对教育技术创新的采纳行为之间的关系。
- 探讨社群影响因素与教师对教育技术创新的采纳行为之间的关系。
- 探讨以上关系在不同采纳阶段（决策阶段和确认阶段）的变化。

根据以上研究目标，本研究将通过实证数据分析，主要回答以下问题：

- 高校教师对教育技术创新特征的感知是否以及如何影响其采纳行为？
- 高校教师的个人特征是否以及如何影响其对教育技术创新的采纳行为？
- 高校组织管理干预是否以及如何影响教师对教育技术创新的采纳行为？
- 社会影响因素是否以及如何影响教师对教育技术创新的采纳行为？
- 对于不同采纳阶段（决策和确认阶段）的教师来说，以上影响关系是否以及如何发生变化？

第三节　研究方法

根据研究目标和研究问题，本研究主要采用了文献研究、调查研究两种方法，实现定量和定性研究相结合，理论研究和实证研究相互支撑，确保理论模型构建的可行性和有效性。具体研究方法如下：

（1）基于元分析方法的文献研究

针对本研究提出的问题和目标，通过对国际、国内权威期刊论文、学位论文及会议论文数据库进行检索，广泛收集相关研究文献，并采用元分析方法对文献的发表年限、研究对象的国别特征、采用的相关理论视角、研究方法、技术创新类型、研究对象、研究的因素等进行了系统的分析，通过分析了解本领域研究的理论、方法、关注的焦点、识别关键的影响因素。此外还将对主要理论视角的研究进展和相关研究关注的焦点因素进行评述，厘清现有研究的主要成果和采用的测量工具，并了解存在的不足和未来研究空间。在此基础上推导和演绎本研究的研究假设，提出本研究的理论框架和研究模型，并结合研究情景初步形成本研究的测量工具。

（2）调查研究

结构化问卷调查是用来发现复杂现象中起关键作用的变量及变量关系的重要方法。在形成初步测量工具后，通过小范围访谈、小范围试测对测量工具进行修正，最终形成正式的调查问卷。然后在 5 所国内不同类型的高等院校收集教师对技术创新采纳的认知和行为的经验数据，采用 SPSS 16.0 版本软件对基本数据进行了描述统计分析、认知差异分析和聚类分析，采用 AMOS 17.0 版本软件对收集数据进行了信度、效度评估和结构方程模型分析完成假设检验，通过与以往研究的对话，得出本研究的结论。

第四节　研究的技术路线

技术路线是引导本书从课题选择、理论构思、方法选择一直到得出科学结论的总体思路和规划。本研究采用的基本技术路线如图 1.1 所示。

首先对本课题的现实背景和理论背景及研究价值进行分析，在此基础上明确要研究的问题和目标。然后回顾相关理论视角及其发展现状，广泛收集本研究领域的相关文献并采用元分析方法对文献进行系统的分析，提出本研究的理论框架、关注焦点、研究假设和研究模型。接着确定本研究的环境和研究对象，在广泛查阅文献和小范围访谈的基础上，形成初步的测量问卷，经过小范围试测对问题进一步进行修正，形成本研究的测量工具进行正式调查。利用调查所得数据采用结构方程模型分析方法对研究模型和假设进行检验，对检验结果进行分析解释后得出本研究的最后结论，并在此基础上提出讨论研究结论的管理和实践意义，提出具体的政策建议。

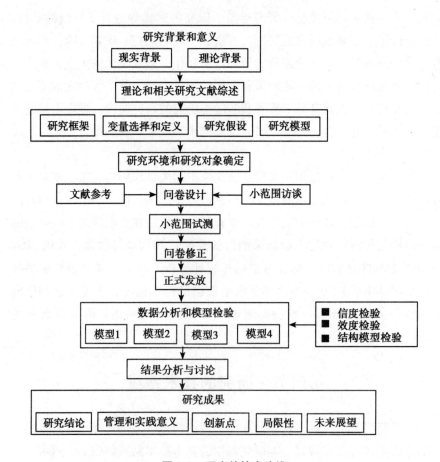

图 1.1　研究的技术路线

第五节　论文结构和内容安排

本书共分为八章，按照图1.2所示的逻辑思路来安排全文的章节和内容。

第一章：导论。主要介绍本研究的现实背景、理论背景和研究意义，在此基础上提出本研究的研究目标和研究问题，确定研究的技术路线和研究方法，并介绍本文的结构和内容安排。

第二章：相关理论研究。回顾与本研究有关的主要理论视角，综述这些理论视角的发展与理论创新途径，为本研究的研究模型发展提供基础。

第三章：教育领域技术创新扩散与采纳研究综述。采用元分析方法分

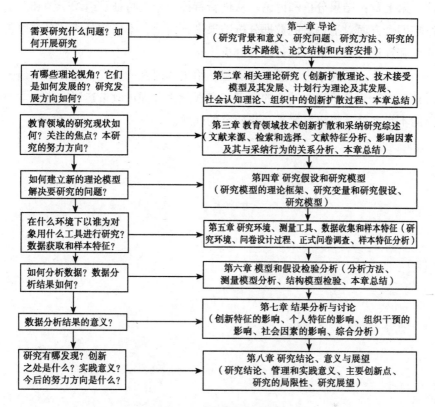

图 1.2 论文结构和内容安排

析教育领域现有研究的现状以及关注的焦点因素，在此基础上，对关键影响因素及其与采纳行为的关系进行评析，确立本研究的努力方向和研究重点。

第四章：研究假设和研究模型。首先提出研究模型的理论框架，在此基础上确定本研究的关键变量，然后对变量概念进行界定并提出相关的研究假设，最后给出本研究的研究模型。

第五章：研究环境、测量工具、数据收集与样本特征。首先介绍了本研究的研究环境的选择，然后描述问卷的设计过程，按照这个设计过程讨论变量的操作化和测量工具，介绍小范围访谈和问卷试测过程及结果，接着报告数据收集过程，最后报告对样本特征的分析结果，包括样本的描述统计分析、被试对各因素的认识差异和对被试的聚类分析结果。

第六章：模型和假设检验分析。首先介绍本研究的数据分析方法，然后报告测量模型和结构模型的检验结果。

第七章：结果分析和讨论。从创新特征、个人特征、组织干预和社会影响四个方面对上一章的数据分析结果进行讨论，本研究分析结果与以往研究和理论对话，最后进行综合分析。

第八章：研究结论、意义与展望。给出本研究的研究结论，总结研究的创新之处，分析研究结论的管理和实践意义并提出政策建议，指出本研究的不足之处并提出需要进一步研究的问题。

第二章　相关理论研究

　　本章梳理技术创新扩散与采纳研究的四个理论视角及其发展，目的有三：一是探讨相关理论的形成发展过程和思想方法，为本研究的研究模型发展提供方向；二是发现相关理论的主要术语，为本研究关键因素的确定提供基础；三是确定本研究关注的组织创新过程的哪个阶段。主要内容分为六个部分，第一部分为创新扩散理论的相关论点及发展；第二部分为技术接受模型及其发展；第三部分为计划行为理论及其发展；第四部分为社会认知理论；第五部分为组织的创新过程；第六部分对本章内容做一总结。

第一节　创新扩散理论

　　创新在人类环境的改善、社会组织功能的革新等方面担当着重要的角色。创新扩散研究试图了解个人、群体和组织如何以及为什么会采纳一项新思想、新产品或新方法。这一领域的研究可追溯至 20 世纪早期的欧洲社会科学。1903 年，法国社会心理学家 Trade 出版了《模仿定律》（*The Laws of Imitation*）一书，在这部研究人类模仿行为的经典之作中，Trade 认为：模仿是人类最基本的社会行为，新思想、新发明经人们的模仿而在社会中扩散。根据他的观察，一种新思想、新发明与已被接受的观点越接近，就越有可能被人们接受。个人特征、群体文化、社会结构、大众传播、社会互动和人为因素都对扩散产生影响。一个新发明的采纳率在时间上遵循一种 S 形曲线。《模仿定律》虽然不是一部研究创新扩散的专题著作，但 Trade 关于与技术创新相关的模仿扩散的观点却极大地影响了后来的技术扩散理论和社会学习理论，他提出的 S 形曲线也成为许多研究扩散现象（例如创新扩散、农业技术推广、市场营销等）理论的重要基础。[①]

　　Trade 的创造性研究在 40 年后为被美国学者瑞安（Bryce Ryan）和格罗斯（Neal Gross）的杂交玉米扩散研究所继承。这两位学者于 1941—1943 年对美国衣阿华州两个社区内的杂交玉米推广进行了系统的研究，通过对 259 位农民的问卷调查数据实证了技术扩散的 S 形曲线，发现不同传播渠道在技术扩散过程中的不同作用。[②] 瑞安和格罗斯的杂交玉米推广研究作为创新扩散研究最经典的研究案例，在扩散研究史上留下了不可磨灭的烙印，并引发了其后大规模的创新扩散研究，促进了"采纳—扩散理论"的建立。自此创新扩散研究在美国和一些发展中国家日益活跃，研究内容涵盖技术、新产品、新方法和新观念等各个领域，涉及人类学、社会学、教育、卫生、传播、营销与管理、地理学、经济学等各个学科。

　　正是在这些扩散研究成果的基础上，Rogers 于 1962 年出版了《创新的扩散》（*Diffusion of Innovations*）一书，提出了影响广泛的"创新扩散"理论。随着研究的深入，该书又于 1971 年、1982 年、1995 年、2003 年四次修订再版（1971 年第二版书名为《创新的沟通——一个跨文化的方法》）。Rogers 的创新扩散理论及相关研究结论参考了几千个研究案例，得到学术界的普遍认可，很多研究以此作为研究的理论基础。以下内容根据本研究的需要，主要就创新特征与采纳速度的关系、个体采纳者的创新采纳决策过程、个人创新性与采纳者分类进行评述。

一　创新特征与采纳速度

　　Rogers 在其著作《创新的扩散》中将扩散定义为"创新经过一段时间，通过特定渠道在某一社会系统中的成员中传播的过程"，而创新是"被个人或采纳单位视为新颖的一个新思想、新实践或新产品"。[③] 扩散是通过用户的采纳来实现的，所以从社会系统成员的角度看，创新的扩散过程亦即创新被用户采纳的过程。创新扩散研究的突出贡献之一就是探讨了影响创新采纳速度的关键因素。这里采纳速度

　　① 翟杰全：《技术转移与扩散：技术传播与企业的技术传播》，北京理工大学出版社 2009 年版，第 34 页。
　　② Rogers, E. M., *Diffusion of Innovations*, New York：the Free Press, 1995, p. 36.
　　③ Ibid., 1995, pp. 5, 11.

是指某一社会系统中采纳创新的人数达到一定比例所用的时间①。如果将采纳创新的个体数目标绘在以时间为 X 轴坐标系内，会得到一条 S 形曲线，如图 2.1 所示。

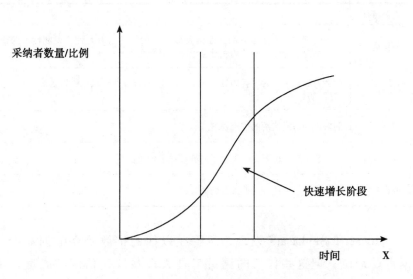

图 2.1　创新扩散 S 形曲线

在开始的一段时间内，只有少数个体采纳创新，但很快扩散曲线的斜率开始急剧上升，越来越多的个体采纳创新，最终曲线趋于平坦，表明采纳速度进入饱和状态，扩散过程结束。

大量研究表明，创新在一个社会系统中的扩散会受到各种因素的影响。Rogers 在众多研究的基础上总结提出五种影响创新扩散过程的因素，即：对创新特征的感知、采纳一项创新的决策类型、传播渠道、社会系统的特征、变革代理的努力。然而，他强调"社会系统成员对创新特征的感知是该创新采纳速度的决定因素"②，"创新的五个特征可解释其采纳速度变异的49%—87%"③。五个创新特征分别为：相对优势（Relative Advantage）、相容性（Compatibility）、复杂性（Complexity）、可试验性（Trialability）和可观察性（Observability）。Rogers 指出，除复杂性与创新

---

①　Rogers, E. M., *Diffusion of Innovations*, New York：the Free Press, 1995, p. 188。

②　Ibid., p. 36.

③　Ibid., p. 206.

采纳速度成反比外，其他四个创新特征均与创新采纳速度成正比关系。[①]
表 2.1 给出了这五个特征的定义。

表 2.1　　　　　　　　　　**Rogers 对五个创新特征的定义**

创新特征	定义
相对优势	一项创新被认为优于它的先驱的程度，一般可用可获利性、便利性、低成本、不舒适感下降、时间节约、社会形象、满意程度等表示
相容性	创新与潜在采纳者现有的各种价值观、以往的各种实践经验以及需求相一致的程度
复杂性	创新被理解或使用的困难程度
可试验性	在某些特定条件下，一项创新能够被试验的可能性
可观察性	创新采纳结果能被其他人看到的程度

Moore 和 Benbasat[②] 发现，尽管在以往的扩散研究中创新特征占据重要地位，但这些特征的测量工具大多数缺乏信度和效度。他们通过分析信息技术创新领域的过往研究发现，很多研究以创新特征理论为基础探讨信息技术创新的实施问题，研究的焦点为潜在用户对创新特征的感知如何影响其采纳。在这些研究中，一个好的创新特征测量工具对扩散研究者来说是至关重要的。Moore 和 Benbasat 认为，信息技术创新扩散研究尚缺乏知识的累积，而造成这一问题的一个根本原因就是缺乏"良好的概念界定、理论基础和具有较高信度和效度的概念测量工具"。为了解决这一问题，Moore 和 Benbasat 的研究发展了一个完整的信息技术创新特征测量工具，共有 38 个题目，可应用于各类信息技术创新研究，并具有较高的信度和效度。该工具除包含了 Rogers 提出的相对优势、相容性、易用性（复杂性）、可试验性和可观察性五个特征因素外，还增加了社会形象（image）和自愿性两个因素。他们将社会形象定义为"使用一项创新被认为可提高人们在所处的社会系统中的社会形象或地位的程

---

① Rogers, E. M., *Diffusion of Innovations*, New York: the Free Press, 1995, p. 207.

② Moore, G. C. & Benbasat, I., "*Development of an Instrument to Measure the Perceptions of Adopting an Information Technology Innovation*", *Information Systems*, Vol. 2, No. 3, 1991, pp. 192 – 222.

度"。社会形象因素体现了 Rogers "个体采纳一项创新的最重要的
动机之一无疑是希望获得社会地位"的观点；自愿性是指"使用一
项创新被感知为是自愿的程度"①，该因素用来区别创新采纳是出于
自愿还是强制两种情况。自愿性不是创新的特征，但揭示了这样一
个重要现实：即使组织的官方政策是自愿的使用，潜在采纳者可能
仍然会感觉到不采纳一项创新的压力。

　　为提高效度，Moore 和 Benbasat 进一步明确和改进了创新特征因素的
定义。他们认为 Rogers 的可观察性特征过于复杂，因此将其分解为结果
可展示性（result demonstrability）和可见性（visibility）两个概念。结果
可展示性是指创新采纳的结果能够被观察到的程度，创新结果越容易被观
察到，其优势越明显，越有可能被采纳；可见性是指创新的使用容易被其
他人看到的程度，创新使用越容易被看到，越有可能被采纳。另外，
Moore 和 Benbasat 还明确了潜在用户对技术创新的感知和对使用技术创新
的感知之间的区别。他们认为，个体对一个对象的态度与其对这个对象的
行为的态度可能是不同的。他们举了这样一个例子来说明这一区别："雇
主对一个特定的人的态度与该雇主对雇佣这个人（行为）的态度可能是
不同的。一个雇主可能不喜欢这个人，但可能会相信雇佣他会带来积极的
结果。因此，他对雇佣该人的态度是积极的。"在他们开发的创新特征测
量工具中考虑到这种区别，每一个题目都陈述为对使用创新（innovating）
特征的感知，而不是对创新（innovation）特征的感知。如他们询问被试
对"使用个人工作站的相对优势"的感知，而不是对"个人工作站的相
对优势"的感知。②

　　在过去几十年的创新扩散研究中，关于创新特征对采纳的影响可以说
是一个经典的主题。有许多研究将创新扩散理论也应用于教育技术的采纳

　　① Moore，G. C. & Benbasat，I.，"*Development of an Instrument to Measure the Perceptions of Adopting an Information Technology Innovation*"，*Information Systems*，Vol. 2，No. 3，1991，pp. 192 – 222.
　　② Ibid. .

和扩散研究①②③④⑤⑥，研究发现，不同情境下会有不同的特征因素在起作用。在所有创新特征属性中，以相对优势、相容性和复杂性三个因素对教育技术创新扩散的影响最为稳定。

二　个人创新采纳决策过程

创新扩散研究的另一个突出贡献就是将扩散视为一项创新随时间通过特定传播渠道在某一社会系统中传播的过程。在这个过程中，用户采纳一项创新绝非自发的、随随便便的一时冲动，而是遵循一定的次序。⑦⑧ 为了更好地理解用户在创新采纳中的行为及影响因素，Rogers 将用户的创新采纳决策过程划分为知晓（knowledge）、说服（persuasion）、决策（decision）、应用（implementation）和确认（confirmation）五个阶段，⑨ 如图 2.2 所示。

从本质上讲，个人创新采纳决策过程是一个信息收集和信息处理的过程。这一过程有助于减少用户对创新采纳结果的不确定性认识，从而加速创新在社会系统中的扩散。个人创新采纳决策过程始于知晓阶段，在这一

---

① Kearns, K., "*Innovations In Local Governments: A Sociocognitive Network Approach*", *Knowledge And Policy*, Vol. 5, No. 2, 1992, pp. 45 – 67.

② Surry, D. & Gustafson, K., "*The Role of Perceptions in Instructional Development and Adoption*", *Proceedings of Selected Research and Development Presentation at the 1994 National Convention of the Association for Educational Communications and Technology*, Eric Document Reproduction Service, 1994, pp. 373 – 765.

③ Mwaura, C., "*Influence of Attributes of Innovations on the Integration of Web-Based Instruction by Faculty Members*", *The Turkish Online Journal of Educational Technology*, Vol. 3, Issue 2, 2004. (http://www.tojet.net/articles/v3i2/326.pdf).

④ Hyland, A., "*To Teach Online or Not? The Decision Facing University Teachers*", *Higher Education Research and Development Society of Australasia (HERDSA) Conference*, Christchurch, New Zealand, July 2003, pp. 6 – 9.

⑤ Jebeile, S. & Reeve, R., "*The Diffusion of E-Learning Innovations in an Australian Secondary College: Strategies and Tactics for Educational Leaders*", *The Innovation Journal*, Vol. 8, No. 4, 2003.

⑥ Isman, A. & Dabaj, F., "*Diffusion of Distance Education In North Cyprus*", *Turkish Online Journal of Distance Education*, Vol. 6, Issue 4, 2005. (http://tojde.anadolu.edu.tr/tojde20/pdf/article_6.pdf).

⑦ Rogers, E. M., *Diffusion of Innovations*, New York: the Free Press, 1995, p. 146.

⑧ Stockdill, S. H. & Morehouse, D. L. (1992), "*Critical Factors in the Successful Adoption of Technology: A Check List Based on TDC Findings*", *Educational Technology*, Vol. 32, No. 1, 1992, pp. 57 – 58.

⑨ Rogers, E. M., *Diffusion of Innovations*, New York: the Free Press, 1995, pp. 146 – 147.

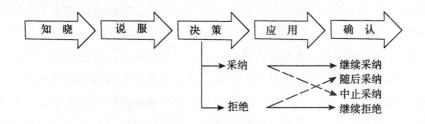

图 2.2　用户创新采纳决策过程的五阶段

阶段，个人认识到某项创新的存在，并了解创新的功能和相关知识。这些知识包括"是什么样的创新？""如何使用它？""它是如何起作用的？"但是，了解一项创新并不一定采纳它，因为个人可能会认为该创新与自己没有关系。

个人创新采纳决策过程的第二阶段是说服阶段。在这一阶段，个人会对创新形成一种态度。由于创新采纳的结果是不确定的，个人往往会从有经验的亲近同伴那里搜集他们对该创新的评价信息，同伴的态度对他们来说是非常重要的。但在许多情况下，同伴对创新的赞同的或不赞同的信息也不一定导致他们采纳或拒绝的决定。

选择采纳或拒绝一项创新发生在决策阶段。"采纳"是"决定把某项创新作为有可能实行的最好的行动方法来充分利用它"，而"拒绝"是"决定不采纳某项创新"。[①] 由于创新结果具有不确定性，多数人会考虑先对创新进行试验，以确定它是否适合自己。总的来说，那些可以分割开来进行试验的创新能够较快地得到采纳。在这一阶段，创新也可能被拒绝，即使个体已经做出了采纳决定，仍然会发生拒绝的现象。有两种不同类型的拒绝，即积极的拒绝（active rejection）和消极的拒绝（passive rejection），积极的拒绝是指经过试验后决定不采纳某项创新，而消极的拒绝意指从未真正考虑过使用某项创新。[②]

知晓、说服和决策三个阶段严格地说只是一些"心理"活动，在应用阶段，创新才真正地被采纳者使用。这一阶段采纳者希望知道这样一些问题："我如何使用这项创新？""我可能会遇到哪些操作问题？如何解决

---

① Rogers，E. M. ，*Diffusion of Innovations*，New York：the Free Press，1995，p. 154.

② Ibid. ，p. 155.

这些问题?"应用阶段可能会持续很长一段时间,当创新的使用成为采纳者日常活动的常规化部分时,也就是被制度化时,创新也就丧失了它的特殊性质,这一个"点"通常被看作是应用阶段的结束。

在确认阶段,如果个人了解到关于该项创新的不一致的信息,他要么会试图努力强化自己已经做出的决策,要么会改变先前的采纳或拒绝的决定。Festinger 认为,当一个人感觉内心处于不调和或不平衡状态时,通常会改变自己的认识、观点或行为以减轻或消除这种不适的状态。① 如果个人最初决定拒绝某项创新,他会受到关于创新的正面信息的影响导致内心的不调和,采纳创新会减轻这种不调和状态;另一方面,当个人在应用阶段对早先的采纳感觉不适时,他会中止这项创新的采纳。"中止"是已经采纳一项创新之后又决定拒绝这项创新。中止的类型有两种:取代(replacement)和醒悟(disenchantment)。"取代中止"是为了接受一项更好的创新而拒绝另一种创新的决定。"醒悟中止"是指因为对应用创新之后的情况不满意而决定放弃这项创新。②

总之,采纳一项创新的决策过程经历五个阶段:从了解某项创新(知晓)到形成对该创新的态度(说服),到决定采纳(或拒绝),再到应用,直至确认。在这五个阶段中,影响创新采纳的因素是不同的。如在知晓阶段,大众媒体起着重要的作用;而在说服阶段,人际交流更加有效,创新特征的影响主要也在这一阶段。③ 因此,在不同的阶段应适当地关注不同的因素以促进创新的扩散过程。

三　个人创新性与采纳者分类

创新性(innovativeness)是创新扩散研究中的一个重要概念。Rogers将创新性定义为社会系统内的个体或单位相对于系统内的其他成员较早采纳创新的程度。Rogers 认为,同一社会系统中的不同个体或单位不会同时采纳一项创新,他们对创新的采纳会呈现出时间先后顺序。根据社会系统成员的创新性特征,Rogers 将其分为五种类型:创新者(innovators)、早期采纳者(early adopters)、早期大多数(early majority),晚期大多数(late majority)和落后者(laggards),并认为,创新是通过各种各样的人

---

① Rogers, E. M., *Diffusion of Innovations*, New York: the Free Press, 1995, p. 164.
② Ibid., p. 166.
③ Ibid., pp. 184 - 185.

群在社会系统中传播的，从创新者开始，到早期采纳者、早期大多数，再到晚期大多数，最后是落后者。[①] 如图2.3显示了这五类采纳者在S形曲线上的位置。这五类人员在一个社会系统中所占的比例呈一条正态分布曲线，如图2.4所示。

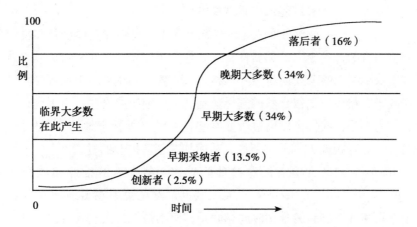

图 2.3　五类采纳者在 S 形曲线上的位置

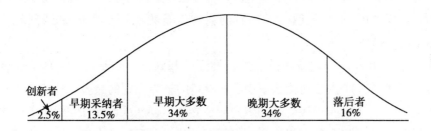

图 2.4　五种类型采纳者分布曲线

根据 Rogers 的采纳者分类，创新者是那些带头采纳创新的人，约占群体的2.5%，他们最突出的个性就是具有冒险精神，通常对新思想、新观念和新方法有着浓厚的兴趣；早期采纳者约占群体的13.5%，通常这类人能更好地把握舆论导向，群体中的其他成员往往从早期采纳者那里得到有关技术创新的信息和建议；早期大多数约占群体的34%，这类采纳者一般都显得较为谨慎和深思熟虑，在人际关系网中起着承上启下的作用；晚期大多数占群体的34%，他们对技术创新总是抱着小心翼翼和怀

① Rogers, E. M. , *Diffusion of Innovations*, New York: the Free Press, 1995, pp. 246 – 248.

疑的态度，因此只有当社会系统内的大多数人都采纳了某项技术创新之后，他们才会有做出采纳决策的安全感，从而跟随他人的采纳行为；落后者约占群体的16%，他们几乎不受舆论导向的影响，对事物的看法十分狭隘，往往与社会系统网络隔离严重，只有当他们确信采纳新技术成果不会失败时，他们才有可能做出采纳决策。①

然而，Rogers 所谓的个人创新性从本质上讲是针对具体创新和具体创新环境而言的，一个人的创新性直接和他采用创新的时间相对应。也就是说，Rogers 所说的个人创新性并非指个人本身所具有的一种稳定的品质。这样的研究路径一个很自然的选择就是把个人创新性当作一个因变量，其背后的逻辑是，我们可以通过改变某些自变量（如社会地位、人格因素、交流行为等）提高人们的创新性，从而加速创新扩散的进行。

Rogers 对创新性概念的这种理解受到一些学者的批评和质疑（如 Midgley & Dowling②；Moore③）。大多数批评意见集中在 Rogers 对创新性的定义只和具体创新的采用时间相联系，而不是作为人们具有的一种稳定品质方面。批评意见普遍指出经典创新扩散文献对个人创新性的定义犯了"同义反复"（tautological）的错误，因为根据这样的定义，我们所测得的采纳创新的时间就是创新性，而创新性就是我们所测得的采纳创新的时间。

在对 Rogers 的创新性概念进行批评的基础上，Midgley 和 Dowling 将创新性看作一个人在对待新事物上所具备的较为稳定的品质，他们把创新性定义为：个人善于接受新思想并能独立做出创新采纳决策的程度。④ 这一定义把善于接受新思想作为个人创新性的一个重要组成部分，反映了个人对一般新思想的态度，而不是具体地针对某一创新而言。而 Moore 对创新性的定义是"一个采纳者比系统中其他成员更加有创造性地使用产品或应用创新思想的程度"。他认为，创新性可以有三种理解：第一种是从采纳者角度而言的创新性，即采纳的时间，这种意义上的创新性与 Rogers

① Rogers, E. M., *Diffusion of Innovations*, New York: the Free Press, 1995, pp. 245 – 249.

② Midgley David F. and Dowling Grahame R., "*Innovativeness: The Concept and Its Measurement*", *Journal of Consumer Research*, No. 4, 1978, pp. 229 – 242.

③ Moore Gray C., "*End User Computing and Office Automation: a Diffusion of Innovations Perspective*", *INFO.* Vol. 25, No. 3, 1987, pp. 214 – 235.

④ Midgley David F. and Dowling Grahame R., "*Innovativeness: The Concept and Its Measurement*", *Journal of Consumer Research*, No. 4, 1978, pp. 229 – 242.

的理解是一致的；第二种理解是从应用角度而言的创新性，即用已经采纳的创新解决新问题的程度，也即创造性地应用创新的程度；第三种理解是从实际使用创新的角度而言的，即人们采纳创新后实际使用它的程度。[①] Moore 的定义揭示了创新性概念所蕴含的多种含义。

第二节 技术接受模型及其发展

技术接受模型（Technology Acceptance Model，以下简称 TAM）是 Davis 提出的一个用以解释和预测个体信息技术接受和使用的理论模型。[②] 该模型自提出以来，在信息技术研究领域得到广泛的应用。据许炜的元分析研究显示，有 24 个学科不同程度地参与了 TAM 相关的研究，涉及计算机科学、管理学、心理学等多个领域。[③] 2006 年 1 月 SSCI（社会科学引用索引）显示，最早由 Davis（1989）和 Davis 等人（1989）发表的两篇关于 TAM 研究的文章的索引总数分别为：Davis（1989）628 次，Davis 等人（1989）531 次，总共为 1159 次。[④] 2006 年后有关 TAM 的文献更是倍增。[⑤] TAM 已成为个人信息技术接受和采纳研究领域最有影响力和最广泛采用的理论之一。以下就 TAM 的提出及后续发展研究进行综述。

一 技术接受模型

TAM 源自于社会心理学人类行为研究领域的一个通用理论——理性行为理论（Theory of Reasoned Action，以下简称 TRA）[⑥]。数十年来，TRA 在社会科学各个领域得到广泛应用，被认为是预测和解释人类行为的最基

---

① Moore Gray C. , "*End User Computing and Office Automation：a Diffusion of Innovations Perspective*", INFO. Vol. 25, No. 3, 1987, pp. 214 – 235.

② Davis, F. D. , *A Technology Acceptance Model for Empirically Testing New End-User Information Systems：Theory and Results*, Ph. D. Dissertation, MIT Sloan School of Management, Cambridge, Ma, 1986.

③ 许炜：《技术接受模型研究领域的可视化引文分析》，《图书·情报·知识》2008 年第 2 期。

④ See：Turner, A. A. , *Diffusion of Collaboration Technology in a Global Government Organization*, Ph. D. Dissertation, The George Washington University, 2007.

⑤ 许炜：《技术接受模型研究领域的可视化引文分析》，《图书·情报·知识》2008 年第 2 期。

⑥ Fishbein, M. , Ajzen, I. , *Belief, Attitude, Intention and Behavior：An Introduction of Theory and Research*. Reading, Ma：Addision-Wesley Publishing Company, 1975.

础、最具影响力的理论之一。TRA 的基本假定认为人是理性的，在进行某一行为前会综合各种情况考虑行为的意义和结果，然后决定是否采取行动。一般来说，个体倾向于按照能够使自己获得有利结果并且也能够符合他人期望的方式来行为。其基本原理如图 2.5 所示。

图 2.5　理性行为理论（TRA）

TRA 通过"行为意向""行为态度""主观规范"等变量来解释和预测人的行为。行为意向（Behaviour Intention）是指个体为了进行某一行为打算付出努力的程度，行为意向越强，实现该行为的可能性就越大。个体的行为意向受两方面因素的影响：来自个人的行为态度（Attitude toward Behaviour）和来自他人的主观规范（Subjective Norm）。行为态度是指个体对从事某一行为所持的积极或消极的情感，它是由个体对行为结果发生的可能性的感知（称为结果信念）和对这一结果的重要程度的估计所决定的；主观规范则是指个体对多数重要他人认为他是否应该从事某一行为的感知程度，它反映了重要他人所产生的社会压力对个体行为决策的影响。主观规范由个体的规范信念（Normative Belief）和遵从动机（Motivation to Comply）共同决定。所谓规范信念是指个体对重要他人期望他是否应进行某一行为的感知；遵从动机是指个体服从重要他人或团体期望的倾向。① 简言之，行为态度反映个人认为某一行为是好还是坏，主观规范反映他人认为某行为是好还是坏，行为态度和主观规范影响行为意向，而行为意向决定实际行为。

TRA 是一个通用的理论框架，可以套用到研究个体行为的众多领域，与过去单纯地从态度、个人特征、人口统计学特征等因素出发预测

① Fishbein, M., Ajzen., *Belief, Attitude, Intention and Behavior: An Introduction of Theory and Research.* Reading, Ma: Addision-Wesley Publishing Company, 1975.

或解释人类行为的理论相比更具优势。因此，Davis 在其 1986 年完成的博士论文中将其应用于计算机技术的接受行为研究，并对其进行改进提出了 TAM。1989 年 Davis 及其同事公开发表的两篇论文又对 TAM 做了进一步的整理①②，形成较为完善的专门用于信息技术接受和使用行为研究的理论模型。在 TAM 中，Davis 提出了两个新的概念："有用性感知"（Perceived Useful）和"易用性感知"（Perceived Ease of Use）。有用性感知是指用户认为使用某一技术能够提高其工作绩效的程度；易用性感知是指用户认为使用某一技术的容易程度或使用某一技术可减少所花费的努力的程度。③

TAM 认为，个体的技术使用行为由其行为意向直接决定，而行为意向又受行为态度和有用性感知共同决定，行为态度的形成则受有用性感知和易用性感知的影响，易用性感知同时还影响有用性感知。TAM 还强调，所有外部因素如系统特性、培训、系统设计阶段的使用者参与等均通过有用性感知和易用性感知间接影响用户对某一技术的接受。TAM 的核心思想可归结为三点：（1）行为意向直接决定人们使用新技术的行为；（2）有用性感知是技术使用行为意向的主要决定因素；（3）易用性感知是技术使用行为意向的次要决定因素。简言之，某一技术是否有用以及是否易用，决定着用户是否会实际使用和使用程度。TAM 的结构如图 2.6 所示。

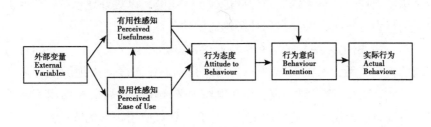

图 2.6　技术接受模型（TAM）

---

①　Davis, F. D., "Perceived Usefulness, Perceived Ease of Use, And User Acceptance of Information Technology", Mis Quarterly, No, 13, No. 3, 1989, pp. 319 – 340.

②　Davis, F. D., Bagozzi, R. P. & Warshaw, P. R., "User Acceptance of Computer Technology: A Comparison of Two Theoretical Models". Management Science, Vol. 35, Issue 8, 1989, pp. 982 – 1003.

③　Davis, F. D., "Perceived Usefulness, Perceived Ease of Use, and User Acceptance of Information Technology", MIS Quarterly, No, 13, No. 3, 1989, pp. 319 – 340.

TAM 源自 TRA，但又进行了很多修改。TAM 与 TRA 的主要区别表现为以下几个方面：

首先，以有用性感知和易用性感知两个变量取代了 TRA 中决定行为态度的行为信念。Davis 从期望理论中的"使用绩效感知"（Perceived use-performance）概念提炼出有用性感知，又从 Bandura 的自我效能理论中的"自我效能"概念得到启发，衍生出易用性感知，并把 TRA 中抽象的"行为信念"概念具体化为有用性感知和易用性感知两个因素。Davis 等人声称"有用性感知和易用性感知是计算机接受行为的主要相关因素"[①]。

另一个重要区别是 TAM 舍弃了 TRA 的主观规范变量。从 TAM 中排除主观规范变量的主要原因是它缺乏心理学基础。Davis 等人指出，主观规范"是 TRA 的一个最不稳定的因素"，很难区分主观规范对行为意向的影响是直接的还是间接的，因为主观规范对行为意向的影响包含了内化（internalization）、同化（identification）和遵从（compliance）三个机制，在遵从机制下主观规范可能会直接影响行为意向，而在内化机制下主观规范可能是通过有用性感知间接影响行为意向。[②] 另外一个原因是 Davis 等人的研究没有发现主观规范和技术接受行为的显著关系，尽管这可能是由于他们所研究的系统（字处理软件）的个体应用性质和主观规范测量工具本身缺乏心理学依据所导致。Davis 等人建议："需要针对我们所得出的关于主观规范的结论的一般性做进一步的研究，以更好地理解社会因素对使用行为的影响，并探讨这种影响背后的条件和机制。"[③]

与 TRA 相比，TAM 的另一个重要的改变是包含了有用性感知和行为意向的直接关系，而在 TRA 中行为信念只是通过态度间接地影响行为意向。对此，Davis 等人解释道："在组织内部环境下，如果人们相信使用某一系统将会提高他们的工作绩效，那么不管对使用该系统持积极还是消极的情感，他们都会产生使用该系统的意向。"[④]

另外，TAM 增加了"外部变量"因素，其目的是为探讨其他外部因素与使用行为的关系提供一个基础，但认为这些外部变量均通过有

---

① Davis, F. D., Bagozzi, R. P. & Warshaw, P. R., "*User Acceptance of Computer Technology: A Comparison of Two Theoretical Models*". *Management Science*, Vol. 35, Issue 8, 1989, pp. 982 – 1003.

② Ibid..

③ Ibid..

④ Ibid..

用性感知和/或易用性感知间接地对行为意向产生影响。最后，在信念（有用性感知和易用性感知）的测量上，Davis 等人专门开发了测量量表，对于不同的技术、情境、对象和行为，只要根据具体研究情境修改量表的关键词语即可方便地生成测量工具，使 TAM 的应用操作非常简单易行。

　　自 1986 年 Davis 提出 TAM 以来，在信息技术领域得到广泛应用，但后续研究对 TAM 的几个因素之间的关系一直存有不同的见解，特别是对行为态度变量的中介作用提出了质疑。实际上，Davis 等人的研究已经发现态度只是用户在情绪上所反映出来的对技术的喜恶，不能完整地传递有用性感知和易用性感知对技术使用行为意向的影响。[①] 比如在工作场所，用户可能由于受到上级的压力而使用某项技术，而其本身对该项技术可能是深恶痛绝的，因此用户在工作场所使用技术，并不一定表示他对该技术持有积极的态度。同时他们还发现态度变量并没有提高模型的解释力。因此，1996 年 Davis 和 Venkatesh 对 TAM 进行修正[②]，舍弃了原始 TAM 中的态度变量。修正后的模型结构如图 2.7 所示。

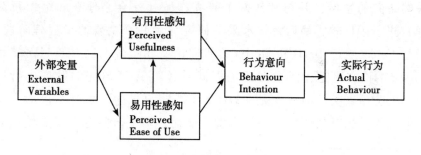

图 2.7　修正后的 TAM

　　在信息技术接受研究领域中，TAM 与 TRA 相比处于优势，因而得到广泛的应用并被充分检验，成为该研究领域影响最大、最优秀、最稳健、

　　① Davis, F. D., Bagozzi, R. P. & Warshaw, P. R., "*User Acceptance of Computer Technology: A Comparison of Two Theoretical Models*". *Management Science*, Vol. 35, Issue 8, 1989, pp. 982 – 1003.

　　② Davis, F. D. & Venkatesh, V. A., "*Critical Assessment of Potential Measurement Biases in the Technology Acceptance Model: Three Experiments*", *International Journal of Human-Computer Studies*, Vol. 45, No. 1, 1996, pp. 19 – 45.

最简洁易懂的理论模型之一。①②③④ 然而，与 TRA 一样，TAM 隐含了技术采纳行为是基于个人意志的假设，没有考虑到环境的影响及用户自身条件的限制，模型只提供了用户对技术特征的认知即有用性感知和易用性感知有限的信息。TAM 提出后，因其所具有的优势和局限性，引发了大量研究，从而使 TAM 理论本身得到进一步发展。以下几节将就 TAM 模型的研究和发展情况进行讨论。

二　技术接受模型的进一步发展

TAM 提出后，研究者在很多研究背景下针对各种信息技术进行了多方面的研究，使得技术接受理论不断完善和发展。Lee、Kozar 和 Larsen 于 2003 年发表的一篇论文将 TAM 的研究发展划分为介绍（Introduction）、验证（Validation）、扩展（Extension）和深化（Elabortion）四个阶段。⑤ 图 2.8 显示了这四个阶段的概况。

Venkatesh、Davis 和 Morris 在 2007 年发表的一篇论文中也对以往的 TAM 研究进行了总结，⑥ 他们采用了一个更宽泛的方法探讨了技术采纳研究的发展，并与其他两个研究领域（社会心理学和组织行为学）进行了比较，最后将技术采纳研究分为几个主要的里程碑阶段。虽然 Venkatesh、Davis 和 Morris 的研究论文在年代上比 Lee、Kozar 和 Larsen 的论文更近，但本书还是根据后者对 TAM 研究的发展进行讨论，因为后者关注的重点是 TAM 及其扩展的演进，而前者包括了与本研究无关的其他领域的一个模型。然而，两个研究有很多重叠，如

---

① Venkatesh, V. & Davis, F. D., *"A Theoretical Extension of The Technology Acceptance Model: Four Longitudinal Field Studies"*, *Management Science*, Vol. 45, No. 2, 2000, pp. 186 – 204.

② Venkatesh, V., Morris, M. G., G. B. Davis, F. D., *"User Acceptance of Information Technology: Toward A Unified View"*, *Mis Quarterly*, Vol. 27, No. 3, 2003, pp. 425 – 478.

③ 鲁耀斌、徐红梅:《技术接受模型的实证研究综述》,《研究与发展管理》2006 年第 3 期。

④ 张楠、郭迅华、陈国青:《信息技术初期接受扩展模型及其实证研究》,《系统工程理论与实践》, 2007 年第 9 期。

⑤ Lee, Y., Kozar, K. A., Larsen, K. R. T., *"The Technology Acceptance Model: Past, Present, And Future"*, *Communications of the Association for Information System*, Vol. 12, Article 50, 2003, pp. 752 – 780. (http://aisel. aisnet. org/cais/vol12/iss1/50).

⑥ Venkatesh, V., Davis, F. D., Morris, M. G., *"Dead or Alive? The Development, Trajectory and Future of Technology Adoption Research"*, *Journal of the Association FKR Information System*, Vol. 8, No. 4, 2007, pp. 267 – 286.

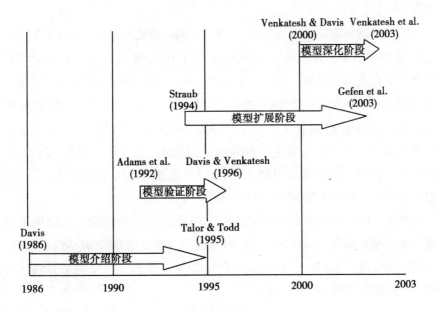

图 2.8　TAM 研究的四个阶段

Venkatesh 等人的研究关注的重点在于 TAM 的复制和推广研究，这一点在 Lee 等人的研究中也有涉及。所以，本书在讨论时也结合了 Venkatesh 等人的研究。

（一）模型介绍阶段

在 TAM 提出后，相关研究主要针对两个不同的方向开展，即：（1）复制研究；（2）TAM 和 TRA 的关系研究。

复制研究。很多早期研究尝试采用不同研究背景和新的技术对 TAM 进行验证。总起来说，TAM 模型及其测量工具是稳定的，其主要关系得到各研究的支持。TAM 验证性研究采用了各种类型的信息技术，包括电子邮件、专家系统、CASE 工具、音频邮件、数字图书馆、电子表格软件、电子医疗系统等。[1] 同时，也在很多不同的国家对 TAM 进行了验证，如美国、日本和沙特阿拉伯。[2] 这一阶段的研究表明，在对用户的技术接受行为的解释上 TAM 保持了很好的一致性和

---

[1]　Venkatesh, V., Davis, F. D., Morris, M. G., "Dead or Alive? The Development, Trajectory and Future of Technology Adoption Research", Journal of the Association FKR Information System, Vol. 8, No. 4, 2007, pp. 267 – 286.

[2]　Ibid. .

效度。①

另一个研究方向是试图比较 TAM 和 TRA 的差异。如：Davis 等人以 MBA 学生采纳文字处理系统的数据对 TRA 和 TAM 进行了比较，研究在两个时间点收集了数据。他们发现 TAM（第一个时间点 $R^2 = 0.47$，第二个时间点 $R^2 = 0.51$）比 TRA（第一个时间点 $R^2 = 0.32$，第二个时间点 $R^2 = 0.26$）可更好地解释用户的接受意向。② Hubonna 和 Cheney 通过对 TAM 和 TPB（计划行为理论，TRA 的改进版本，详见第二章第三节）比较发现，TAM 比 TPB 略具优势，而且 TAM 更加简单、容易使用，可更好地解释用户的技术接受。③

总之，Lee 等人通过对这一阶段的 TAM 研究的分析认为，TAM 可以成功地预测和解释不同环境、不同技术的信息系统接受行为，同时他们还发现，与其他模型相比，在预测用户计算机接受上，TAM 更加简洁、易用，且预测力更强。④

（二）模型验证阶段

TAM 研究的验证阶段采纳了 Bejar（1980）的建议，他认为"稳健的测量工具可提高研究的价值"⑤。Venkatesh 等人也指出，TAM 研究应建立良好的预测效度⑥。在模型验证阶段，研究者试图"在不同技术、环境和

---

① Lee, Y., Kozar, K. A., Larsen, K. R. T., "*The Technology Acceptance Model: Past, Present, And Future*", *Communications of the Association for Information System*, Vol. 12, Article 50, 2003, pp. 752 – 780. (http: //aisel. aisnet. org/cais/vol12/iss1/50).

② Davis, F. D., Bagozzi, R. P. & Warshaw, P. R., "*User Acceptance of Computer Technology: A Comparison of Two Theoretical Models*". *Management Science*, Vol. 35, Issue 8, 1989, pp. 982 – 1003.

③ Hubona, G. S. & Cheney, P. H., "*System Effectiveness of Knowledge-Based Technology: The Relationship of User Performance and Attitudinal Measures*", *Proceedings of the Twenty-Seventh Annual Hawaii International Conference on System Sciences* (*Hicss – 27*), 1994, pp. 532 – 541.

④ Lee, Y., Kozar, K. A. & Larsen, K. R. T., "*The Technology Acceptance Model: Past, Present, And Future*", Communications of the Association for Information System, Vol. 12, Article 50, 2003, pp. 752 – 780.

⑤ Ibid. .

⑥ Venkatesh, V., Davis, F. D. & Morris, M. G., "*Dead or Alive? The Development, Trajectory and Future of Technology Adoption Research*", *Journal of the Association FKR Information System*, Vol. 8, No. 4, 2007, pp. 267 – 286.

任务中，确保 TAM 研究可真正地使用一个准确测量用户接受行为的工具"①。

Lee 等人列举了很多研究文献以证明 TAM 测量工具的信度和效度。在这些文献中，Adams 等人 1992 年在不同的环境中针对不同的信息技术，复制和扩展了 Davis 的原始研究，发现有用性感知和易用性感知的测量工具有着良好的信度和效度。② Hendrickson 等人发现有用性感知和易用性感知量表的测量—再测（test-retest）信度是可信且有效的。③ Szajna 在对 47 位 MBA 学生的数据库管理系统选择行为差异分析中发现有用性感知和易用性感知具备很好的预测效度。④ 总之这一阶段的研究表明，TAM 模型的因素测量工具具备满意的信度、效度和一致性。

（三）模型扩展阶段

在确定 TAM 测量工具具备满意的信度和效度后，研究者开始"在 TAM 中引入新的变量，提出各变量之间的各种关系，并寻找 TAM 主要变量（有用性感知和易用性感知）的前提（或外部）变量"⑤。这种引入新变量的努力是该阶段的两个研究方向之一。例如：Igbaria 和 Livari 的一项研究探讨了组织因素的影响。该研究表明用户培训、计算机支持和管理支持显著地影响有用性感知、易用性感知和微电脑的使用。⑥ Agarwal 和 Prasad 以 5 个个人的差异变量作为有用性感知和易用性感知的外部变量对 TAM 进行扩展，研究发现了培训和有用性

---

①　Lee, Y., Kozar, K. A. and Larsen, K. R. T., "*The Technology Acceptance Model: Past, Present, And Future*", *Communications of the Association for Information System*, Vol. 12, Article 50, 2003, p. 766. (http: //aisel. aisnet. org/cais/vol12/iss1/50).

②　Adams, D. A., Nelson, R. R. and Todd, P. A., "*Perceived Usefulness, Ease of Use, And Usage of Information Technology: A Replication*", *Mis Quarterly*, Vol. 16, No. 2, 1992, pp. 227 – 247.

③　Hendrickson, A. R. and Latta, P. D., "*An Evaluation of the Reliability and Validity of Davis's Perceived Usefulness and Perceived Ease of Use Instrument*", *Journal of Computer Information Systems*, Vol. 36, No. 3, 1996, pp. 77 – 82.

④　Szajna, B., "*Software Evaluation and Choice Predictive Validation of the Technology Acceptance Instrument*", *Mis Quarterly*, Vol. 18, No. 3, 1994, pp. 319 – 324.

⑤　Lee, Y., Kozar, K. A., Larsen, K. R. T., "*The Technology Acceptance Model: Past, Present, and Future*", Communications *of the Association for Information System*, Vol. 12, Article 50, 2003, pp. 752 – 780.

⑥　Igbaria, M., N., Zinatelli, P. Cragg and Cavaye, A. L. M., "*Personal Computing Acceptance factors in Small Firms: A Structural Equation Model*", *MIS Quarterly*, Vol. 21, No. 3, 1997, pp. 279 – 305.

感知、先前经验、工作任期、教育水平、在技术使用中的角色和易用性感知之间的关系。[①]

这一阶段的另一研究方向是确定 TAM 应用的边界条件。对此 Adams 等人建议:"需要探讨中介因素对 TAM 变量的影响,如文化、性别、任务和信息系统类型。"[②] 如:Straub 研究发现,文化因素对通信媒体的态度和选择具有很重要的影响。[③] Gefen 和 Straub 在一项研究中探讨了用户信息系统接受上的性别差异,发现男性更易受有用性感知的影响,而女性更易受易用性感知和主观规范的影响。[④] 此外,Gefen 和 Straub 还探讨了任务类型的影响,他们将 WWW 使用分成信息查询和产品购买两种任务类型,发现易用性感知显著地影响 WWW 上的产品购买行为,但对信息查询行为的影响不显著。[⑤]

总之,这一阶段的研究为解释信念(有用性感知和易用性感知)和它们的前提变量之间的因果关系提供了有益的知识积累,进一步加深了我们对个人信息技术接受现象的理解。

(四)模型深化阶段

这一阶段对 TAM 研究的深化主要采取了两种方式:一是解决以往研究存在的局限性,二是综合以往研究提出新一代技术接受模型。表 2.2 列举了 Lee 等人通过对 101 个 TAM 研究进行分析发现的主要局限性。[⑥]

---

① Agarwal, R., And J. Prasad, *"Are Individual Differences Germane to the Acceptance of New Information Technologies?"*, *Decision Sciences*, Vol. 30, No. 2, 1999, pp. 361 – 391.

② Adams, D. A., Nelson, R. R., and Todd, P. A., *"Perceived Usefulness, Ease of Use, and Usage of Information Technology: A Replication"*, *MIS Quarterly*, Vol. 16, No. 2, 1992, pp. 227 – 247.

③ Straub, D. W., *"The Effect of Culture on Diffusion E-Mail and Fax in Japan and the U. S."*, *Information Systems Research*, Vol. 5, No. 1, 1994, pp. 23 – 47.

④ Gefen, D. and D. W. Straub, *"Gender Difference in the Perception and Use of E-Mail: An Extension to the Technology Acceptance Model"*, *Mis Quarterly*, Vol. 21, No. 4, 1997, pp. 389 – 400.

⑤ Gefen, D. and Straub, D., *"The Relative Importance of Perceived Ease of Use in Is Adoption: A Study of E-Commerce Adoption"*, *Journal of the Association of Information System*, No. 1, 2000, pp. 1 – 27.

⑥ Lee, Y., Kozar, K. A. and Larsen, K. R. T., *"The Technology Acceptance Model: Past, Present, and Future"*, *Communications of the Association for Information System*, Vol. 12, Article 50, 2003, pp. 752 – 780.

表 2. 2   **TAM 研究的局限性总结**

局限性	解释
自报告的使用	没有测量实际的使用行为
单一的信息系统	只使用一个信息系统进行研究
学生样本（或大学环境）	与真实工作环境的反应不相符
单一的被试（或限的被试）	被试只来自一个组织、一个部门，或 MBA 学生
单一时间的横向研究	主要采用横向研究方法
测量问题	新开发的问卷效度过低，使用只有一个题项的量表
单一任务	没有将任务细化，只是使用目标信息系统进行检验
较低的方差数值	没有充分地解释模型的因果关系
强制使用环境	没有区分强制和自愿使用环境或假定是自愿环境
其他	样本太小，信息系统使用时间太短，没有考虑到文化差异，自我选择偏见等

    关于模型的综合，Lee 等人提及 2000 年 Venkatesh 和 Davis 提出的 TAM2[1]。他们"为了对模型进行深化，综合了以往的研究结论并对以往研究提出的问题进行反思"[2]。在 TAM2 中提出很多重要的、关键的因素，如有用性感知的一些决定因素。另外，他们还进行了很多研究以解决以往 TAM 研究提出的问题，如 Venkatesh 进行的一项研究中包括了 Davis 在提出 TAM 时排除的主观规范变量，并检验了与实际使用行为的关系。[3] 另有研究探讨了有用性感知和易用性感知的心理学根源。[4] 2003 年 Venkatesh 等人综合以往十几年研究形成的 8 个技术接受和采纳模型，提出技

① Venkatesh, V. and Davis, F. D., "*A Theoretical Extension of The Technology Acceptance Model: Four Longitudinal Field Studies*", *Management Science*, Vol. 45, No. 2, 2000, pp. 186 – 204.

② Lee, Y., Kozar, K. A. and Larsen, K. R. T., "*The Technology Acceptance Model: Past, Present, And Future*", *Communications of the Association for Information System*, Vol. 12, Article 50, 2003, pp. 752 – 780.

③ Venkatesh, V., "*Determinants of Perceived Ease of Use: Integrating Perceived Behavioral Control, Computer Anxiety and Enjoyment into the Technology Acceptance Model*", *Information Systems Research*, Vol. 11, Issue 4, 2000, pp. 342 – 365.

④ Karahanna, E. and Straub, D. W., "*The Psychological Origins of Perceived Usefulness and Ease-of-Use*", *Information and Management*, Vol. 35, No. 4, 1999, pp. 237 – 250.

术接受和使用统一理论模型（简称UTAUT）。① 2008 年 Venkatesh 和 Bala 提出 TAM3②，增加了易用性感知的一些决定因素（关于 TAM2、TAM3 和 UTAUT 的详情参见下文）。

Venkatesh 等人指出，这一阶段研究的大多数结论有助于我们理解技术采纳和使用的关键预测因素的认知基础（前提和干预）；但另一方面也发现这些研究尚未成熟，需要对已有知识进行评估，确定未来的研究方向。③

三　几个技术接受扩展和整合模型

（一）技术接受扩展模型——TAM2

技术接受扩展模型（Extension of The Technology Acceptance Model，简称 TAM2）④ 是 Venkatesh 和 Davis 在 TAM 的基础上提出的，其目的是寻找除有用性感知和易用性感知以外的其他重要因素以及解释有用性感知的因素。TAM2 的突出贡献是引入了社会影响过程（social influence process）和认知工具性过程（cognitive instrumental process）两个复合变量来解释有用性感知和使用意向。理论模型如图 2.9 所示。

社会影响过程反映个人在信息技术采纳决策过程中受到的社会系统中重要他人或相关他人的影响，这类变量包括主观规范（Subjective Norm）、社会形象（Image）和自愿性（Voluntariness）；认知工具性过程是指人们通过认知比较，形成对有用性感知的判断，即该系统是否有能力达到他们的要求。这类变量包括工作相关性（Job Relevance）、输出质量（Output Quality）、结果可展示性（Result Demonstrability）以及以前理论中已有的易用性感知。社会影响过程和认知工具过程包括的各变量的定义见表2.3。

---

① Venkatesh, V., Morris, M. G., G. B. Davis, F. D., "*User Acceptance of Information Technology: toward A Unified View*", *Mis Quarterly*, Vol. 27, No. 3, 2003, pp. 425 – 478.

② Venkatesh, V., Bala, H., "*Technogy Acceptance Model 3 and a Research Agenda on Intervenions*", *Decision Science*, Vol. 39, No. 2, 2008, pp. 273 –315.

③ Venkatesh, V., Davis, F. D. and Morris, M. G., "*Dead or Alive? The Development, Trajectory and Future of Technology Adoption Research*", *Journal of the Association FKR Information System*, Vol. 8, No. 4, 2007, pp. 267 –286.

④ Venkatesh, V. and Davis, F. D., "*A Theoretical Extension of The Technology Acceptance Model: Four Longitudinal Field Studies*", *Management Science*, Vol. 45, No. 2, 2000, pp. 186 –204.

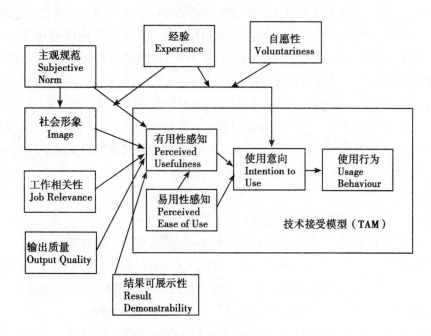

图 2.9　技术接受扩展模型（TAM2）

表 2.3　　　　TAM2 中社会影响过程和认知工具过程各变量的定义

类别	相关变量	定义
社会影响过程	主观规范	用户感到重要他人认为自己应该或不应该使用一项特定信息技术的程度
	社会形象	用户感到使用一项特定信息技术可提高自己在社会系统中地位的程度
	自愿性	用户感到采纳一项特定信息技术的非强制性程度
认知工具过程	工作相关性	用户感到特定信息技术可应用于自己工作的程度
	输出质量	用户感到使用一项特定信息技术能够完成任务的好坏程度
	结果可展示性	用户感到使用一项特定信息技术的结果是有形的、可观察的和可传达的程度
	易用性感知	用户感到使用一项特定信息技术的容易程度

　　Venkatesh 和 Davis 在引入不同信息系统的 4 个组织中分三个时间点（实施前、实施后一个月和实施后三个月）收集数据对 TAM2 进行了检验。这 4 个组织中有 2 个为强制使用情境，2 个为自愿使用情境。数据分析结果显示，在信息系统实施前，人们使用信息系统的行为意向由有用性感知

（β=0.62）和易用性感知（β=0.20）共同决定。3个月后，行为意向直接受有用性感知影响（β=0.79），而易用性感知只是通过有用性感知（β=0.24）间接影响行为意向。这一结果说明社会影响过程和认知工具性过程极大地影响了用户对信息技术的接受程度。在三个时间点上，有用性感知被解释了40%—60%的方差，行为意向被解释了34%—53%的方差。[①]

该研究还发现，在社会影响过程中，主观规范正向影响社会形象，同时主观规范和社会形象均直接影响有用性感知，且随着用户系统使用经验的增加，主观规范对有用性感知的影响会减弱。此外，在强制使用背景下，主观规范还会影响行为意向，且随着用户系统使用经验的增加，主观规范对行为意向的影响也会变弱。[②]

基于以上研究结果，Venkatesh和Davis总结提出了社会影响过程的三种机制，即：遵从（compliance）、内化（internalization）和同化（identification）[③]。在强制使用情境下，主观规范的影响为遵从机制，主观规范直接影响行为意向。此种情况下，个人认识到组织中的社会行动者（social actor）想要他使用某一信息技术，并且感到这些社会行动者拥有奖励或惩罚的权力，这时个人就会遵从这些社会行动者的意见采用该技术。但随着时间的流逝，强制使用环境下的遵从影响逐渐消失。内化和同化两种机制不受环境的强制和自愿性质影响，即强制和自愿两种情境下内化和同化均会发生。在内化机制下，主观规范通过影响有用性感知间接影响行为意向。也就是说，当一个人感到是重要他人认为自己应该使用某一信息技术时，他会将重要他人的意见整合到自己的信念结构中，因为他有可能认为，重要他人的意见是不会错的，他们认为技术有用就一定是有用的。在同化机制下，主观规范通过社会形象影响有用性感知。这时，如果一个人感到工作群体中的重要人物认为他应该使用某一技术创新，并感到使用该技术创新会提升他在工作群体中地位，那么他就会认为技术是有用的。

对于认识工具过程，该研究发现，易用性感知、结果可展示性、工作相关性、产出质量均会直接影响有用性感知。并且工作相关性与产出质量会发生交互影响，产出质量越高，工作相关性对有用性感知的影响就越强。

---

① Venkatesh, V. and Davis, F. D., "*A Theoretical Extension of The Technology Acceptance Model: Four Longitudinal Field Studies*", *Management Science*, Vol. 45, No. 2, 2000, pp. 186 – 204.

② Ibid..

③ Ibid..

与 TAM 相比，TAM2 的主要贡献在于给出了有用性感知的驱动力来源，并重新引入了社会影响因素，发现了在强制背景下，除有用性感知和易用性感知外，主观规范也会对行为意向产生直接影响。此外，Venkatesh 和 Davis 提出的社会影响的三种机制进一步加深了我们对社会影响因素对技术接受行为的作用机理的理解。

（二）技术接受模型 3—TAM3

TAM2 的重要贡献之一是识别了有用性感知的决定因素，而 Venkatesh 和 Bala 在 2008 年的一项研究中，对 TAM2 进行进一步扩展提出了一个新的模型，不仅可识别有用性感知的决定因素，而且还识别了易用性感知的决定因素，他们将其命名为技术接受模型 3（Technology Acceptance Model 3，简称 TAM3）[1]。

在 TAM3 中，有用性感知的决定因素同 TAM2，在此不再重述。Venkatesh 和 Bala（2008）将易用性感知的决定因素分为锚定因素和调整因素两大类。锚定和调整是指在没有把握的情况下，人们通常利用某个参照点"锚"（anchor）来降低不确定性，然后通过一定的调整得出最后决策。在 TAM3 中锚定因素包括计算机自我效能（Computer Self-Efficacy）、外部控制感知（Perceptions of External Control）、计算机焦虑（Computer Anxiety）和计算机趣味性（Computer Playfulness）；调整因素包括愉悦性感知（Perceived Enjoyment）和客观可用性（Objective Usability）。这些影响易用性感知的因素定义见表 2.4。和 TAM2 一样，TAM3 保留了自愿性和使用经验两个调节因素，图 2.10 显示了 Venkatesh 和 Bala 提出的 TAM3 理论模型。

表 2.4　　　　　　　　TAM3 中影响易用性感知的两类因素定义

类别	相关变量	定义
锚定因素	计算机自我效能	个人认为自己具有能力使用计算机从事特定任务的程度
	外部控制感知	用户认为提供的组织和技术资源可支持信息技术使用的程度
	计算机焦虑	个人在使用计算机时感到恐惧甚至害怕的程度
	计算机趣味性	个人在使用计算机的过程中感到有趣的程度

① Venkatesh, V., Bala, H., "*Technogy Acceptance Model 3 and a Research Agenda on Intervenions*", *Decision Science*, Vol. 39, No. 2, 2008, pp. 273–315.

续表

类别	相关变量	定义
调整因素	愉悦性感知	用户感到使用信息技术除提高绩效外，使用本身令人愉快的程度
	客观可用性	在完成特定任务时，对不同信息技术所需要的实际努力水平的比较

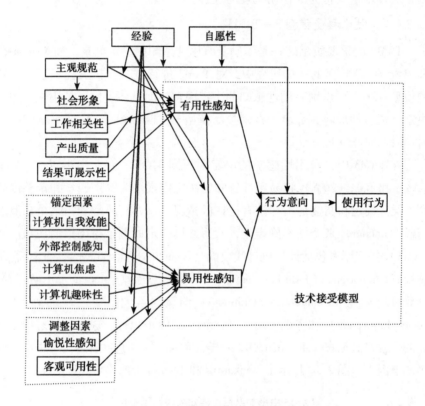

图 2.10　技术接受模型 3（TAM3）

　　Venkatesh 和 Bala 进行了一项为时 6 个多月的纵向研究对该模型进行检验。该研究在四个组织中进行，其中两个组织为自愿使用信息技术的情境（一家为娱乐业，调查了负责产品发布的 54 名员工；一家为远程服务业，调查了负责销售的 65 名员工），两个组织为强制使用信息技术的情境（一家为银行，调查了负责会计管理的 58 名员工；一家为公共管理组织，调查了 38 名会计），研究在 4 个时间点收集了数据：信息技术投入 1 周后、1 个月后、3 个月后和 6 个月后。研究结果显示，在不同时间点 TAM3 可解释易用性感知 52%—67% 的方差，可解释行为意向 40%—

53%的方差，并且可解释使用行为31%—36%的方差。[1]

关于有用性感知的决定因素，除发现随着使用经验的增加，易用性感知对有用性感知的影响变强外，其他结论与 Venkatesh 和 Davis（2000）对 TAM2 的研究是一致的，在此不再重复。TAM3 比 TAM2 的改进集中在对易用性感知的决定因素的识别。在 Venkatesh 和 Bala 的研究中发现，计算机自我效能、外部控制感知、计算机焦虑和计算机趣味性等四个锚定因素是易用性感知的重要预测因素，在所有时间点上它们对易用性感知均有显著影响，但随着使用经验的增加，计算机焦虑对易用性感知的影响逐渐减弱；对于两个调整因素愉悦性感知和客观可用性来说，在技术使用的中后期它们对易用性感知的影响才得以体现。在对于行为意向的预测和解释上，该研究发现，有用性感知在所有时间点都强烈地影响行为意向，而易用性感知对行为意向的影响随着用户使用经验的增加而变弱，最终表现为影响不显著。此外，主观规范对行为意向的影响在强制使用情境下要大于自愿使用情境，且在自愿使用情境下，主观规范对行为意向的影响随着用户使用经验的增加会越来越弱。[2]

Venkatesh 和 Bala 根据对 TAM3 的研究结果指出，为了促进用户的接受和使用，在实施前宜从信息技术的设计、用户参与、管理支持和激励等方面进行干预，在实施后则可在培训、组织支持和同行支持等方面提供条件。[3] Venkatesh 和 Bala 的研究结论及建议为本研究提供了不少启示。

（三）技术接受和使用统一模型（UTAUT）

技术接受和使用统一理论模型（Unified Theory of Acceptance and Use of Technology，简称 UTAUT）[4] 是 Venkatesh 等人在理性行为理论（TRA）、技术接受模型（TAM）、动机理论（Motivational Model，简称 MM）、计划行为理论（Theory of Planned Behavior，简称 TPB）、TAM 和 TPB 整合模型（Combined TAM and TPB，简称 C-TAM-TPB）、计算机使用模型（Model of PC utilization，简称 MPCU）、创新扩散理论（Innovation

---

① Venkatesh, V., Bala, H., "*Technogy Acceptance Model* 3 *and a Research Agenda on Interve-nions*", *Decision Science*, Vol. 39, No. 2, 2008, pp. 273 – 315.

② Ibid..

③ Ibid..

④ Venkatesh, V., Morris, M. G., Davis, G. B. and Davis F. D., "*User Acceptance of Informa-tion Technology*: *Toward A Unified View*", *MIS Quarterly*, Vol. 27, No. 3, 2003, pp. 425 – 478.

Diffusion Theory，简称 IDT）、社会认知理论（Social Cognitive Theory，简称 SCT）8 个理论模型的基础上提出的一个综合模型。该模型综合 8 个理论模型的因素提出了影响信息技术接受的四个核心变量："绩效期望"（Performance Expectancy，简称 PE）、"努力期望"（Effort Expectancy，简称 EE）、"社群影响"（Social Influence，简称 SI）和"促进条件"（Facilitating Conditions，简称 FC），四个变量的定义见表 2.5。

另外，模型还引入性别（Gender）、年龄（Age）、经验（Experience）和使用自愿性（Voluntariness of Use）四个变量作为调节变量。其研究模型如图 2.11 所示。

表 2.5 　　　　　　　　　　UTAUT 的构念、来源以及定义

核心变量：定义	整合的因素	定义
绩效期望：个人认为信息系统的使用有助于提高工作表现的程度	感知有用性（TAM）	个人认为信息系统的使用可以改善工作绩效的程度
	外在动机（MM）	个人认为实施某一行为可提高工作绩效、提高工资或获得晋升的程度
	工作适配（TTF）	使用系统可加强个人工作绩效的程度
	相对优势（IDT）	使用创新的技术能够工作得更好的程度
	成果期望（SCT）	与行为的结果有关，可以分为绩效期望和个人期望
努力期望：个人认为系统是否易用	感知易用性（TAM）	使用者感觉系统易用的程度
	复杂性（MPCU）	系统难以理解与使用的程度
	易用性（IDT）	使用者在使用创新技术时，感觉难以使用的程度
社群影响：个人意识到他人认为其是否应该使用新型信息技术的程度	主观规范（TRA）	对于自己比较重要的人认为其是否应该进行某一行为的认知
	社会因素（MPCU）	在特定的社会语境中，个体内化群体的主观文化并形成特定的社会认同的程度
	社会形象（IDT）	使用新的变革可以提升个体在社会系统中的形象与地位的程度
促进条件：个人相信现有组织与技术结构能够支持 IT 使用的程度	行为控制认知（TRA）	个人所感受到的内外部情境对自身行为的约束
	促进条件（MPCU）	让使用者认为某些情境是促成 IT 使用的客观因素
	相容性（IDT）	使用者所感受到的创新技术与自身的价值观、需求以及经验一致性的程度

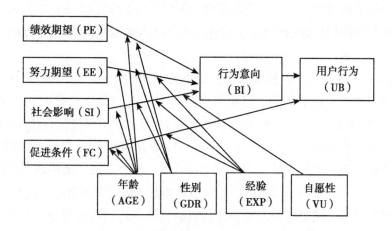

图 2.11 技术接受与采纳统一模型（UTAUT）

Venkatesh 等人实施了一项纵向研究对这一模型进行了检验。该研究选取四个组织（一家中型制造公司、一家投资咨询公司、一家小型会计服务公司和一家小型国际投资银行）作为研究环境，前两个组织为自愿使用信息技术系统，后两个单位为强制使用。研究从三个时间点对数据进行收集，即系统应用前、系统应用 1 个月后及应用 3 个月后，被试为这些公司的 215 位员工。数据分析结果表明，员工使用信息技术系统的行为意向取决于绩效期望、努力期望和社群影响，用户行为取决于行为意向和促进条件，四个调节变量分别影响各核心变量与技术接受之间的关系。Venkatesh 等人根据其研究结果指出，UTAUT 可解释行为意向 70% 的方差，要远远高于上述 8 个模型 17%—53% 的解释力。[①]

具体到每个变量对用户信息技术接受的影响，Venkatesh 等人研究发现，绩效期望在大多数情况下是行为意向的决定因素，并且对于男性和年轻用户来说这种影响更大。努力期望对行为意向的影响会受性别、年龄和使用经验的影响，对于女性、年老者和使用经验较少者影响更大，且随着使用经验的增加努力期望的影响会降低。社群影响反映了周围人群和环境的影响程度，它对行为意向的影响依赖于所有 4 个调节变量。具体来说，女性和年老者更容易受他人的影响；在强制使用情境下，社群影响对行为意向的影响更强；在信息技术使用的早期阶段社群影响较为重要，随着个

---

① Venkatesh，V.，Morris，M. G.，Davis，G. B. and Davis F. D.，"*User Acceptance of Information Technology：Toward A Unified View*"，*MIS Quarterly*，Vol. 27，No. 3，2003，pp. 425 – 478.

人使用经验的增加，社群影响的程度会减弱。促进条件影响使用行为，并且受年龄和使用经验的调节，对于具有较多使用经验的年老用户来说，这种影响较显著。①

UTAUT 吸收了 8 个模型的研究成果同时又保持了模型的简约性，为相关研究提供了理论基础。但我们也应该认识到，UTAUT 的 4 个关键因素整合自 TRA、MM、TAM 等 8 个模型的 14 个因素，对这 4 个因素的测量也建立在 8 个模型的测量量表的基础上。Venkatesh 等人测量 UTAUT 的关键因素时使用了 8 个模型中最理想的题项，看似消除了诸多测量风险，但也影响了各因素的内容效度。如他们将创新扩散理论的重要概念相容性整合到促进条件变量中，但相容性强调的是用户感到技术与自己的需求、价值观等相符合的程度，很难理解它是否可以反映促进条件因素所指的使用信息技术所需要的组织和资源支持上的便利性。实际上，Venkatesh 等人的 UTAUT 研究最后在测量促进条件变量时也没有来自相容性变量的题项，说明相容性确实不能反映促进条件这一概念，这也预示着 UTAUT 并没有真正将创新扩散理论整合进来。其他三个核心因素也存在类似的问题，这些问题的存在为未来研究对 UTAUT 的修正或扩展提供了空间。

第三节　计划行为理论及其发展

一　计划行为理论

和 TAM 一样，计划行为理论（Theory of Planed Behavior，简称 TPB）② 也是基于 TRA 提出的。TRA 对个人行为的预测和解释隐含了"行为的发生是基于个人意志的控制"的假设，使 TRA 在应用上受到限制。因为在现实中，有很多因素会影响个人意志的控制程度，如缺乏完成某项特定行为所需要的信息、技术，没有时间或机会等，③ 故该理论对于现实

---

① Venkatesh, V., Morris, M. G., Davis, G. B. and Davis F. D., "*User Acceptance of Information Technology: Toward A Unified View*", *Mis Quarterly*, Vol. 27, No. 3, 2003, pp. 425 – 478.

② Ajzen, I., "*From Intentions to Actions: A Theory of Planned Behaviour, Action Control: From Cognition to Behaviour*", Kuhl, Julius; Beckmann, Jürgen, *Action control: From cognition to behavior*, Berlin and New York: Springer-Verlag, 1985, pp. 11 – 39.

③ Ajzen, I., "*The Theory of Planned Behavior*", *Organizational Behavior and Human Decision Process*, Vol. 50, Issue 2, December 1991, pp. 179 – 211.

中的某些行为并没有足够的解释力。因此，Ajzen 对 TRA 模型框架进行修正，提出了 TPB 理论模型，以期能够对个人行为的发生有更适当的预测和解释。如图 2.12 所示。

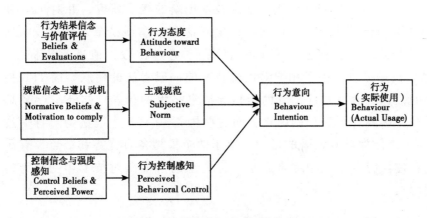

图 2.12　计划行为理论模型（TPB）

TPB 对行为意向的预测除保留了行为态度和主观规范外，另外增加了第三个因素：行为控制感知（Perceived Behavioral Control，简称 PBC）。Ajzen 将行为控制感知定义为个人感到完成某一行为的容易或困难程度。它反映了个人对某一行为所感知到的内在或外在的限制，也就是指个人在采取某一行为时，对于所需要的机会和资源的控制能力。当个人认为自己所拥有的资源和机会越多、预期的阻碍越小时，则对行为控制的感知程度越高，采取该行为的意向也就越强烈。

TPB 认为，行为控制感知由控制信念（Control Belief）与强度感知（Perceived Power）两个因素决定。控制信念是指个人对于采取某一行为所需要的机会和资源的控制程度；强度感知是指人认为所需要的机会和资源对该行为的影响程度。行为控制感知除了与态度、主观规范一起共同直接影响行为意向外，在预测的行为不完全受意志控制时，还直接影响实际行为。①

TPB 提出后在社会科学各领域得到广泛应用，它对个人行为的强大解释力也引起信息技术领域研究者的重视，出现了很多基于 TPB 的研究，

---

① Ajzen, I., "*The Theory of Planned Behavior*", *Organizational Behavior and Human Decision Process*, Vol. 50, Issue 2, December 1991, pp. 179 – 211.

这些研究检验了很多类型技术的接受与采纳，如远程医疗①②、电子商务③、电子银行④等。研究表明，TPB 在很多研究背景下均为一个合适的理论基础。

Mathieson 将 TPB 应用于信息技术创新的接受研究，并对 TPB 和 TAM 两个模型进行了实证比较，发现这两个模型在个人信息技术使用行为意向的解释上都有好的表现。⑤ 通过比较，他进一步提出，TAM 只是提供了关于用户对信息技术的一般看法的信息，而 TPB 提供的信息更有针对性，有助于指导信息技术的开发。此外，TAM 缺乏社群影响和行为控制因素，而这些因素在 TPB 中被认为对行为意向和/或行为具有显著的影响。鉴于两个模型各具优势和缺点，有研究者建议将两个模型综合起来，将更有助于加深对技术接受行为的理解⑥。

二 解构的计划行为理论（DTPB）

为了综合 TPB 和 TAM 的优势，Taylor 和 Todd 在吸收前人研究成果的基础上，将两个模型进行整合提出了解构的计划行为理论（Decomposed Theory of Planed Behavior，简称 DTPB）⑦，并用于信息技术接受研究，DTPB 的结构如图 2.13 所示。

Taylor 和 Todd 在 DTPB 中将行为态度解构为有用性感知、易用性感知和相容性，将主观规范解构为同侪影响和上级影响，行为控制感知解构为

---

① Chau, P. and Hu, P., "*Information Technology Acceptance by Individual Professionals：A Model Comparison Approach.*", *Decision Sciences*, Vol. 32, No. 4, 2001, pp. 600 – 710.

② Chau, P. and Hu, P., "*Investigating Healthcare Professional's Decision to Accept Telemedicine Technology：An Empirical Test of Competing Theories*", *Information & Management*, Vol. 39, No. 4, 2002, pp. 297 – 311.

③ Hsu, C. L. and Lu, H. P., "*Why Do People Play Online Games? an Extended TAM with Social Influences and Flow Experience*", *Information & Management*, Vol. 41, No. 7, 2004, pp. 853 – 868.

④ Liao, S., Shao, Y., Wang, H. and Chen, A., "*The Adoption of Virtual Banking：an Empirical Study*", *International Journal of Information Management*, Vol. 19, No. 1, 1999, pp. 63 – 74.

⑤ Mathieson, K., "*Predicting User Intentions：Comparing the Technology Acceptance Model With the Theory of Planned Behavior*", *Information Systems Research*, Vol. 2, No. 3, 1991, pp. 173 – 191.

⑥ Taylor, S. & Todd, P. A., "*Understanding Information Technology Usage：A Test of Competing Models*", *Information Systems Research*, Vol. 6, No. 2, 1995, pp. 144 – 176.

⑦ Taylor, S. & Todd, P. A., "*Understanding Information Technology Usage：A Test of Competing Models*", *Information Systems Research*, Vol. 6, No. 2, 1995, pp. 144 – 176.

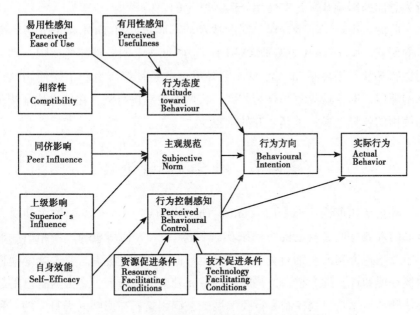

图 2.13　解构的计划行为理论模型（DTPB）

自我效能、资源促进条件和技术促进条件，并以某管理学院 786 名学生使用"大学计算机资源中心"的数据对模型进行了检验。数据分析结果表明，行为态度、主观规范和行为控制感知三者均对行为意向有显著的影响，而使用行为显著地受行为意向和行为控制感知的影响。另外，由行为态度解构出来的三个变量：有用性感知、易用性感知和相容性，只有有用性感知对态度有显著影响，而主观规范解构的同侪影响和上级影响两个变量及行为控制感知解构的三个变量均表现出显著影响。①

　　Taylor 和 Todd 在同年进行的另一项研究中对 DTPB 稍做改动，增加了有用性感知和行为意向之间的关系，并用具有经验和没有经验的两类"大学计算机资源中心"学生用户的调查数据进行检验。总体而言，研究模型适合于解释这两类用户的行为意向和使用行为。在这一研究中，除行为态度对行为意向的影响不显著外，研究模型中其他所有关系均显著。此外他们还发现，对于有使用经验和无使用经验的学生来说，主观规范对行为意向的影响是不同的。对于没有系统使用经验的学生来说，主观规范对

---

　　①　Taylor, S. & Todd, P. A., "*Understanding Information Technology Usage: A Test of Competing Models*", *Information Systems Research*, Vol. 6, No. 2, 1995, pp. 144 – 176.

行为意向的影响几乎是有使用经验的学生的 2 倍。①

　　此后，出现了不少针对不同的技术从不同角度将 TAM 和 TPB 进行整合的研究。由于 TAM 更多地关注用户对信息技术创新特征的认识，即有用性感知和易用性感知，而 TPB 更多考虑的是社群压力和不同使用情形下的障碍，即主观规范和行为控制，将两个模型进行整合在信息技术接受和使用的解释上显示了其互补的优势。

第四节　社会认知理论

　　社会认知理论（Social Cognitive Theory）认为，"个人能够主动参与自己的发展并通过自己的行动来实现目标"，"人们所想的、所相信的和所感受的将影响人们的行为"。② 社会认知理论特别强调，个人既是他们周围环境和社会的产物，也是周围环境和社会的创造者；个人对自己的各种认知和信念是自我控制和自我发展的关键因素，在影响人类行为的各种认知和信念中，自我效能居核心地位。③ Bandura 将自我效能定义为"人们对自己组织、实施行为并达到预期结果的能力的主观判断"④。自我效能反映了人们对自己完成特定行为的能力的信心或信念，是人类行为动机及行动的基础。只有人们相信自己有能力实现预期的结果，才会有意地付诸行动，否则人们在面对困难时就不会有太强的动机并且也不愿长期坚持。Bandura 指出，过去的理论和研究多数集中于知识和技能与行为之间的关系，知识和技能只是完成某一行为的必要条件，而非充分条件。他进一步强调，自我效能是指人们在何种程度上相信自己可以用所拥有的技能完成任务，而不仅仅是拥有该技能本身。人的动机、情感状态和行动更多地取决于他们所相信的，而不是取决于客观事实。⑤ 因此，人们对自己能

---

① Taylor, S. & Todd, P. A., "Assessing It Usage: The Role of Prior Experience", MIS Quarterly, Vol. 19, No. 4, 1995, pp. 561 – 70.

② Bandura. A, "Self-efficacy: Toward a Unifying theory of behavioral change", Psychological Review, No. 2, 1977, pp. 191 – 215.

③ Bandura, A., Social Foundations of Thought and Action: A Social Cognitive Theory, Prentice Hall, Englewood Cliffs, 1986.

④ Bandura. A, "Self-efficacy: Toward a Unifying theory of behavioral change", Psychological Review, No. 2, 1977, pp. 191 – 215.

⑤ Bandura, A., Social Foundations of Thought and Action: A Social Cognitive Theory, Prentice Hall, Englewood Cliffs, 1986.

力的自信程度要比他们实际表现出来的能力更好地预测他们的行为表现。这可以解释为什么有时候人们的行动与他们实际的能力不一致，具有同样知识和技能的人行为表现差异性很大等现象。

后续研究表明，自我效能从三个方面对人的行为产生重要影响：（1）自我效能影响人们的行为选择。"当个人相信他们的行为将产生有价值的结果时他们更有可能进行这一行为"[①]，并且自我效能感高者倾向于选择富有挑战性的任务，在困难面前更能坚持自己的行为；而自我效能低者则相反。（2）自我效能决定着人们将付出多大努力以及在遇到障碍时将坚持多久。自我效能感越强，其努力就会越主动，坚持的就会越长久。（3）自我效能影响人们的思维模式和情感反应模式。"在行为过程中对自我效能的判断可产生和控制一个人应对环境的能力"[②]，自我效能低的人与环境作用时，会过多想到个人的不足，并将潜在的困难看得比实际更严重。这种思维会产生心理压力，使其将注意力更多地转向可能的失败或不利的后果，而不是如何有效运用其能力实现目标；自我效能高的人将注意力和努力集中于情境的要求上，并被障碍激发出更大的努力。

Bandura 及其学生对自我效能的来源进行了大量的研究，他们提出了四种产生和提高自我效能的途径和方法：成败经历（enactive mastery）、替代经验（vicarious experiences）、言语劝说（verbal persuasion）、生理和情绪状态（physiological and effective states）。成败经历是指个体在行为习得与操作中成功和失败的亲身经历。一般来说，成功的经验会提高个人的自我效能感，反复的失败则会降低之。替代经验是指人们通过观察别人所得到的替代性经验。如果观察者与榜样的情况相近，榜样的成功可促进观察者自我效能的提高，增强其实现目标的信心；但看到与自己相近的人失败的经历，尤其是付出很大努力的失败，则会降低其自我效能感。言语劝说即说服性建议、劝告、解释以及自我规劝。言语劝说被广泛用来说服人们去相信自己的能力，言语劝说的价值取决于提供的信息是否切合实际，缺乏事实基础的言语劝说对形成自我效能效果不大。在直接经验或替代经验的基础上进行劝说和鼓励效果最好。生理和情绪状态指个体面临某项活

---

① Wood, R. & Bandura, A., "*Social Cognitive Theory of Organizational Management*", *Academy of Management Review*, Vol. 14, No. 3, 1989, pp. 361 – 384.

② Bandura, A., "*Self-Efficacy Mechanism in Human Agency*", *American Psychologist*, Vol. 37, No. 2, 1982, pp. 1122 – 1147.

动任务时的身心反应。平静的反应使人镇定、自信；紧张、焦虑易降低人们对自我效能的判断，疲劳、烦恼会使人感到难以胜任。Bandura 认为，以上四种因素往往综合地对自我效能产生影响，但如何影响以及在多大程度上影响则因人而异。

社会认知理论关于自我效能的概念和研究结论引起技术接受研究者的极大兴趣，他们据此推断，自我效能可影响人们采纳先进的技术系统的决策。Compeau 等人将 Bandura 的社会认知理论应用于信息技术接受研究，提出两个个人认知因素：计算机自我效能和结果期望（Outcome Expectation）[1]。与 Bandura 的定义相一致，他们将计算机自我效能定义为个人对自己使用计算机的能力的信心，而结果期望的概念比较接近于 TAM 的有用性感知因素。Compeau 等人根据社会认知理论提出了三个假设：（1）计算机自我效能会显著地影响结果期望，对自己的技能信心强的个人往往对计算机的使用结果有积极的期望；（2）计算机自我效能影响个人使用计算机的情绪（喜欢或不喜欢）和焦虑感；（3）计算机自我效能是计算机使用行为的决定因素。这些假设为 Compeau 等人的研究所证明，其中计算机自我效能与自我报告的计算机使用行为显著地相关（R = 0.43）。[2]

Compeau 等人的这一研究结果实际上与 Davis 等人提出的 TAM 模型是一致的。在 TAM 的两个核心概念中，易用性感知在定义上与计算机自我效能有些相近，而有用性感知则接近于结果期望这一概念。Venkatesh 和 Davis 在其研究中将个人的计算机自我效能假定为对技术的易用性感知的先决因素，并实证检验了自我效能对用户使用 E-mail 和 Gopher 的易用性感知的影响。研究发现，对新计算机软件系统的易用性感知依赖于个人的计算机自我效能。[3]

自我效能这一概念也得到 Ajzen 的重视[4]，他批评了理性行为理论

---

[1] Compeau, D. R., Higgins, C. A. and Huff, S. L., "*Social Cognitive Theory And Individual Reactions to Computing Technology: A Longitudinal Study*", *MIS Quarterly*, Vol. 23, No. 2, 1999, pp. 145 –158.

[2] Ibid. .

[3] Venkatesh, V. and Davis, F. D., "*A Model of Antecedents of Perceived Ease of Use: Development and Test*", *Decision Sciences*, Vol. 27, No. 3, 1996, pp. 451 – 480.

[4] Ajzen, I., "*The Theory of Planned Behavior*", *Organizational Behavior and Human Decision Process*, Vol. 50, 1991, pp. 179 –211.

（TRA）对环境因素的忽视，在 TRA 的基础上增加了行为控制感知变量，提出计划行为理论（TPB）。他将行为控制感知定义为个人对完成一项特定行为的容易或困难程度的判断，并认为行为控制感知直接影响人们对某一行为的行为意向。Ajzen 认为，行为控制感知与自我效能概念是一致的[1]。行为控制感知包括内部和外部两种因素，内部因素由自我效能或对有能力使用技术的内在认识构成，而外部因素包括对资源和技术便利条件的感知，主要针对个人所处的环境背景，这两种因素共同构成行为控制感知促进或阻碍人们对技术的采用。[2]

在教育领域，教师的自我效能一般是指教师对自己具有的影响学生学习和成就的能力的信心[3][4]。Smylie 认为，教师的自我效能可能在如下方面具有积极的影响：教育目标的实现、教学过程的调整、学生成绩、教学工具和手段的持续使用。[5] 由于技术是一种教师向学生传授知识的手段，从这一角度出发，Bandura 的自我效能理论同样也适用于解释教师的教育技术使用行为。

第五节　组织中的创新扩散过程

一　Zaltman 等人的早期研究：二阶段过程模型

Zaltman、Duncan 和 Holbeck 被普遍认为是现代组织创新研究的先驱。他们于 1973 年出版的著作《创新和组织》被 Rogers 称为组织创新研究史上的一个重要转折点，其最重要的贡献就是将组织创新研究的重点由组织采纳决策转向创新的实施。[6]

Zaltman 等人将组织中创新扩散的过程划分为启动（Initiation）和实

① Ajzen, I., "The Theory of Planned Behavior", Organizational Behavior and Human Decision Process, Vol. 50, 1991, pp. 179－211.

② Taylor, S. & Todd, P. A., "Understanding Information Technology Usage: A Test of Competing Models", Information Systems Research, Vol. 6, No. 2, 1995, pp. 144－176.

③ Bandura, A., Self-Efficacy: The Exercise of Control, New York: Freeman, 1997.

④ Guskey, T., "Teacher Efficacy, Self-Concept, and Attitudes toward the Implementation of Instructional Innovation", Teaching & Teacher Education, Vol. 4, No. 1, 1988, pp. 63－69.

⑤ Smylie, M. A., "Teacher efficacy at work", In P. Reyes (Ed.), Teachers and Their Workplace. 1990, pp. 48－66.

⑥ Rogers, E. M., Diffusion of Innovations, New York: the Free Press, 1995, p. 389.

施（Implementation）两个阶段[1]，如图 2.14 所示。启动阶段概念化为问题的解决，包括知识了解、态度形成和决策三个分阶段。实施阶段包括初步实施和继续—持续实施两个分阶段。Zaltman 等人指出，相比启动阶段，实施阶段更加复杂也更为重要。

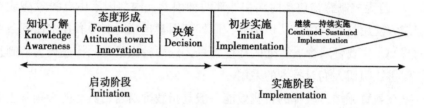

图 2.14　组织中创新扩散的过程（Zaltman et al.，1973）

Zaltman 等人发现，很多扩散理论学者通常把他们的研究止步于启动阶段（在该阶段，组织掌权者认可新观念，或者做出实施新观念的决策），而忽视了对实际实施阶段的考虑。[2] Zaltman 等人将初步实施阶段看作实施的一个分阶段，在这一阶段组织首先试图应用创新，并"进行一些采纳试验"，如果试验成功，"创新被继续实施的可能性会更大"。[3]

二　后期进一步的研究：创新过程各阶段的细化

Thompson 将创新定义为"新的观念、过程、产品或服务的产生、接受和实施"[4]，受这一概念的启发，随后一些研究常将组织的创新视为一个三阶段的过程：启动、采纳和实施[5]，如图 2.15 所示。

在组织创新的三阶段过程中，启动阶段源自对变革压力的反应，而变革可能是"需求拉动"或"技术推动力"的结果，在这一阶段对组织的问题、不足、机遇有了一些认识。采纳阶段做出为创新重新分配资源的正式决策，随后的实施阶段可视为创新技术引入、安装和被组织目标用户采

---

① Zaltman, G., Duncan, R. & Holbek, J. *Innovations and Organizations*, New York, NY: John Wiley & Sons, Inc, 1973, p. 50.

② Ibid., p. 58.

③ Ibid., p. 67.

④ Thompson, V., "*Bureaucracy and Innovation*", *Administrative Science Quarterly*, Vol. 10, No. 1, 1965, p. 2.

⑤ Kwon, T. & Zmud, R., "*Unifying The Fragmented Models of Information Sysytems Implementation*", in（Editors）Boland, R. & Hirschheim, R., *CriticalIssues in Information Systems Research*. John Wiley & Sons, 1987, p. 232.

图 2.15　组织创新的三阶段过程

纳和使用的过程。

　　Kwon 和 Zmud 发现，"过去 10 年的现代组织变革是技术驱动的"，"信息技术成为影响企业成功的主要技术力量"。他们通过对技术实施和组织创新研究的比较指出，这两个领域的研究非常相似，信息技术（IT）的实施实际就是在特定用户群中扩散一项信息技术创新做出的组织努力。[①]

　　Kwon 和 Zmud 总结指出大多数创新研究探讨如何预测组织采纳，却忽视了组织采纳后发生了什么。为了认识实施对组织创新成功的重要性，他们基于 Lewin 的变革模型提出了一个 6 阶段组织创新模型。该模型实际上是将三阶段过程模型的实施阶段分解成适应、接受、使用和融合 4 个子阶段，这一划分让我们对实施过程的认识更加细致。如图 2.16 所示。

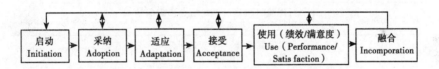

图 2.16　信息系统实施过程的 6 阶段组织创新模型

　　该模型中，融合（Incorporation）被视为创新过程的目标或最终状态，此时创新融入组织的日常工作中，创新的应用发挥了全部的潜力。Kwon 和 Zmud 提醒我们，"创新的扩散不会在所有的组织、任务、人员和结构中全面发生，除非解决了各种技术的、社会的和政治的问题"。[②]

　　Cooper 和 Zmud 在其"物资资源计划系统"采纳研究中改进了 Kwon 和 Zmud 的组织创新扩散过程模型，为组织采纳后的创新实施提供了更进

---

　　① Kwon, T. & Zmud, R., "*Unifying The Fragmented Models of Information Sysytems Implementation*", in (Editors) Boland, R. & Hirschheim, R., *CriticalIssues in Information Systems Research.* John Wiley & Sons, 1987, p. 235.

　　② Ibid. .

一步的见解。① 他们的研究也参考了勒温的变革模型，研究提出的 6 阶段模型得到 IT 创新扩散研究者的普遍认同②，如图 2.17 所示。

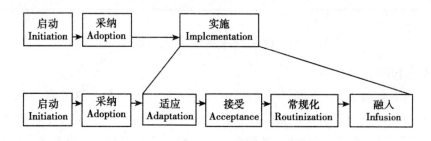

图 2.17　IT 实施过程模型的六个阶段

Cooper 和 Zmud 特别关注组织创新的实施阶段，并指出了组织创新各阶段的主要活动和结果，见表 2.6。

表 2.6　　　　　　　　　　组织创新各阶段：活动和结果

组织创新的主要阶段	主要活动	阶段结果
启动（Initiation）	主动和/或被动地分析组织的问题、机遇和采取的解决方案，以及组织变革面临的需求（拉力）、技术创新（推动力）	发现适合组织需要的 IT 解决方案
采纳（Adoption）	进行理性的和政治上的协商，确保给 IT 应用的实施以组织支持	关于资源投入的决策
适应（Adaptation）	开发、安装和维护 IT 应用，修正和建立组织流程，培训组织成员	用于组织的 IT 应用
接受（Acceptance）	引导组织成员致力于 IT 应用的使用	IT 应用在组织中被采用
常规化（Routinization）	鼓励作为规定活动使用 IT 应用	组织管理制度的调整；IT 应用不再被认为是额外的事情
融入（Infusion）	以全面、集成的方式使用 IT 应用，支持更高水平的组织工作，取得更大的组织绩效	组织中 IT 应用的使用发挥了更大潜力

资料来源：Cooper & Zmud, 1990, 124。

Saga 和 Zmud 将研究的重点放在 Cooper 和 Zmud 模型的最后阶段——

---

① Cooper, R. & Zmud, R., "*Information Technology Implementation Research*: *A Technological Diffusion Approach*", *Management Science*, Vol. 36, No. 2, 1990, pp. 123 – 139.

② Gallivan, M. J., "*Organizational Adoption and Assimilation of Complex Technological Innovation*: *Development and Application of a New Framework*", *The Data Base for Advances in Information Systems*, Vol. 32, No. 3, 2001, pp. 51 – 85.

融入阶段，他们发现，"经过一段时间，所有成功的 IT 应用都被强化或重新配置，体现了对工作系统和信息技术潜力的更深刻的理解"，其结果通常会导致更高水平的使用。[1] 他们提出了三种提高 IT 使用效率的行为，这三种行为可充分地利用技术提高组织的绩效，它们是:[2]

扩展使用:"为适应更广泛的工作任务使用更多的技术功能。"

整合使用:"为了建立或加强一系列工作任务之间的工作流联系而使用技术。"

应急（Emergent）使用:"为完成在应用技术前没有认识到或没有可行性的工作任务而使用技术。"

三 与 IT 接受理论的综合

Galiivan 在他的客户机/服务器技术的组织扩散定性研究中，将重点也放在了组织采纳之后的创新实施阶段。[3] 他对 Kwon 和 Zmud（1987）、Cooper 和 Zmud（1990）的研究进行了进一步扩展，在组织创新扩散过程研究和个人 IT 接受研究之间建立起明确的概念联系。

Gallivan 提出了一个三阶段组织创新扩散过程框架，包括初级（Primary）采纳阶段、次级（Secondary）采纳/同化阶段和组织结果（consequence）阶段。他将重点特别放在次级采纳/同化阶段，并把次级阶段采纳/同化阶段定义为组织采纳后的个人采纳。他发现，次级采纳/同化阶段最为复杂，且被以往的研究所忽视。[4]

Gallivan 对次级个人采纳的概念化包括了创新扩散和个人 IT 接受研究的相关概念。他确定了三个影响次级采纳的因素：管理干预（"管理者为促进次级采纳采取的行动和利用的资源，包括使用命令"）、主观规范（"个人对相关他人关于他们自己的次级采纳行为预期的信念"）和便利条件（"一个较宽泛的变量，包含让实施更可能产生或更不可能产生的因

---

① Saga, V. & Zmud, R., "*The Nature and Determinants of It Acceptance, Routinization, and Infusion*", in L. Levine (Editor), *Diffusion, Transfer, and Implementation of Information Technology*, North-Holland, Amsterdam, 1994, p. 79.

② Ibid., p. 80.

③ Gallivan, M. J., "*Organizational Adoption and Assimilation of Complex Technological Innovation: Development and Application of a New Framework*", *The Data Base for Advances in Information Systems*, Vol. 32, No. 3, 2001, pp. 51 – 85.

④ Ibid., p. 61.

素"），该框架如图 2.18 所示。

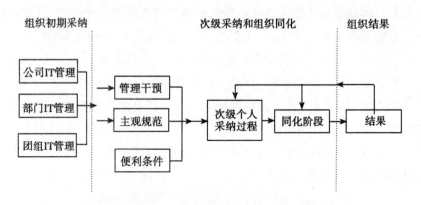

图 2.18　组织创新扩散理论框架

综上所述，组织创新过程的研究对实施阶段的学术兴趣经历了一个不断提高的过程。Zaltman 等人的早期开创性著作可说是一个转折点，他们将组织创新概念化为一个二阶段过程（启动阶段和实施阶段），并认识到实施阶段的重要性，但对实施的细节研究尚显不足。后来的研究者将实施阶段又进一步的细分，如 Kwon 和 Zmud 及 Cooper 和 Zmud 将实施分解为四个连续的阶段，Saga 和 Zmud 则提出最终融入阶段的三种创新使用行为：扩展使用、整合使用和应急使用。Gallivan 在他的组织 IT 创新框架中将 Cooper 和 Zmud 的工作进一步操作化，在他的研究中综合了 IT 接受和创新扩散研究中的相关因素，并假设这些因素将会影响个人创新采纳决策和行为。

组织创新过程研究的这一轨迹反映了学术兴趣从采纳阶段到实施阶段稳步的转移。这一转移说明学者们逐渐认识到组织创新实施的复杂性和重要性。Zmud 和 Apple 强调："随着创新复杂性的提高，对融合（incorporation）阶段的关注将更加重要。"[1] Tornazky 和 Fleischer 也认为，"在一个复杂的新技术的融入阶段，很难确定个人会采取什么样的采纳行动"，"就像盲人摸象的故事，一个复杂的技术对不同的参与者来说意味着不同的事情"。[2] 然而，尽管对实施阶段研究的兴趣不断提高，但对这一阶段

---

① Zmud, R. & Apple., *"Measuring Technology Incorporation/Infusion"*, *Journal of Product Innovation Management*, Vol. 9, 1992, p. 149.

② Tornatzky L. & Fleischer, M., *The Processes of Technological Innovation*, Lexington Books, Lexington, Ma. 1990, p. 123.

用户的创新采纳行为尚缺乏实证研究。

受以往组织创新过程研究的启示，本研究重点将放在次级采纳阶段，即组织采纳后的个人采纳阶段。在该阶段，高校组织已做出采纳教育技术创新的决策，并引进和安装了专门的技术系统，提倡教师采用技术创新促进教学。

第六节　本章总结

根据本研究的需要，本章主要综述了采纳和扩散研究的四个研究视角：创新扩散理论、技术接受和采纳行为模型、计划行为理论和社会认知理论，以及组织创新过程。通过对这些理论的探讨，给本研究的启示如下：

（1）用户对技术的创新特征感知将是决定其是否采纳它的重要因素，在不同情境下会有不同的特征因素起作用，有必要继续识别在教育技术采纳背景下的关键特征因素纳入本研究的研究模型，这一问题将在下一章解决。

（2）个人采纳创新会经历一个五阶段的过程，即知晓、说服、决策、应用、确认，在不同的阶段，会有不同的因素影响人们的态度或行为。本研究重点关注决策和确认两个阶段。

（3）个人创新性是人的一种较为稳定的品质，是个人对变革持有的一贯态度，有可能影响教师在教学中的技术创新采纳行为。

（4）技术接受模型因其简洁性和强大解释力而在技术创新采纳研究中得到广泛应用，并得到不断发展。理论发展的方式，一是增加其他因素对模型进行扩展，二是与其他理论进行整合。扩展的重点是寻找有用性感知和易用性感知两个核心因素的前提因素；整合的代表是 UTAUT 理论，它将几个模型中的概念按一定规则重新整合，构架了新的理论模型，但仍保留了技术接受模型的基本框架，即：认知信念→行为意向→使用行为。技术接受模型的发展模式和基本框架也为本研究采用。

（5）在理性行为理论（TRA）的基础上，计划行为理论（TPB）保留了行为态度和主观规范变量，增加了行为控制感知因素，启示我们资源和支持等行为控制因素是决定人们的技术采纳行为的重要因素。解构的计划行为理论（DTPB）将 TPB 的主要因素进行分解，如将主观规范分解为同侪影响和领导影响，避免了两个维度可能产生的正负抵消造成的结果的不准确。这为本研究提供了一个思路。

（6）社会认知理论提出了一个重要概念：自我效能，该理论认为它是决定人的行为决策、持久性、强度的一个非常重要的因素。以往研究过于重视经验、技术和知识对人们行为的作用，根据社会认知理论，经验、知识和技术有可能只是自我效能的前提因素，它们只是通过自我效能影响个人的技术采纳行为。

（7）组织创新会经历一个阶段性过程，从启动、采纳，到适应、接受、常规化直至融入。启动和采纳属于组织决策阶段，后四个阶段为实施阶段。实施阶段对于组织创新来说才是最重要的，它意味着创新的真正深层次使用，这一阶段实际上属于个人采纳阶段。实施阶段是本研究的重点。

第三章　教育领域技术创新扩散和采纳研究综述

本章对教育领域中技术创新扩散和采纳研究文献进行评述，主要内容共分为四个部分：第一部分介绍文献的来源、检索标准与选择方法；第二部分是对所选文献的主要内容特征进行分析；第三部分是以往研究中涉及的关键影响因素及关系分析；最后进行总结并提出本研究的努力方向。

第一节　文献来源、检索与选择

通过百度和 Google 搜索引擎以"技术创新""扩散""接受"和"采纳"为关键字进行初步检索发现，关于技术创新的采纳与扩散研究非常广泛，理论成果也非常丰富，但教育领域该方面的研究尚为稀少。为了尽可能多地获得该领域的研究文献，根据本研究的目的对国内外几大著名权威学术文献数据库进行了全面检索，这些数据库包括国外的 ERIC，即教育资源信息中心（Educational Resource Information Center）、John Wiley 电子期刊数据库、Elsevier 学术全文数据库、UMI ProQuest 硕、博士论文全文数据库，以及国内（大陆）的 CNKI 全文数据库（含硕、博论文）。检索的英文关键词为：Education、Adoption、Acceptance、Innovation Diffusion、Instructional Technology、Computer、Information Technology（IT）、Web-based Instruction 、Web-based Learning 、Online Instruction 、Online Learning 、E-learning、Blended Learning 等，中文关键词为：教育、教育技术、采纳、接受、创新扩散、创新推广、计算机技术、信息技术、信息技术整合、网络教学、远程教育、在线教学、在线学习、电子学习、信息化学习等。文献检索的范围为 2009 年以前的学术期刊论文、会议论文、硕博论文等，共检索到中、英文文献 179 篇。笔者下载了文献摘要或全文并逐篇浏览，最后从中筛选出 80 篇作为分析的对象。文献筛选的标准如下：

研究背景为 K12 学校、高等学校包括成人高等学校，研究对象为个
体用户（如教师、学生等）。

研究的创新是作为教和学之用的创新技术（如计算机、E-mail、教学
展示系统、学习管理系统等）或采用创新技术的教育教学形式（如网络
教育、网络教学、混合式教学等）。

采用的研究方法为实证研究方法，也吸收了提出概念模型的一些文
献，排除了综述性、经验总结性、介绍性、对策建议性的论文。

第二节　文献特征分析

本节采用元分析（meta-analysis）方法对上节提及的 80 篇研究文献进
行分析和探讨。元分析是一种将定性分析和定量分析相结合的文献综述方
法，其目的主要是借助统计方法，就同一问题的大量研究进行综合分析与
评价，探讨研究中存在的规律。① 为了对这些研究文献进行有效的回顾和
分析，根据本研究的需要，从发表时间和国别特征、技术系统类型、研究
的被试、理论视角、研究方法、研究变量六个角度对教育技术创新的采纳
与扩散研究进行了分析。

一　发表时间和国别特征

从这 80 篇文献的发表时间看，2003 年之后文献发表数量迅速增加，
且总体呈上升趋势，如图 3.1 所示。其原因可能是随着互联网的迅速发
展，基于互联网的教育技术产品及新型教育教学方式不断涌现，人们对教
育技术创新应用的关注也迅速增加。

从研究对象所在的国家看，除有 2 篇论文未说明研究对象所在国家
外，共涉及 18 个国家和地区，见表 3.1。虽然因笔者语言和数据库来源
所限，搜集的文献仅限于英语和汉语（简体）语言文本，但仍可看出在
教育领域技术创新的扩散问题已开始受到世界各国普遍关注。同时可看
出，在所有文献中以研究美国环境的居多，达 43 篇之多。这一现象一方
面和美国的技术领先地位有关，另一方面的原因是多数研究的理论基础为
创新扩散理论和技术接受模型，而这两个理论视角的提出者均出自美国学

---

① Glass, G. V., "*Primary, Secondary, and Meta-Analysis of Research*" (http://
stat. smmu. edu. cn /History/Primary. pdf) .

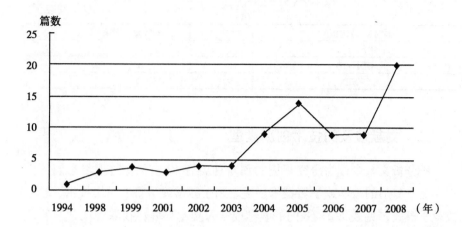

图 3.1　教育技术创新扩散研究文献发表数量趋势（2009 年以前）

者。以中国（包括台湾地区和中国香港）为背景的研究文献共有 13 篇，其中中文文献占 5 篇。说明具有集体主义文化色彩的中国背景是该领域研究者关注的一个重要方面，同时也说明我国研究者已开始关注。但大多数中文文献集中于 K12 学校而非高校，这可能同国家政策对基础教育信息化的特别关照有关。

表 3.1　　　　　　　　　研究对象所在国家（或地区）情况

国家（或地区）	文献数量（篇）
阿联酋	2
澳大利亚	2
韩国	2
荷兰	1
加拿大	1
马来西亚	2
美国	43
瑞典	2
塞浦路斯	1
沙特阿拉伯	1
泰国	1
西班牙	1
新加坡	2
新西兰	1
以色列	3
中国	7

续表

国家（或地区）	文献数量（篇）
中国台湾	5
中国香港	1
未知	2

二　文献涉及的技术创新类型

　　所分析文献中作为研究环境的创新种类有 40 多种，这里将它们分为三大类：专门的教学或学习技术环境、用于教学或学习的通用技术、教育或教学模式，见表 3.2。专门的教学或学习技术环境包括课程或学习管理系统（如 BlackBoard、WebCT）、教学和学习网站、电子学习资源、课件等专门开发设计的教育技术系统。用于教学或学习的通用技术包括计算机、互联网、电子邮件、聊天室、网页等。教育或教学模式包括网络教育、E-learning、网络辅助教学、远程教育等新型的教育或教学形式。近年来，随着基于信息技术特别是互联网技术的专门教育产品的不断更新，以及教育机构向这类技术产品投入的增加，研究的技术创新环境越来越集中于专门的教学或学习技术环境和基于这些技术环境的新型教育教学方式。这类技术环境的使用群体多为大学师生，其中远程教育接受群体一般为参加远程学习的在职学生。

表 3.2　　　　　　　　　文献涉及的技术创新类型分析

创新类型	所占比例	具体技术系统
专门教学或学习技术环境（42）	52.5%	课程（或学习）管理系统（如 Blackboard、WebCT 等虚拟学习环境）（23）
		课程传递系统（1）
		基于计算机的学习模块（1）
		课程或学习网站（4）
		城市教育门户网站（1）
		电子学习资源中心（1）
		在线申请系统（1）
		在线作业提交系统（1）
		课件（1）
		学习对象（1）
		教学技术（2）
		网络教学或学习技术（2）
		在线公共图书查询系统（1）
		远程教育技术（2）

续表

创新类型	所占比例	具体技术系统
用于教学和学习的通用技术（21）	26.25%	计算机技术（10）
		因特网（含电子邮件、网页、聊天室、多媒体、图书馆、电子文档等）(5)
		信息技术（4）
		远程桌面共享系统（1）
		计算机多媒体（1）
教育或教学方式（17）	21.25%	网络教学（如 E-learning、网络辅助教学）(9)
		网络课程（2）
		网络教育（3）
		远程教学（1）
		远程教育（2）

注：括号内为文献数量，百分比指以目标创新为研究环境的文献数占文献总数的百分比。

三　研究的被试

在 80 篇文献中，其中 78 篇为实证研究，研究被试属于高等学校成员的论文有 68 篇，占总数的 87.2%；属于 K12（中小学）学校成员的论文共 10 篇，占总数的 12.8%。从研究被试的身份看，以大学教师（包括实习教师、职前教师）为被试的论文有 37 篇，占总数的 47.4%；以大学学生（包括大学生、研究生、在职学生）为研究被试的论文有 34 篇，占总数的 43.6%。以 K12 学校教师为研究对象的论文有 9 篇，占总数的 11.5%；以 K12 学校学生为被试的论文 2 篇，占总数的 2.6%。可以看出，在以高校为背景的研究中，教师和学生群体基本上得到相同的关注，这是因为教育技术创新采纳的主体既包括教师也包括学生，另外也有少数研究同时以教师、学生和管理人员、技术支持人员等为被试。在以 K12 学校为背景的研究中，主要以教师为主要对象，只有个别研究以学生为对象，有的研究也对校长和行政人员进行了关注。此外，只有少数研究的研究环境为多个学校组织，其他均在单个学校组织内进行，这使研究结论的一般性受到威胁。

表 3.3　　　　　　　　　　　　　研究被试分析

高等学校						K12 学校					
教师		学生		其他		教师		学生		其他	
数量（篇）	比例（%）	数量（篇）	比例（%）	数量（篇）	比例（%）	数量（篇）	比例（%）	数量（篇）	比例（%）	数量（篇）	比例（%）
37	47.4	34	43.6	7	9.0	9	11.5	2	2.6	2	2.6
计：68 篇占 87.2%						计：10 篇占 12.8%					

注：1. 实证研究文献共 78 篇。2. 百分比数均为占实证文献总数的百分比。3. 有的文献被试为多种类型，故百分比数相加不等于 100%。

四　研究的理论视角

该领域研究的理论视角非常广泛，在本书分析的 80 篇论文中，被明确为研究基础的理论有 19 种之多，其中有些论文同时采用了 2 种以上的理论作为研究基础，也有一些论文没有明确的理论基础。在所有理论视角中，又以技术采纳理论（45 次，占论文总数的 56.3%）、创新扩散理论（26 次，占 32.5%）和社会心理和行为理论（21 次，占 26.3%）最为常用，表 3.4 列出了这些理论在文献中的具体使用情况。

另有一些理论较少使用，但为研究提供了崭新的视角，如：社会影响过程理论、行动者网络理论（Actor-network）、行动理论（Activity Theory）、变革理论、生态理论、组织学习理论、沉浸理论（Flow Theory）、复杂理论等。可以看出，教育技术扩散和采纳研究的视角呈现出一种多样化的特点。

表 3.4　　　　　　　　　　　　　常用的理论基础

理论视角		理论主要贡献者	使用次数	总计
技术采纳理论	技术接受模型（TAM）	Davis（1989 年）	35	45
	扩展的技术接受模型（TAM2）	Venkatesh et al.（2000 年）	5	
	技术接受和使用统一理论（UTAUT）	Venkatesh et al.（2003 年）	5	
创新扩散理论	创新特征理论/创新决策过程/采纳者分类/S 型曲线	Rogers（1983 年、1995 年）	26	26

续表

理论视角		理论主要贡献者	使用次数	总计
社会心理与行为理论	理性行为理论（TRA）	Fishbein & Ajzen（1975年）	10	21
	计划行为理论（TPB）	Ajzen（1991年）	5	
	解构的计划行为理论（DTPB）	Taylor & Todd（1995年）	2	
	社会认知理论/自我效能理论	Bandura（1977年、1986年）	4	

五 研究方法

所选文献主要是该领域内的实证研究，其研究范式或者以理论为基础，提出研究假设，然后检验假设，得出结论并进行理论解释；或者根据研究数据提出若干命题，有 2 篇文献通过分析提出理论模型但没有进行实证检验。对具体研究方法的分析如表 3.5 所示。

表 3.5 研究方法分析

	方法	论文篇数
研究方法	现场研究（Field study）	62
	案例研究	15
	质性研究	2
	综合方法	13
	概念模型提出	2
数据分析方法	回归分析	18
	相关分析	4
	结构方程	15
	其他（如描述统计、方差分析、检验、SWOT）	12
数据分析工具	SPSS	25
	PLS	2
	LISREL	11
	AMOS	2
	EXCEL	2
样本大小	平均值为 290.9，标准偏差为 336.3	

注：右列数字为论文篇数。

绝大多数文献为采用了基于问卷调查的现场研究（Field study）（62篇），此外还有基于访谈、观察、文档分析等的案例研究（15篇）、质性研究（2篇），有不少研究采用了多种研究方法（13篇）。另外也发现多数研究只是横向的断面研究，没有发现采用实验室/准实验室研究方法进行严格控制探讨各变量间因果关系的研究。很多研究采用了回归分析（18篇）、结构方程（15篇）、相关分析（4篇）等探讨了变量之间的关系，分析工具以 SPSS、LISREL 居多。研究样本平均值为290.9，标准偏差为336.3，基本上都采取了大样本进行理论检验。

六　研究的变量

（一）因变量

表3.6 显示了各种因变量的论文数量。由于文献中使用的因变量名称称谓不一，笔者按其相似性进行了归类，如把"使用意向""行为意向"归类为"使用意向"；把"实际系统使用""使用行为""自己报告的系统使用""持续使用"归类为"使用行为"；把"采纳""采纳率""采纳决策"归类为"采纳"。较少出现的因变量均归类为"其他"，如"成绩""有用性认知""专业发展""采纳者类别""系统成功"等。归类后的因变量包括：使用意向、实际使用、采纳、态度、满意度和其他等。

表3.6　　　　　　　　　　因变量使用频率分析

因变量种类	论文篇数
使用意向	23
使用行为	19
采纳	10
态度	5
满意度	3
其他	9

从表3.6可以看出，在所有因变量中，以"使用意向"（23篇）和"使用行为"（19篇）被讨论次数最多。这两个变量均来自技术接受模型。使用较多的原因可能有以下两个方面：一是较多的文献采用了技术采纳理论为其研究视角（参见上文）；二是采纳的结果毕竟是接受和使用，而使用意向和使用行为是代表接受和使用的主要变量。其次使用比较多的

是"采纳"变量（10篇），由创新扩散理论的因变量"采纳速度"演变而来，并且使用"采纳"作为因变量的论文多数采用了创新扩散理论为研究框架。另外还可看出，教育技术创新采纳研究领域使用的因变量比较丰富，如有些文献用到了满意度、态度、学生成绩、系统成功、参与程度、不采纳、继续使用等作为因变量，这些因变量的选择更加丰富了教育技术采纳研究的成果，也更有利于理论的创新。比如选择"不采纳"作为因变量，对于探讨个人或组织采纳教育技术的阻碍因素，无疑是对传统的采纳研究的有益补充；而引入"继续使用"变量则更有利于研究采纳的动态过程。

（二）自变量

自变量的选取反映了研究观察的视角。文献中涉及的自变量有103个之多，这些自变量主要是用来考察教育组织环境下影响个人（教师或学生）采纳教育技术创新的因素。笔者按创新特征因素、组织因素、社会影响因素、个人特征因素及其他因素对这些自变量进行了分类，如表3.7所示。

表3.7　　　　　　　　　　　　自变量类别分析

类别	自变量（或影响因素）
创新特征 （29，28.2%）	来自创新扩散理论的因素：（8） 相对优势、复杂性、相容性、可试验性、可观察性、可见性、结果可展示性、成本 来自技术采纳理论的因素：（4） 绩效期望、努力期望、有用性感知、易用性感知 系统特征：（10） 交互性、系统质量、系统安全性、系统功能、系统响应、技术社会性、电子错误恢复、网络导航、可靠性、可访问性 其他：（7） 创新的不确定性水平、感知愉悦性、Elearing效率、对计算机辅助学习的看法、网络教育项目的信誉顾虑、技术控制、对EL课程内容和设计的看法
组织因素 （22，21.3%）	管理：（13） 组织支持、高层管理支持、培训、技术培训、学习机会、专业发展、时间、知识产权保护、财政支持、计划、激励、补偿奖励、多媒体教学要求 技术/资源支持：（7） 促进条件、设备可利用性、技术支持、因特网支持、技术便利性、内容开发支持、内部计算机支持 其他：（2） 学校类型、组织特征
社会影响 （14，13.6%）	组织文化、主观规范、社群影响、自愿性、社会压力、社会形象、环境氛围、同伴影响、课程领导的影响、教师与变革代理的交互、团队协作、社区感、大环境、合作文化

类别	自变量（或影响因素）
个人特征 （33，32.0%）	人口统计学特征：（6） 性别、年龄，教育水平、职称、语言、教师资历 知识技能：（16） 过去经验、计算机经验、上网经验、成功经验、计算机技能、网络技能、信息素养、网络教学能力、教学能力、交互式合作能力、讲授学科、教学风格、学习风格、建构主义知识、教学哲学、教学方法 品质和心理学特征：（11） 个人创新性、个人IT创新性、自我效能、计算机自我效能、计算机焦虑、动机、态度、在线学习焦虑、对新技术的态度、变革态度、沉浸症状
其他 （5，4.9%）	技术使用方式、多媒体教学、交互学习活动、满意度、控制源

在这些因素中，涉及个人特征因素的自变量有 33 个，占自变量总数的 32.0%，在五个类别中数量居首位，显示了研究者对个人因素的关注，也说明个人因素在教育技术创新采纳上的重要性和复杂性。其次是创新特征因素，共有 29 个，占 28.2%；组织因素为 22 个，占 21.3%；社会影响因素共 14 个，占 13.6%；另有其他因素 5 个，占 4.9%。这也反映了人们在探讨影响个人采纳教育技术创新的因素时的思维顺序，即从个人到技术，再到组织和社会。

表 3.8 为各自变量使用频次分析结果，表 3.9 在表 3.8 的基础上对这些自变量使用频次进行了分类统计分析。由于有用性感知、相对优势和绩效期望，易用性感知、复杂性和努力期望，社群影响、主观规范和社会压力，管理支持和组织支持这几组变量在以往研究中是类似的变量，所以在分类统计时分别将它们合在了一起。从这两个统计分析表可以看出，在所考察的文献中，研究者所关注的焦点是创新特征类变量的有用性感知/相对优势/绩效期望（44 次）、易用性感知/复杂性/努力期望（31 次）、相容性（9 次），以及社群影响/主观规范/社会压力（12 次）、组织因素类的管理支持/组织支持/激励（10 次）和个人特征类的经验（12 次）、自我效能（10 次）、焦虑（7 次）等。

表 3.8　　　　　自变量使用频次分析（使用 2 次以上）

自变量	使用次数	自变量	使用次数
有用性感知	31	可试验性	5
易用性感知	21	绩效期望	4

续表

自变量	使用次数	自变量	使用次数
社群影响/主观规范/社会压力	12	努力期望	4
经验	12	可观察性	4
自我效能/计算机自我效能	10	促进条件	4
管理支持/组织支持/激励	10	技术支持	4
相对优势	9	性别	4
相容性	9	年龄	4
焦虑	7	个人创新性	4
复杂性	6	社会形象	3
培训	6	自愿性	2
态度	6	系统交互性	2

表 3.9　　　　　　　　　自变量使用频次分类统计分析

类别	自变量	使用频次总计
创新特征	有用性感知/相对优势/绩效期望	44
	易用性感知/复杂性/努力期望	31
	相容性	9
	可试验性	5
	可观察性	4
	系统交互性	2
组织因素	管理支持/组织支持/激励	10
	培训	6
	技术支持	4
	便利条件	4
社会影响	社群影响/主观规范/社会压力	12
	社会形象	3
	自愿性	2
个人特征	经验	12
	自我效能/计算机自我效能	10
	焦虑	7
	态度	6
	性别	4
	年龄	4
	个人创新性	4

第三节　影响因素及其与采纳行为的关系分析

一　有用性感知和易用性感知

通过以上文献分析发现，有用性感知和易用性感知是使用频次最高的两个自变量。这两个变量均来自于 Davis 提出的 TAM 模型，很多文献利用该模型解释和预测用户对教育技术创新的接受和采纳行为。在这些研究中，和 TAM 一样，一般采用对技术的态度、技术使用的行为意向和使用行为三个因素来体现接受和采纳行为概念，但也有的研究只是使用其中的一个或两个。

有很多研究在教育领域证实了 TAM 各变量之间的关系。如：张胜等人基于 TAM 以中国南部一所地方大学的 121 名大学生为被试进行研究，这些大学生修读的商业课程要求使用网络学习系统帮助他们理解课程内容、练习准备期中和期末考试。研究结果显示，有用性感知和易用性感知均对大学生的网络学习系统使用行为意向具有显著影响，且易用性感知强烈影响有用性感知。[1] Ngai 等人对香港一所高校大学生 WebCT 学习管理系统的使用研究也有类似结论。[2] Walker 的研究针对美国西部一所大学 11 个校园的 143 位教师，他们正在使用网络支持的教学工具辅助传统教学，该研究也证实了教师对这种教学工具的有用性感知和易用性感知对使用它辅助传统教学的行为意向的显著作用。[3]

也有研究发现，虽然有用性感知和易用性感知两个因素均显著影响用户的技术接受和采纳行为，但两个变量的作用强度是不同的。如：Brett 等人采用 TAM 对美国东南部一所公立大学的 692 名大学生和研究生进行的调查研究发现：有用性感知和易用性感知两个因素均显著地正向影响技

---

　　① Zhang Sheng（张胜），Zhao Jue（赵珏），Tan Weiwei（谭伟伟），"*Extending TAM for Online Learning Systems：An Intrinsic Motivation Perspective*"，*Tsinghua Science and Technology*，Vol. 13，2008，pp. 312 – 317.

　　② Ngai, E. W. T., Poon, J. K. L. & Chan, Y. H. C., "*Empirical Examination of the Adoption of Webct Using TAM*", *Computers & Education*, Vol. 48, 2007, pp. 250 – 267.

　　③ Walker, Greg, M., *Faculty Intentions to Use Web Enhanced Instructional Components*, Ph. D. Dissertation, Capella University. 2004.

术使用行为，并且有用性感知的影响强于易用性感知。① Chan 等人对新加坡国立大学 200 名大学生的一项问卷调查则检验了有用性感知和易用性感知的边界价值，他们发现："有用性感知的变化比易用性感知的变化对行为意向的影响更强。"②

另有研究发现，易用性感知对技术接受和采纳行为没有直接影响，只是通过有用感知间接产生作用，如：Gao 在一所美国东北部的学院进行的一项研究中发现，易用性感知对行为态度没有直接影响，只是通过有用性感知间接地作用于行为态度；而有用性感知和态度可共同解释行为意向 59% 的方差，行为意向可解释实际使用行为 23% 的方差。他们的研究被试是该学院大三和大四的 56 名学生，这些学生是一个课程参考网站的用户或潜在用户。③ 这一结论说明易用性感知只是有用性感知的一个前提因素，它对行为态度的影响需经过有用性感知的中介。Gao 对这一结论的解释是，该课程网站的界面非常类似于 Web 浏览器界面，界面友好且容易操作，而多数被试学生熟悉 Web 浏览器的使用，因此削弱了易用性感知对行为态度的直接影响，所以没有发现易用性与态度的关系不足为怪。④ Van Raaij 以参加 EMBA 项目的 45 位中国学员为背景的研究省去态度和意向，直接以 E-learning 系统的使用行为作为因变量，分析结果显示：有用性感知对 E-learning 系统使用行为具有直接影响，而易用性感知只是通过有用性感知间接影响使用行为。⑤ Gibson 等人对教师的一项研究也得出类似的结论。他们使用一个简化的 TAM 模型对美国一所地方大学商学院 110 名教师网络教育认知情况进行了调查，研究模型省去了行为态度和使用行为变量，假定有用性感知和易用性感知直接影响网络教育技术使用的行为意向；研究结果除证实有用性感知对行为意向的显著作用外，还发现易用性感知对行为意向没有显著影响。对于这一结论，他们认为，高校教

---

① Brett J. L., Griffeth, L. R. and Hartman, S., *"Measuring Student Perceptions of Blackboard Using The Technology Acceptance Model"*, *Decision Sciences Journal of Innovative Education*, Vol. 4, No. 1, 2006, pp. 87 – 99.

② Chan, H., Lam-Hang, J. & Yang, J., *Testing the Boundaries of the Technology Acceptance Model*, Hershey, Pa: Idea Group Publishing, 2003.

③ Gao, Y., *"Applying the Technology Acceptance Model (TAM) to Educational Hypermedia: A Field Study"*, *Jl. of Educational Multimedia and Hypermedia*, Vol. 14, No. 3, 2005, pp. 237 – 247.

④ Ibid. .

⑤ Van Raaij, E. M. & Schepers, J. J. L., *"The Acceptance and Use of A Virtual Learning Environment in China"*, *Computers & Education*, Vol. 50, 2008, pp. 838 – 852.

师教育水平较高，不需要太多的培训和努力就可迅速地学会使用新技术；另一个原因是高校教师在对新技术的态度上往往更注重实际，更多地关注技术是否适合他们的课程教学，在这种情况下，他们往往首先强调的是技术的有用性上，而技术是否容易使用不是他们关心的主要问题。[①]

　　易用性感知对教育技术创新接受和采纳行为影响结论的不一致，可能与各研究数据收集的时段有关：在技术使用的早期阶段，由于用户没有使用经验，故而往往首先关注技术是否容易使用；而在技术使用的后期阶段，随着经验的积累，用户会将关注的重点转移到技术的有用性上。Davis 于 1989 年发表的著名研究采用了两组被试，其中 40 名在校大学生被试组研究数据在两个时间点上收集：培训后 1 小时和学期末各收集一次，研究结果显示，在前一个时间点易用性感知对技术接受的影响较大。[②] 此外，在非教育背景下技术采纳行为研究中，Venkatesh 和 Davis 发现，随着时间的推移，易用性感知对有用性感知的影响会提高，而易用性感知对使用意向的影响却消失了。[③] Venkatesh 等人实施的一项纵向研究构造了四个独立变量，其中"绩效期望"类似于有用性感知，"努力期望"类似于易用性感知。该研究在 3 个时间点收集数据，结果显示绩效期望是技术使用行为意向的最强的预测因素，并且所有时间点测量的数据都支持这一结论；但努力期望只是在信息技术引进或刚开始使用阶段对使用意向产生影响，当用户积累了一定的使用经验后，努力期望因素变得不再重要。[④] 然而，在教育领域尚缺乏这类纵向研究探讨 TAM 主要变量关系随时间的变化。

　　除研究数据收集时间的不同外，易用性感知因素的作用还可能取决于用户所从事的任务和技术之间的关系。Gefen 和 Straub 发现以往多数研究只是关注使用行为或行为意向，但没有说明任务的性质，于是在他们的研究中假设：当任务"外在"（extrinsic）于技术时（如在电子商务网站上

① Gibson, S. G., Harris, M. L. & Colaric, S. M., *"Technology Acceptance in an Academic Context: Faculty Acceptance of Online Education"*, *Journal of Education for Business*, Vol. 83, No. 6, 2008, pp. 355 – 359.

② Davis, F. D., *"Perceived Usefulness, Perceived Ease of Use, And User Acceptance of Information Technology"*, *MIS Quarterly*, Vol. 13, 1989, pp. 319 – 340.

③ Venkatesh, V. & Davis, F. D., *"A Theoretical Extension of The Technology Acceptance Model: Four Longitudinal Field Studies"*, *Management Science*, Vol. 45, No. 2, 2000, pp. 186 – 204.

④ Venkatesh, V., Morris, M. G., Davis, G. B. and Davis, F. D., *"User Acceptance of Information Technology: Toward A Unified View"*, *MIS Quarterly*, Vol. 27, No. 3, 2003, pp. 425 – 478.

购物），易用性感知不是技术接受的决定因素；而当任务"内在"（intrinsic）于技术时（如收集信息），易用性感知将影响技术接受。他们的研究结论支持了这一假设。[①] 对于教育技术来说同样存在这种情况，比如教师在网络教学平台上构建一个教学任务，教学信息的表现必然涉及平台功能的操作，而教学任务本身的设计往往和平台操作无关。使用行为或行为意向变量的操作化对这两个方面的不同选择，很可能会得出不同的结论。以往教育背景下 TAM 研究结论之所以不一致，这可能是其中的一个原因，需要在未来研究中进行进一步验证。

总之，通对以往文献的分析我们可以得出如下结论：（1）有用性感知和易用性感知是解释和预测用户教育技术创新接受和采纳行为的两个重要因素；（2）有用性感知是接受和采纳行为的主要决定因素，而易用性感知的影响是不稳定的；（3）易用性感知对教育技术创新接受和采纳行为的影响可能会随着用户技术使用经验、利用技术完成任务的不同而产生变化。

二 创新特征

文献分析发现，Rogers 在其创新扩散理论中提出的五个创新特征因素（即相对优势、复杂性、相容性、可试验性和可观察性），也是教育技术创新扩散与采纳领域关注的焦点之一。对于创新特征因素对教育技术创新扩散和采纳的影响的研究主要有两个分支：一是基于 Rogers 的创新扩散理论探讨它们与采纳（采纳速度、采纳决策等）的关系；二是将创新扩散理论与 TAM 整合，探讨其对教育技术接受和采纳行为的影响机制。

（一）基于创新扩散理论的研究

这类研究通常采用 Rogers 提出的五个创新特征，或采用 Moore 和 Benbasat 对其扩充后的七个创新特征[②]，探讨其对教育技术创新采纳的影响。作为因变量的"采纳"一般以采纳速度、采纳决策、参与程度变量

---

① Gefen, D. & Straub, D., "*The Relative Importance of Perceived Ease of Use in Is Adoption: A Study of E-Commerce Adoption*", *Journal of the Association of Information System*, Vol. 1, 2000, pp. 1 - 27.

② Moore, G. C. & Benbasat, I., "*Development of an Instrument to Measure the Perceptions of Adopting an Information Technology Innovation*", *Information Systems*, Vol. 2, No. 3, 1991, pp. 192 - 222.

等来反映。也有的研究虽然没有明确指出采用创新扩散理论提出的特征变量，但其研究的因素涵盖了以上特征。

基于创新扩散理论，Mwaura 探讨了五个创新特征与教师网络教学技术采纳速度之间的关系，研究对象为美国 Ohio 大学的 31 位教师和管理者，参与该研究的 26 位教师有的已经在教学中采用了网络教学技术，有的正计划在教学中采用网络教学技术，也有的拒绝采用，另外 5 位参与该研究的大学管理人员均为网络教学的支持者。通过对这些被试的访谈数据分析，结果表明，只有相对优势、相容性和复杂性特征对采纳速度具有显著影响，可观察性和可试验性特征的影响不显著。[1] Surry 和 Gustafson 的一项研究也得出相同的结论。他们通过对 29 位采纳者的研究表明，只有相对优势、复杂性和相容性三个特征经常被采纳者引为对创新的感知。[2] McQuiggan 在一所美国大学研究了采纳和不采纳课程管理系统教学的教师在创新特征感知上的差异。他发现，采纳者在系统的相对优势、相容性、易学易用性和可见性上的认知表现为较高水平，而不采纳者往往认识不到系统的相对优势，感觉系统与他们目前的教学方式不相容。[3]

Isman 和 Dabaj 的一项研究以学生为对象探讨了远程教育技术在北塞浦路斯的一所地中海中部大学是如何扩散的。他们随机抽取了 100 位大学生，其中 88 位是全日制在校生，他们都注册了网络课程，其中 12 位是 2 年制网络教育学生。该研究除没有提及可观察性外，Rogers 提出的其他 4 个创新特征均影响这些学生对在线学习的采纳。[4] Liao 在美国一所大学的研究中抽取了 196 名学生作为被试，研究表明：相容性和相对优势显著正向影响学生使用网络课程管理系统的频率、交互和学习活动，而简易性只

① Mwaura, C., "*Influence of Attributes of Innovations on the Integration of Web-Based Instruction by Faculty Members*", *The Turkish Online Journal of Educational Technology*, Vol. 3, No. 2, 2004. (http://www.tojet.net/articles/326.htm).

② Surry, D. & Gustafson, K., "*The Role of Perceptions in Instructional Development and Adoption*", Proceedings of Selected Research and Development Presentation at the 1994 National Convention of the Association for Educational Communications and Technology, 1994. (Eric Document Reproduction Service No. Ed 373 765).

③ Mcquiggan, C. A. "*A Survey of University Faculty Innovation Concerns and Perceptions that Influence the Adoption and Diffusion of a Course Management System*", 2006. (http://files.eric.ed.gov/fulltext/ED492812.pdf)

④ Isman, A. & Dabaj, F., "*Diffusion of Distance Education in North Cyprus*", *Turkish Online Journal of Distance Education*, Vol. 6, No. 4, 2005. (http://tojde.anadolu.edu.tr/tojde20/pdf/article_6.pdf).

正向影响学生使用系统的频率和交互活动。[①]

Jebeile 和 Reeve 在对澳大利亚悉尼一所中学的 75 位教师网络技术采纳情况的研究中，采用了 Moore 和 Benbasat 扩充的创新特征（即相对优势、兼容性、社会形象、可见性、易用性、结果可论证性、可试验性）及测量工具，研究结果显示，在这 7 个特征因素中，相对优势、结果论证性和可试验性与教师将来为教学准备的目的使用 Web 有积极重要的关系；而相容性、可见性和易用性与教师将来用 Web 传递教学材料具有积极的重要关系。[②]

Kearns 在一项对美国匹兹堡郊区学校 8 个计算机系统的扩散研究中，通过对调查数据的分析归纳出 25 个主要的技术创新特征，其中包括 Rogers 提出的 5 个创新特征。有趣的是，他的研究显示，所有 25 个特征因素对采纳速度的影响比 Rogers 提出的 5 个创新特征仅高出 1%。[③] 这一研究进一步证实了 Rogers 关于创新特征是采纳速度的决定因素的观点。新西兰 Otago 大学的 Hyland 教授从网络教学如何让学生受益的视角对影响教师采纳网络教学技术的因素进行了研究，被试为该大学的 16 名教师，通过聚类分析与这些教师访谈的资料，发现也包含了 Rogers 提出的 5 个创新特征，研究显示网络教学技术的相对优势和相容性与采纳正相关，复杂性与采纳负相关。[④]

从以上研究可以看出，教育技术的创新特征是决定其被采纳的重要因素，但在有些特征的影响上结论是不一致的。究其原因，一方面对于不同的个体来说，对创新特征的感知可能是不同的，如一项创新可能对一些采纳者来说会认为比较复杂，而对另一些采纳者来说可能又是非常简单的，这种现象可以说不足为奇；另一方面个体采纳者对创新特征的感知会受到环境的影响，这些感知在某种程度上讲是由社会建构的。Fichman 把创新特征区别为客观的和主观的两种情况，客观的特征是恒定的，而主观的特

①　Liao, H. A., "Communication Technology, Student Learning, And Diffusion of Innovation", College Quarterly, Vol. 8, 2005, pp. 1 – 18.

②　Jebeile, S., and Reeve, R., "The Diffusion of E-Learning Innovations in an Australian Secondary College: Strategies and Tactics for Educational Leaders", The Innovation Journal, Vol. 8, No. 4, 2003.

③　Kearns, K., "Innovations In Local Governments: A Sociocognitive Network Approach", Knowledge and Policy, Vol. 5, No. 2, pp. 45 – 67.

④　Hyland, A., "to Teach Online or Not? The Decision Facing University Teachers", 2003. (http://surveys.canterbury.ac.nz/herdsa03/pdfsnon/n1090.pdf).

征是不确定的，由具体的采纳者和/或情境决定。[①] 但总体来说，在所有创新特征因素中，以相对优势、相容性和复杂性三个因素对教育技术创新扩散的影响最为稳定。其他特征因素虽然在某种程度上可能也对教育技术创新扩散有一定影响，但为了将研究模型的数量限制在那些更有预测力的指标上，本研究只包括相对优势、复杂性和相容性三个特征因素。

（二）创新扩散理论与 TAM 的整合

由于某些创新特征与 TAM 的主要因素非常相似，如相对优势与有用性感知、复杂性与易用性感知，而且创新扩散理论和 TAM 研究都关注重要的技术创新特征以及它们对接受和/或扩散的影响，有研究者将创新特征因素整合到 TAM 中以获得解释力更强的模型。在信息技术接受领域的研究如：Chin 和 Gopal 在一项对集群支持系统（Group Support System，GSS）使用的研究中，以创新特征因素对 TAM 进行扩展，研究发现创新特征因素中相对优势、易用性和相容性与使用意向相关。[②] 在教育领域的文献中，也不乏这类研究，如 Liao 和 Lu 利用 Moore 和 Benbasat 提出的 7 个创新特征因素对 TAM 进行扩展，假定这 7 个因素均直接影响用户使用 E-learning 的意向，并受经验因素的调节。研究的被试为中国台湾一所综合大学利用 E-learning 学习网站参加"项目管理"课程学习的 137 名学生，其中 41 名学生没有任何 E-learning 学习的经验。研究结果表明，在这 7 个因素中，对于没有使用经验的学生来说，只有相对优势、相容性和社会形象 3 个创新特征因素与他们的 E-learning 使用意向显著相关；而对于有使用经验的学生来说，只有相对优势和相容性两种创新特征感知因素与使用意向显著相关。[③] Chang 等人的研究在 TAM（不包括态度和行为意向变量）中增加了相容性和系统质量感知因素，结果显示学生对在线学习网站的相容性方面和系统质量感知方面均显著地影响其使用行为，另外

---

① Fichman, R., "*The Diffusion and Assimilation of Information Technology Innovations*", In Zmud, R., *Framing the Domains of It Management: Projecting the Future through the Past*, Pinnaflex Press, Cincinnati Oh, 2000, pp. 105 – 128.

② Chin, W. W., And A. Gopal., "*Adoption Intention in Gss Relative Importance of Beliefs*", *DATA BASE*, Vol. 26, No. 2&3, 1995, pp. 42 – 63.

③ Liao, Hsiu-Li and Lu, Hsi-Peng, "*The Role of Experience and Innovation Characteristics in the Adoption and Continued Use of E-Learning Websites*", *Computers & Education*, Vol. 51, 2008, pp. 1405 – 1416.

相容性感知还显著地影响有用性感知。①

创新特征因素与 TAM 的整合，为教育技术创新采纳与扩散领域的 TAM 研究提供了一个影响因素集，从而给 TAM 模型提供了一个有益的补充，同时 TAM 也为探讨创新特征因素对采纳行为的影响机制提供了一个基石。将创新扩散理论与 TAM 进行整合，无疑会比单独的 TAM 理论更加完善。

从以上对相关文献研究结论的分析可以看出，和单纯基于创新扩散理论的研究一样，在所有创新特征因素中，相对优势（或有用性）、复杂性（或易用性）和相容性是预测和解释教育技术采纳行为的较稳定的因素。两个理论整合后的优势在于，可进一步探讨这些特征因素对采纳行为发生影响的心理机制。因此，本研究也将把创新特征理论和 TAM 进行整合，探讨有用性感知（或相对优势）、易用性感知（或复杂性）和相容性对教育技术创新采纳行为的影响，并希望通过整合，进一步提升模型的解释力和预测力，使建构的整合模型更加完善。

三　个人特征

创新扩散理论对创新特征的研究，以及 TAM 对有用性感知和易用性感知的研究都隐含了这样一个假设：只要人们认识到教育技术创新的优越性，他们就会采纳这一创新。这一思想正开始被研究者和开发者所否定或质疑，采纳和扩散文献给了我们很多虽然创新在技术方面非常优越却遭遇失败的案例，最为经典的一个案例就是 DVORAK 和 QWERTY 键盘例子。教育技术领域的开发者乐于相信，优越的技术总会吸引潜在的用户，但这是一个谬论。正像 MacKenzie 所说的："技术……因为成功而最好，而不是因为最好才成功。"②

以往的研究文献的另一个突出的贡献就是对非技术因素在教育技术创新采纳中所起的重要作用的强调。在非技术因素中，首当其冲的就是个人因素，毕竟技术创新的采纳主体最终还是个人。从上文对相关文献的分析

---

① Chang, Su-Chao and Tung, Feng-Cheng, *"An Empirical Investigation of students' Behavioural Intentions to Use the Online Learning Course Websites"*, *British Journal of Educational Technology*, Vol. 39, No. 1, 2008, pp. 71–83.

② MacKenzie, D., *Knowing machines*: *Essays on technology change*, Cambridge, MA: MIT Press, 1996, p. 7.

可以看出，个人特征因素在所有因素中占据 32.4%。在这些个人特征因素中，又较多地关注了性别、年龄、经验、自我效能、焦虑、态度、个人创新性，其中态度为 Davis 和 Venkatesh 建议排除的一个因素，而焦虑在大学教师这一高教育水平背景中也不是一个普遍现象，因此以下内容主要就性别、年龄、经验、自我效能和个人创新性 5 个个人特征的相关研究成果进行评析。

（一）性别、年龄和经验

关于性别、年龄和经验与教育技术采纳行为之间的关系的研究已取得一定成果。如：Naveh，Tubin 和 Pliskin 在一项对以色列一所大学的教师采纳学习内容管理系统的研究中发现，教师的性别、年龄与系统的采纳显著相关，而经验和教师资历与采纳没有显著关系。[1] Tabata 和 Johnsrud 在研究中发现，年龄会影响教师参与远程教育的程度。[2] Halfhill 的研究则显示，教师以往的经验、性别会影响其使用远程教学技术的行为意向。[3] 加拿大学者 Miller 和 Olson 进行的一项为期 10 年的定量和定性结合的研究表明，教师过去的实践经历比技术能力更能影响技术如何使用。在教师用自己想象的方式使用软件时，他们会认真地参考以往的实践经历作为线索，以适应课程计划。虽然没有数据计算影响的大小，但该研究的讨论特别强调了以往经历与教师的计算机使用的关系。[4] McQuiggan 研究发现，采纳课程管理系统进行教学的教师和不采纳的教师在性别上存在差异。在采纳的教师中男女比例比较近似（男 51.7%，女 48.3%），而在不采纳的教师中女性较少（女 24.4%，男 75.6%）。[5] Li 在中国农业大学进行的一项研究中，发现教师对 Rogers 提出的 5 个创新特征的感知不存在性别和

① Naveh, G., Tubin, .D, Pliskin, N., "*Web Sites for Every Department Course*", *Campus-Wide Information Systems*, Vol. 23, No. 2, 2006, pp. 68 – 75.

② Tabata, L. N., and Johnsrud, L. K., "*The Impact of Faculty Attitudes toward Technology, Distance Education, and Innovation*", *Res High Educ*, Vol. 49, 2008, pp. 625 – 646.

③ Halfhill, C. S., *An Investigation into Factors Influencing Faculty Behavior Concering Distance Learning Instruction Using Theory of Planned Behavior*, doctoral dissertation, The University of Central Florida, 1998.

④ Miller, L. and Olsen, J., "*in Canada: How Computers Live in Schools*", *Educational Leadership*. Vol. 3, No. 2, 1995, pp. 74 – 77.

⑤ McQuiggan, C. A. "*A Survey of University Faculty Innovation Concerns and Perceptions That Influence the Adoption and Diffusion of a Course Management System*", 2006. (http://files. eric. ed. gov/ fulltext/ED492812. pdf) .

年龄上的差异，但教学经验对其相容性感知具有显著影响，远程教育经验对相容性感知和可观察性感知也有显著影响。[1] Chuang 对美国 11 所高中学校 286 名教师的问卷调查研究发现，年龄和经验可调节教师信息素养与信息技术与课程整合的关系。教师年龄越大，教学经验越丰富，个人计算机经验越多，信息素养与信息技术与课程整合的关系会越强。[2] Liao 和 Lu 对中国台湾某大学学生使用在线学习网站的研究发现，学生的在线学习经验可调节社会形象对行为意向的影响。对没有使用在线学习经验的学生来说，对提高社会形象的关注会影响他们使用在线学习网站的行为意向。[3] Park 的研究表明，计算机经验是预测教师网络辅助教学使用水平的因素之一，但这一因素只是通过相对优势感知间接影响使用水平。[4]

综上我们发现，性别、年龄和经验三个个人特征因素与教育技术创新采纳的关系存在三种途径：（1）直接影响技术创新的采纳和使用；（2）通过中介变量（如态度）对技术创新的采纳和使用行为施加间接影响；（3）调节其他因素对技术创新采纳和使用行为的影响。同时我们也发现，这方面的研究还不够深入，需要借鉴其他领域的一些研究成果和研究方法进一步探讨它们对教育技术创新采纳的影响，特别是关注它们对其他影响因素的调节作用。

（二）自我效能

教育技术创新扩散和采纳领域所说的自我效能是指个人对自己使用技术创新完成教学或学习任务的信心。根据 Bandura 的自我效能理论，如果用户对自己使用教育技术的能力缺乏信心，那么他对技术的态度就可能会是负面的。Faseyitan 等人的一项研究给这一观点提供了支持。他们发现，对使用计算机没有信心的教师通常会抵制在教学中使用技术，即使为他们

① Li，Y.，*Faculty Perceptions about Attributes and Barriers Impacting Diffusion of Web-Based Distance Education（WBDE）at the China Agricultural University*，Ph. D. Dissertation，Texas A & M University，2004.

② Chuang，J.，*The Relationships between Junior High School Teacher's Information Literacy and Their Integration of Information Technology into Curriculum in Taiwan.* Ph. D. Dissertation，Spalding University，2004.

③ Liao，Hsiu-Li and Lu，Hsi-Peng，"*The Role of Experience and Innovation Characteristics in the Adoption and Continued Use of E-Learning Websites*"，*Computers & Education*，Vol. 51，2008，pp. 1405 – 1416.

④ Park，B，*Faculty Adoption and Utilization of Web-Assisted Instruction（WAI）In Higher Education：Structural Equation Modeling（SEM）*，Ph. D. Dissertation，Florida State University，2003.

提供了充分的软硬件条件。而且，在教学中不使用计算机的教师的计算机自我效能显著地低于在教学中经常使用计算机的教师。[1] Tinnerman 的研究也认为高自我效能比低自我效能的教师更容易接受或使用网络技术，而且高自我效能的教师比较倾向于关注与提高能力和获得技术的动机有关的内部因素，低自我效能的教师关注的往往是外部因素，如缺乏设备或时间、管理的缺点、缺乏足够的支持。[2] Zhen，Garthwait 和 Prat 的研究发现，教师的自我效能对其使用和不使用在线课程管理软件（OCMA）的决策具有显著影响。他们认为，如果教师相信他们拥有网络教学的知识和技能，他们更可能投入时间和精力在教学中使用 OCMA。[3] 对此，其他研究也有相似的结论。如 Kripanont 对泰国 20 所公立大学的 455 位教师的调查研究发现，自我效能显著地影响被试在教学中对因特网的使用行为。[4] 何智对北京市在职中学教师的研究发现，自我效能对其信息技术使用行为具有显著影响。[5] Coladarci 发现，教师的教学自我效能是其职业承诺的最好的预测因素，缺乏稳定的计算机自我效能感的教师对信息技术使用的承诺较弱。[6]

　　然而，Park 发现自我效能对教师网络教学平台的使用行为（使用水平）没有直接影响，但会直接影响教师对技术的相对优势和复杂性感知，并通过相对优势和复杂性感知间接地影响使用行为。[7] Pituch 和 Lee 的研究探讨了学习者的自我效能在其使用 E-learning 用于辅助学习和远程教育学习上的作用，通过对 259 名被试的调查数据分析发现，自我效能对辅助

[1] Faseyitan, S., Libii J. N., and Hirschbuhl, J., "An Inservice Model for Enhancing Faculty Computer Selfefficacy", British Journal of Educational Technology, Vol. 27, 1996, pp. 214-216.

[2] Tinnerman, L. S., University Faculty Expressions of Computer Self-Efficacy and Personal Attitudes Regarding the Viability of Distance Learning, Ph. D. Dissertation, Indiana University of Pennsylvania, 2007.

[3] Zhen, Y., Garthwait, A., and Prat, A. "Factors Affecting Faculty Members' Decision to Teach or not to Teach Online in Higher Education", Online Journal of Distance Learning Administration, Vol. XI, No. 3, 2008.

[4] Kripanont, N. Examining a Technology Acceptance Model of Internet Usage by Academics within Thai Business Schools, Ph. D. Dissertation, Victoria University, 2007.

[5] 何智：《中学教师使用信息技术教学的影响因素研究》，硕士学位论文，首都师范大学，2008 年。

[6] Coladaci, T., "Teachers' Sense of Efficacy and Commitment to Teaching", Journal of Experimental Education, Vol. 60, No. 4, 1992, pp. 323-337.

[7] Park, B, Faculty Adoption and Utilization of Web-Assisted Instruction (WAI) In Higher Education: Structural Equation Modeling (SEM), Ph. D. Dissertation, Florida State University, 2003.

学习行为的影响是通过影响易用性感知间接产生的。[①] Liaw 在中国台湾一所大学以 424 名学生为被试，探讨了学生的自我效能对其采纳 BlackBoard 行为的影响，研究表明，学生的自我效能是影响其对 BlackBoard 的满意度和有用性感知的重要因素，通过影响满意度和有用性感知又间接影响行为意向。[②] Ndubisi 则基于 Taylor 和 Todd 提出的解构式计划行为理论（DT-PB），对马来西亚一所大学学生使用 BlackBoard 的行为进行了研究，发现自我效能是行为控制的构成因素，通过行为控制影响行为意向。[③]

　　也有研究认为自我效能对行为意向的影响是直接的。如 Park 在美国 K12 学校对教师使用计算机多媒体技术的研究显示，教师的自我效能是行为意向的直接决定因素。[④] Chang 和 Tung 在以中国台湾某大学在校大学生为被试的研究中也发现大学生的自我效能是影响其学习网站使用行为意向的重要因素。[⑤] 当然也有研究发现自我效能对教育技术创新采纳行为没有影响。[⑥]

　　此外，有研究指出，在技术实施的各个阶段，用户的自我效能水平是不同的，从知晓、说服、决策、应用到确认阶段，个人的自我效能将持续地增长。[⑦]

　　总之，Bandura 的自我效能理论为教育技术创新采纳与扩散研究提供了一个很好的理论视角，在此基础上，以往研究强调了个人对自己的技术

---

① Pituch, K. A., Lee, Y. K., "*The Influence of System Characteristics on E-Learning Use*", *Computers & Education*, Vol. 47, 2006, pp. 222 – 244.

② Liaw, Shu-Sheng, "*Investigating Students' Perceived Satisfaction, Behavioral Intention, and Effectiveness of E-Learning: a Case Study of The Blackboard System*", *Computers & Education*, Vol. 51, 2008, pp. 864 – 873.

③ Ndubisi, N. O., "*Factors Influencing E-Learning Adoption Intention: Examining the Determinant Structure of the Decomposed Theory of Planned Behaviors Constructs*", HERDSA 2004 Conference, 2004, (http://www.herdsa.org.au/wp-content/uploads/conference/2004/PDF/P057-jt.pdf).

④ Park, H., *Factors That Affect Information Technology Adoption by Teachers*, Ph. D. Dissertation, University of Nebraska, 2004.

⑤ Chang, Su-Chao and Tung, Feng-Cheng, "*An Empirical Investigation of students' Behavioural Intentions to Use the Online Learning Course Websites*", *British Journal of Educational Technology*, Vol. 39, No. 1, 2008, pp. 71 – 83.

⑥ Marchewka, Jack T. and Kostiwa, Kurt, "*An Application of the UTAUT Model for Understanding Student Perceptions Using Course Management Software*", *Communications of the IIMA*, Vol. 7: Iss. (http://scholarworks.lib.csusb.edu/ciima/vol7/iss2/10).

⑦ Watson, C. E. (2007). *Self-Efficacy, the Innovation-Decision Process, and Faculty in Higher Education: Implications for Faculty Development*, Ph. D. Dissertation, Virginia Polytechnic Institute and State University, 2007.

创新知识和能力的认知在技术创新采纳行为上所起到的作用。以往研究或关注于自我效能对使用行为的影响，或关注对使用意向的影响，也有的认为自我效能通过其他因素间接影响技术使用行为或使用意向，在具体结论上尚缺乏知识的累积。然而，有一点似乎是达成一致的，即个人的自我效能在多数情况下在个人对技术创新的感知和行为上担当着重要角色。

结合社会认知理论和 TAM 模型，根据以往研究结果推断，自我效能对教育技术创新采纳行为的影响可存在如下途径：（1）个人的自我效能可能会影响教师是否采纳技术的意向；（2）个人的自我效能可能会影响教师的技术创新使用水平；（3）个人的自我效能可能会影响教师使用技术创新的持久性；（4）个人的自我效能可能会影响对技术的易用性感知，通过易用性感知间接影响使用意向；（5）个人的自我效能可能影响有用性感知，通过有用性感知间接影响使用意向；（6）在不同使用阶段的教师的自我效能是不同的，后期阶段受成功和失败经历及替代经验的影响，自我效能会有增加或降低。究竟自我效能是如何影响教育技术的采纳和使用行为的，仍需要进一步的探索。

（三）个人创新性

按照目标人群中人们各自的创新性对其进行分类是促进一项变革的重要策略之一。教育领域传统的创新扩散研究经常根据 Rogers 按照个人创新性对其进行分类的思想，试图区分采纳者和非采纳者、早期采纳者和晚期采纳者的特征，以找出哪些因素决定或影响着人们的创新采纳决策，从而改进创新扩散进程。如 Sachs 的一项研究区分了三类教师群体：创新者、非创新者、没受到支持的创新者，他认为创新者更容易融入社会系统，更具国际性，并且有更多的教学信息。[1] Jacobsen 根据个人在教学中的技术创新性将用户分成两类，即早期采纳者和主流采纳者，这两类采纳者在应对教学环境的改变、技术整合的动机和障碍、学习技术的方法、评价整合结果的方法等方面存在显著差异。[2]

另一类非常有意义的研究是将个人创新性作为个人的一种稳定的特质，探讨具有不同水平的个人创新性的采纳者在对教育技术创新的认知和

---

[1] Sachs, S. G., *An exploratory study comparing characteristics of innovators and non-innovators at a large university*, Ph. D. Dissertation, Michigan State University, 1976.

[2] Jacobsen, M., *Adoption Patterns and Characteristics of Faculty Who Integrate Computer Technology for Teaching and Learning in Higher Education*, Ph. D. Dissertation, Calgary University, 1998.

采纳上的差异。这类研究继承了信息技术研究领域的一些成果，认为尽管一个人在不同技术创新的采纳上会显示出截然不同的创新性，但由于他对技术创新的一贯态度在总体上会表现出一个统计意义上的趋势。在信息技术研究领域，研究者提出一个专门的概念——个人信息技术创新性（personal IT innovativeness）来反映个人的这种稳定的创新品质。个人信息技术创新性是指在不依赖与其他人进行经验交流的情况下，个人愿意尝试使用或采纳新信息技术的倾向或态度，[1] 这一概念体现了个人尝试创新的一种意愿或对变革的一种开放状态，有研究者将这种品质视为个人的一种冒险倾向[2][3]。由于个人信息技术创新性是个体的一种相对稳定的特征，有研究者认为，无论在何种情境下这一特征都可能会对信息技术的采纳具有相对稳定的影响[4]。

关于个人创新性如何影响教育技术创新的采纳，存在两种观点。一种观点认为可通过个人创新性直接预测创新采纳行为。如 Marcinkiewicz 把创新性定义为个人的"变革意愿"，认为个人创新性是个体技术创新使用行为的重要预测因素。他对 170 位教师在教学中使用计算机的情况进行了研究，发现教师的创新性对其在教学中的计算机使用水平具有"中等程度的影响"。[5] 在他 1994 年和 1995 年的两个后续研究中进一步证实了这一结论。[6][7]

另一种观点认为个人创新性的不同会影响对技术创新的认知，通过认知间接影响对技术创新的采纳。如 Schillewaert 等人认为，具有创新性的

---

① Schillewaert, N., Ahearne, M. J., Frambach, R. T. & Moenaert, R. K., *"The Adoption of Information Technology in the Sales Force"*, *Industrial Marketing Management*, Vol. 34, 2005, pp. 323 – 336.

② Agarwal, R. & Prasad, J., *"A Conceptual and Operational Definition of Personal Innovativeness in the Domain of Information Technology"*, *Information Systems Research*, Vol. 9, 1998, pp. 204 – 215.

③ Bommer, M. & Jalajas, D. S., *"The Threat of Organizational Downsizing on the Innovative Propensity of R&D Professionals"*, *R&D Management*, Vol. 29, 1999, pp. 27 – 34.

④ Thatcher, J. B. & Perrewe, P. L., *"An Empirical Examination of Individual Traits as Antecedents to Computer Anxiety and Computer Self-Efficacy"*, *MIS Quarterly*, Vol. 26, 2002, pp. 381 – 396.

⑤ Marcinkiewicz, H. R., *"Computer and Teachers: Factors Influencing Computer Use in the Classroom"*, *Journal of Research on Computing In Education*, Vol. 26, No. 2, 1993, pp. 220 – 237.

⑥ Marcinkiewicz, H. R., *"Differences in Computer Use of Practicing versus Preservice Teachers"*, *Journal of Research on Computing In Education*, Vol. 27, No. 2, 1994, pp. 184 – 197.

⑦ Marcinkiewicz, H. R. &Regstad, N. G. (1995). *"Using Subjective Norms to Predict Teachers' Computer Use"*, *Journal of Computing in Teacher Education*, Vol. 13, No. 1, 1995, pp. 27 – 33.

人习惯于适应新的系统和实践，因而往往会更迅速地发现系统的有用性和易用性。[①] 这些人喜欢收集关于新技术的消息，他们知道当前哪种技术更好，所以更加了解这些系统的潜在价值。[②] 基于这一认识，Schillewaert 等人在一项研究中假定个人在信息技术上的创新性会影响其对信息技术创新的有用性感知和易用性感知，但他们对调查数据的分析结果显示，个人信息技术创新性只与易用性感知存在显著关系。[③] Erik 等人对 45 位 EMBA 中国学员虚拟学习系统使用情况的研究也得出相似的结论。[④] 而 Lewis 等人的一项实证研究发现，在一所大型公立大学网络技术采纳环境下，个人信息技术创新性既显著地影响有用性感知，也显著地影响易用性感知。[⑤] Harris 和 Grandgenett 的一项研究发现，教师的个人创新性与其教学信念具有显著关系，那些认为自己具有创新性的教师通常也会认为自己在教学中更具学生中心倾向，他们的技术使用也更支持学生中心的教学方法。[⑥]

综上所述可以看出，个人创新性是创新扩散研究的一个重要概念，其本质上反映了人们的一种品质或特性，因此应该具有相对稳定性。一个人所具有的创新性特质或者影响他是否采纳以及如何采纳创新，或者影响他对技术创新的认知，从而间接影响其对创新的采纳。虽然以往研究尚无一致的结论，但有一点可以肯定，对个人创新性与技术创新采纳的关系的研究，将有助于我们理解教师个人是如何形成对教育技术创新的认知以及教师个人的创新性特质在教育技术创新采纳上所发挥的作用。

---

① Schillewaert, N., Ahearne, M. J., Frambach, R. T. & Moenaert, R. K., "*The Adoption of Information Technology in the Sales Force*", *Industrial Marketing Management*, Vol. 34, 2005, pp. 323 – 336.

② Robinson, L., Marshall, G. W. & Stamps, M. B., "*Sales Force Use of Technology: Antecedents to Technology Acceptance*", *Journal of Business Research*, Vol. 58, 2005, pp. 1623 – 1631.

③ Schillewaert, N., Ahearne, M. J., Frambach, R. T. & Moenaert, R. K., "*The Adoption of Information Technology in the Sales Force*", *Industrial Marketing Management*, Vol. 34, 2005, pp. 323 – 336.

④ Erik, M., Van Raaij, Jeroen, J. L. &Schepers., "*The Acceptance and Use of a Virtual Learning Environment in China*", *Computers & Education*, Vol. 50, 2008, pp. 838 – 852.

⑤ Lewis, W., Agarwal, R. & Sambamurthy, V., "*Sources of Influence on Beliefs about Information Technology Use: an Empirical Study of Knowledge Workers*", *MIS Quarterly*, Vol. 27, 2003, pp. 657 – 678.

⑥ Harris, J. B. & Grandgenett, N., "*Correlates With Use of Telecommuting Tools: K – 12 Teachers' Beliefs and Demographics*", *Journal of Research on Computing In Education*, Vol. 31, No. 4, 1999, pp. 327 – 340.

四　组织因素

一般来说，如果个人是在组织环境中使用某一技术创新，组织因素（如组织结构特征、制度和文化环境、技术促进条件、培训、支持干预等）会影响个人的技术采纳行为。本研究探讨高校组织中教师对教育技术创新的采纳和使用，不能不考虑组织因素的影响。上文文献特征分析显示，文献所关注的组织因素占所有因素数量的 21.3%，可见组织因素对教育技术创新采纳的影响已引起相当关注。同时也可发现，本领域所关心的组织因素主要包括组织干预（如管理支持、时间提供、计划、激励等）和技术使用促进条件（如设备可利用性、技术支持、培训等），这也是本研究重点关心的对象，以下主要对这些主要组织因素研究进行评析。

(一) 促进或阻碍教育技术创新采纳的组织因素

美国雪城大学著名学者 Ely 于 1999 年在总结以往研究和实践的基础上提出了教育技术创新扩散与实施的 8 个条件，包括对现状的不满、现有知识与技能、资源可利用性、时间保障、对参与的回报或激励、对参与的期待和鼓励、相关人员的承诺、领导。① 这 8 个条件彼此关联，协同作用，在任何教育技术创新的推广与实施中，应综合起来考虑，任何厚此薄彼的行为都会导致教育技术创新推广与实施的失败。一些研究用回归分析方法对这 8 个条件进行测定以发现最佳预测因子，如 Ravitz 研究发现，资源的可利用性、时间保障、回报或激励、相关人员的承诺、领导 5 个条件是创新实施的最重要的相关因素。② 可以看出，这 5 个因素均为组织支持和干预因素。其中资源可利用性是指为了实施技术创新，目前所具备的资源，包括资金支持、硬件条件、软件条件以及技术支持人员等。时间保障是指用户学习和熟练使用这些技术创新所需要的时间，一方面要求组织愿意为所属成员提供学习及熟悉这些创新的时间；另一方面，也要求用户愿意为实施这些创新成果花费时间学习。回报或激励是指促进用户使用技术创新的激励机制，一旦组织成员应用了创新成果，组织就应该及时为这些成员提供回报。相关人员承诺是指组织中的各种人员，尤其是那些高层领

① Ely, D. P., "*Conditions That Facilitate the Implementation of Educational Technology Innovations*", *Educational Technology*, Vol. 32, No. 6, 1999, pp. 23 – 27.

② Ravitz, J., *Conditions That Facilitate Teachers' Internet Use in Schools with High Internet Connectivity*, Ph. D. Dissertation, 1999, Syracuse University.

导，应该积极支持教育技术创新在组织中的实施。领导是指在教育技术创新实施过程中，各种监督与管理人员应该及时给予创新使用人员以支持，并积极参与到创新实施的过程中去。①②

与以上观点相似，Groves 和 Zemeld 研究认为，技术使用培训、可利用的信息或材料、行政支持是影响教学中教育技术使用的重要因素。③ Nanayakkara 研究发现时间、培训、内容开发支持和信息通信技术的可靠性等是影响教师理解网络学习系统的重要因素。④ Salf 通过对 213 名大学教师使用网络辅助教学的调查数据进行分析、总结，指出促进教师使用网络辅助教学技术的组织因素有：学术晋升的机会、技术支持、财政支持、培训等。在所有促进因素中，研究者发现组织因素属于促进作用最小的因素，但另一方面，组织因素却又属于最大的障碍因素，如缺乏明确的政策和持续的管理支持和鼓励会导致教师对参与网络辅助教学的期望的降低。⑤ Farquhar 和 Surry 提出组织因素和采纳者个人因素是影响教育产品采纳和利用的重要影响因素，他们将组织因素分为两类：物理环境和支持环境，并进一步强调支持环境的重要性。他们所说的支持环境主要包括实行和保持一项教育创新所需要的资源和服务。他们还认为，不适当的环境支持经常是成功创新采纳的重要阻碍因素。⑥

另外一些探讨教育技术采纳阻碍因素的研究还有：Daugherty 和 Funke 在对 76 位教师实施的一项调查研究中报告了远程教育实施面临的阻碍，包括缺乏技术支持（43%）；缺乏充足的设备/软件（38%）；缺乏教师/行政支持（11%）。⑦ Haber 研究认为，时间、补偿是教师采用在线教学的

———————————

① Ely, D. P. , "*Conditions That Facilitate the Implementation of Educational Technology Innovations*" , *Educational Technology*, Vol. 32, No. 6, 1999, pp. 23 – 27.

② 郑旭东：《领袖群伦：唐纳德·伊利教育技术学学术思想研究论纲》，《电化教育研究》2005 年第 4 期。

③ Groves, M. & Zemel, P. , "*Instructional Technology Adoption in Higher Education: an Action Research Case Study*" , *International Journal of Instructional Media*, Vol. 27, No. 1, 2000, pp. 57 – 65.

④ Nanayakkara, C. , "*A Model of User Acceptance of Learning Management Systems: a Study within Tertiary Institutions in New Zealand*" , *International Journal of Learning*, Vol. 13, No. 12, 2007.

⑤ Salf, A. A. A. , *The Motivating and Inhibiting Factors Affecting the Use of Web-Based Instruction at The University of Qassim in Saudi Arabia*, Ph. D. Dissertation, Wayne State University USA, 2005.

⑥ Farquhar, J. D. & Surry, D. W. , "*Adoption Analysis: an Additional Tool for Instructional Developers*" , *Education and Training Technology International*, Vol. 31, No. 1 1994, pp. 19 – 25.

⑦ Daugherty, M. & Funke, B. , "*University Faculty and Student Perceptions of Web-Based Instruction*" , *Journal of Distance Education*, Vol. 3, No. 1, 1998, pp. 21 – 39.

阻碍因素，而培训也有很大影响。[1] 李艳和 Linder 探讨了中国农业大学教师对影响网络远程教育的障碍的认知，他们归纳了十大障碍：网络教育项目的信誉顾虑、行政支持顾虑、缺乏计划、技术障碍、财政顾虑、时间顾虑、缺乏激励因素、设施顾虑、与传统教育冲突、对技术的担心，其中多数障碍都来自组织干预和促进条件方面。[2]

Ertmer 把阻碍教师将技术整合到教学的障碍划分为两类：第一阶障碍和第二阶障碍。第一阶障碍是外在的，包括缺乏计算机和软件、没有足够的时间、支持和管理支持不够等。相比之下，第二阶障碍是内在的，包括教学信念、对计算机的信念、已建立起来的教学实践、不愿意变革等。很多第一阶障碍可通过保障充足的资源、提供计算机技能培训加以消除，而第二阶障碍需要挑战教师的信念系统并将一些实践制度化为常规事务。[3]因此，就技术整合而言，需要重建基本的学校文化观念，如教和学的内容有哪些变化、什么时候开始、采取哪些教学行为。

（二）组织因素对个体采纳行为的影响

更有趣的是，一些研究通过实证数据分析了管理干预和促进条件对用户教育技术采纳行为的影响机制。如 Shea、Pickett 和 Li 在对美国一所大学实施网络教学情况的一项研究中，以 913 位教师为被试探讨了影响网络教学系统使用满意度的因素。在他们的研究中，满意度的测量指标包括了采纳和继续参与该创新方面，研究结果显示，除交互性和学科背景外，技术支持和学习机会都显著影响教师对网络教学的满意度。[4] Chen 的研究对象是中国台湾一所大学的 297 名英语教师，她发现教师培训直接影响教师使用因特网进行教学的行为和态度，而教学支持对使用行为的影响是间接

---

① Haber, J. R. , *Perceptions of Barriers Concerning Effective Online Teaching and Policies*: *Florida Community College Full-Time Faculty Members*, Ph. D. Dissertation, University of South Florida, 2005.

② 李艳、[美] James. R. Linder：《高校教师对网络教育发展中的障碍因素的认识——来自中国农业大学教师群体的问卷调查报告》，《开放教育研究》2005 年第 6 期。

③ Ertmer, P. A. , "*Addressing First-And Second-Order Barriers to Change*: *Strategies for Technology Integration*", *Etr&D*, Vol. 47, 1999, pp. 47 - 61.

④ Shea, P. , Pickett, A. , Li, C. S. , "*Increasing Access to Higher Education*: *a Study of the Diffusion of Online Teaching among 913 College Faculty*", *International Review of Research in Open and Distance Learning*, Vol. 6, No. 2, 2005.

的。① 这一结果表明，当教师接受培训时，他们更可能在教学中尝试新的教学方法或工具，并且在培训过程中，教师使用因特网的态度会改变，从而导致随后的行为改变。Derco 在美国田纳西大学对41 位教师进行的一项问卷调查研究发现，被试教师之所以在教学中使用教育技术主要是受内部激励和动机的影响，因为他们想要改善教学并认为技术的使用会为教学/学习过程带来好处。另外，影响最大的外在激励和动机与受到与工作相关的支持和认可鼓励有关。②

　　也有一些研究将组织干预和促进条件作为 TAM 模型中的扩展因素来探讨它们是如何影响用户教育技术采纳行为的。如 Cheung 和 Huang 的一项研究将支持因素引入 TAM 模型，通过对 500 名大学生被试的调查数据分析表明，组织支持和因特网支持因素一方面直接影响大学生的因特网使用行为，另一方面还通过有用性感知间接对使用行为产生影响。③ Lee（2008）的研究也用支持因素对 TAM 进行了扩展，参与者是中国台湾某大学的 1107 名学生，研究发现内部技术培训显著影响有用性感知和易用性感知，而内部技术支持只显著影响易用性感知。④ Ngai、Poon 和 Chan 对大学生 WebCT 课程管理系统的使用研究也发现，技术支持会显著地影响有用性感知（β = 0.37）和易用性感知（β = 0.55），通过有用性感知和易用性感知的中介作用对使用行为产生影响。⑤ Walker 的研究针对的是美国西部大学的 143 名教师，他们正在教学中使用新的教学工具 Black-Board 课程管理系统。在 TAM 框架下通过数据分析表明，组织支持因素中的管理指标与有用性感知和易用性感知显著相关，通过有用性感知和易用性感知间接影响行为意向。⑥ Teo、Lee 和 Chai 则借用 UTAUT 模型中的促

① Chen, Yu-Li., "*Modeling The Determinants of Internet Use*", *Computers & Education*, Vol. 51, No. 2, 2008, pp. 545 – 558.

② Derco, J., *Instructuctional Technology Adoption at the University of Tennessee: Perceived Influences of Select Faculty Members*, Ph. D. Dissertation, The University of Tennessee, 1999.

③ Cheung, W., Huang, W., "*Proposing a Framework to Assess Internet Usage in University Education: An Empirical Investigation from A Student's Perspective*", *British Journal of Educational Technology*, Vol. 36, No. 2, 2005, pp. 237 – 253.

④ Lee, Y. C., "*The Role of Perceived Resources in Online Learning Adoption*", *Computers & Education*, Vol. 50, 2008, pp. 1423 – 1438.

⑤ Ngai, E. W. T., Poon, J. K. L. & Chan, Y. H. C., "*Empirical Examination of the Adoption of Webct Using TAM*", *Computers & Education*, Vol. 48, 2007, pp. 250 – 267.

⑥ Walker, G. M., *Faculty Intentions to Use Web Enhanced Instructional Components*, Ph. D. Dissertation, Capella University, 2004.

进条件的概念，研究了它对职前教师使用教育技术的态度的影响，结果发现促进条件通过影响易用性感知间接影响被试对技术的态度。[1] 此外也有研究发现支持对教育技术使用行为并有显著影响。[2]

综上所述，组织因素对教育技术创新扩散和采纳的影响已引起研究者的普遍重视，并取得了一定成果。有些研究识别了促进或阻碍用户教育技术采纳的关键组织因素，这些因素以组织管理干预和促进条件两个方面居多。一些研究通过调查数据分析了组织因素对行为是如何产生影响的，其影响路径基本上有两条，一条是直接影响用户的技术创新使用行为，二是通过有用性感知和/或易用性感知/行为控制感知/态度间接影响采纳和接受行为。此外有研究者把组织管理干预和促进条件视为用户教育技术采纳的外在障碍（第一阶障碍），很容易通过满足条件消除这种障碍，而更重要的障碍是内在障碍（第二阶障碍），它涉及人们长期沉积下来的内部信念，更加难以消除。本研究对组织因素的研究侧重于组织管理干预和促进条件，试图了解这两个主要的因素是如何影响教师的技术创新采纳行为的。

五　社会影响

社会影响的概念在社会科学各个领域如哲学、社会学、心理学、行为学等都有研究，其目的是获取群体环境对人类行为的影响程度。近年来社会影响作为一种影响个体教育技术创新采纳行为的非技术因素越来越受到重视。如果把组织管理干预和支持看作正式网络影响，那么社会影响就是一种非正式网络或同伴群体人际交往的影响。文献特征分析发现，与社会影响有关的因素有组织群体文化、主观规范、社群影响、自愿性、社会压力、社会形象、环境氛围、同伴影响、课程领导的影响、教师与变革代理的交互、团队协作、社区感、大环境、合作文化等，其实创新特征因素中的可观察性、可见性也是人们对社会影响的一种感知。在所有因素中，备受关注的主要有主观规范/社群影响、社会形象等，这也是本研究的侧

---

① Teo, T., Lee, C. B. & Chai, C. S., "*Understanding Pre-Service Teachers' Computer Attitudes: Applying and Extending the Technology Acceptance Model*", *Journal of Computer Assisted Learning*, Vol. 24, 2008, pp. 128 – 143.

② Park, B, *Faculty Adoption and Utilization of Web-Assisted Instruction (WAI) In Higher Education: Structural Equation Modeling (SEM)*, Ph. D. Dissertation, Florida State University, 2003.

重点。

（一）主观规范/社群影响

技术创新的扩散和采纳研究常常与社群规范的影响联系在一起。一般来说，社群规范内化在组织成员之中，人们不会轻易违犯，所以它有助于消除我们对人们行为预期的不确定性。金兼斌认为，社会系统中的规范就像一把尺子，是一个组织内的成员判断自己的行为是否适宜的依据，直接影响和决定着人们的行为方向和强度。[①] 具体到社会系统规范对创新扩散的影响，金兼斌指出，一方面社会系统规范可能会成为创新扩散的阻碍，这典型地表现在中国最初推行计划生育政策时人们对避孕的态度这一案例中；另一方面，社会系统规范也可能会促进某一创新的扩散，当创新代表的价值观与社会系统规范所推崇的价值一致时，社会系统规范会成为创新扩散的巨大推动力。[②]

Fishbein 和 Ajzen 强调了人们对群体规范的主观感知对人们行为的影响。在他们的理性行为理论（TRA）中提出主观规范这一概念，认为主观规范和行为态度共同决定着人们进行某一行为的意向，行为意向进而决定了人们的实际行为。[③] 他们的理论经常被用于教育技术创新接受与采纳研究。在这些研究中，主观规范通常操作化为个人对他所处社会系统中的重要他人或相关他人认为自己应使用某一教育技术创新的感知程度。相似的概念还有社群影响、社会压力等，这些概念的操作化与主观规范基本上是相同的。其他一些概念如同伴影响、课程领导影响、与变革代理的交互、可观察性等，其实都在某种程度上反映了这一概念。在教育技术接受和采纳研究中，通常假设主观规范/社群影响会影响人们使用教育技术的行为意向，或影响对教育技术特性的认知，并在各种采纳环境中进行验证。但关于主观规范对教育技术接受的影响的研究结论是不一致的，引起了广泛的争论和深入研究。

在最早发表的 TAM 研究中，Davis 及其同事将 TRA 作为其理论基础之一，但在他们的研究中没有发现主观规范的显著作用，因而在 TAM 模

---

① 金兼斌：《技术传播——创新扩散的观点》，黑龙江人民出版社 2000 年版。

② 同上。

③ Fishbein, M., and Ajzen, I., *Belief, Attitude, Intention and Behavior: An Introduction of Theory and Research*, Reading, Ma: Addision-Wesley Publishing Company, 1975.

型中他们排除了主观规范变量。① Davis 等人对此的解释是主观规范变量的测量工具缺乏心理学基础，认为"需要发展更成熟的方法来评估计算机接受背景下特定类型的社会影响过程。"② 此外，造成这一结果的另一个原因可能是 Davis 等人的研究中探讨的技术系统为字处理软件系统，这种系统"相当个人化，与多用户的应用软件系统的使用相比，可能较少地受到社会因素的影响③"。他们建议应继续对社会影响因素在技术接受行为中的作用进行深入研究。Mathieson（1991）在对学生使用电子表格软件的研究中也未发现主观规范对行为意向的显著关系。对此，Mathieson 认为，任务、被试、情境及抽样的局限性可解释她的研究以及 Davis 等人（1989）的研究中主观规范影响关系的缺乏。这两项研究均以大学生为被试，且任务系统均为简单的个人化的系统，在其他更复杂的技术环境下，主观规范可能会影响行为意向。她建议："未来研究的目标是确定在什么环境条件下主观规范是重要的"，"也许采用一个不同的框架，如社会网络理论，会得出更有价值的结果。"④

随后，在教育环境下也有大量研究探讨主观规范因素对个体技术采纳行为的影响，这些研究中既有简单的技术，也有复杂的技术，不少研究得出与 Davis 等人（1989）和 Mathieson（1991）不同的结论。如 Marcinkiewicz 和 Regstad 探讨了"同侪压力"意义上的主观规范对教师行为的影响，研究发现：那些在利用或整合水平上使用计算机的教师更强烈地感到他们周围的人（学生、同事和领导）认为他们应当使用计算机。⑤ Teo、Lee 和 Chai 的研究结论显示，主观规范会影响职前教师对教育技术的态度和有用性感知。⑥ Coffland 和 Strickland 研究发现，上级对教育技术的态度与教师对教育技术的态度正相关，这一发现为社会影响因素对教育技术创

①　Davis, F. D. , Bagozzi, R. P. & Warshaw, P. R. , "*User Acceptance of Computer Technology: A Comparison of Two Theoretical Models*", *Management Science*, Vol. 35, 1989, pp. 982 – 1003.

②　Ibid. .

③　Ibid. .

④　Mathieson, K. , "*Predicting user intentions: Comparing the technology acceptance model with the theory of planned behavior*", *Information Systems Research*, Vol. 2, No. 3, 1991, pp. 173 – 191.

⑤　Marcinkiewicz, H. R. & Regstad, N. G. , "*Using Subjective Norms to Predict Teachers' Computer Use*", *Journal of Computing in Teacher Education*, Vol. 13, No. 1, 1995, pp. 27 – 33.

⑥　Teo, T. , Lee, C. B. & Chai, C. S. , "*Understanding Pre-Service Teachers' Computer Attitudes: Applying and Extending the Technology Acceptance Model*", *Journal of Computer Assisted Learning*, Vol. 24, 2008, pp. 128 – 143.

新采纳的影响提供了进一步的支持。① Park 的研究结果表明，主观规范和相对优势是直接影响教师网络教学系统使用水平的两个关键因素。② Grimes 的研究探讨了教师决定采纳因特网用于教学传递的影响因素，他们报告了朋友的鼓励、指导者的鼓励、同侪压力、部门共享价值、学生的鼓励、个人学术声誉和地位等的重要性。③

　　Taylor 和 Todd 的研究将主观规范分解为两个因素：同伴影响和领导影响。通过对大学生使用"大学计算机资源中心"的调查数据进行分析，他们发现这两种社会因素的影响都是显著的，但同伴影响比领导影响更加强烈。④ 在他们的一项后续研究中，又在以上研究的基础上探讨了经验对主观规范因素影响的调节作用，发现不管有无经验，主观规范均会显著影响行为意向，但对于没有系统使用经验的大学生来说，主观规范对行为意向的影响几乎是有使用经验的大学生的 2 倍。⑤ 这一结论也得到其他一些研究的支持，⑥⑦⑧ 如 Sivo 等人的研究以美国东南部一所州立大学的 270 名大学新生为被试，探讨了学生态度及主观规范对在线频度、WebCT 课程选修数量（行为）和学生成绩（学业成就）的影响。他们在一个学期内分三个时间点进行数据收集，分析结果发现在第一时间点上主观规范积极地影响学生使用 WebCT 的态度，但后来两个时间点上由于学生已经积累了技术使用经验，这种影响变得很弱。这些研究都表明：随着使用经验

---

① Coffland, D. A. & Strickland, A. W., "*Factors Related to Teacher Use of Technology in Secondary Geometry Instruction*", *The Journal of Computers in Mathematics and Science Teaching*, Vol. 23, No. 4, 2004, pp. 347 – 365.

② Park, B, *Faculty Adoption and Utilization of Web-Assisted Instruction (WAI) In Higher Education: Structural Equation Modeling (SEM)*. Ph. D. Dissertation, Florida State University, 2003.

③ Grimes, D. D., *Factors That Influenced Faculty in the Decision to Adopt the Internet for Instruction at Southeastern United States University*, Ph. D. Dissertation, East Carolina University, 2005.

④ Taylor, S. & Todd, P. A., "*Understanding Information Technology Usage: A Test of Competing Models*", *Information Systems Research*, Vol. 6, No. 2, 1995, pp. 144 – 176.

⑤ Taylor, S. & Todd, P. A., "*Assessing It Usage: The Role of Prior Experience*", *MIS Quarterly*, Vol. 19, No. 4, 1995, pp. 561 – 570.

⑥ Karahanna, E., and Straub, D. W., "*The Psychological Origins of Perceived Usefulness and Ease-of-Use*", *Information and Management* Vol. 35, No. 4, 1999, pp. 237 – 250.

⑦ Venkatesh, V. & Davis, F. D., "*A Theoretical Extension of The Technology Acceptance Model: Four Longitudinal Field Studies*", *Management Science*, Vol. 45, No. 2, 2000, pp. 186 – 204.

⑧ Sivo, S. A., Pan. C. C. S. & Hahs-Vaughn, D. L., "*Combined Longitudinal Effects of Attitude and Subjective Norms on Student Outcomes in a Web-Enhanced Course: A Structural Equation Modelling Approach*", *British Journal of Educational Technology*, Vol. 38, No. 5, 2007, pp. 861 – 875.

的增加，主观规范的影响会逐渐变弱甚至消失。① 然而，像其他研究者一样，Taylor 和 Todd 对他们的研究结论的一般性持谨慎的态度，特别指出他们的研究关注的是学生背景，在工作场所下主观规范的影响可能会有所不同。②

总之，社群影响/主观规范对用户采纳教育技术创新的影响是不可忽视的，但相关研究就此得出的结论是不一致的。这种不一致性可能受各种研究环境的影响，如技术、任务、情境等，仍需要进行深入研究以加深理解。

（二）社会形象

社会形象是指采纳某一创新技术有助于提高个人在其所处社会系统中的声誉的程度。在创新扩散理论中，社会形象本来是作为"相对优势"概念的一个维度。在后续研究中，有些研究者将它作为一个独立的因素从相对优势中分离出来。这样做的原因是：其一，社会形象因素在创新技术采纳决策中具有重要作用。正如 Rogers 所指出的，几乎每一个人在采用创新时都有形象的考虑，即通过创新的采纳获得某种社会赞许或荣誉。显然，对于某些创新产品，形象上的考虑常常是创新采纳的重要动机之一。当一项创新产品代表某种时尚或为社会主流价值观所推崇时，这些创新产品就很容易成为人们用来装点门面的摆设。这种现象不仅存在于个人创新采用层次，在组织层次这种现象也屡见不鲜。如教师拥有自己的教学网站，往往代表着一种形象，会让人将他与"现代化教学""数字时代""教学方式创新""高科技"等联系起来。再就是对于在技术创新采纳上表现突出的教师的表彰、奖励等，也会让人认为在教学中采纳新的技术会提高形象。其二，从大量个案研究来看，相对优势和社会形象通常表现为两个不同的因素，显示这两个概念在内涵上有明显的不同。相对优势更多地表现为一种工具的性质，而社会形象则是一种社会性影响因素。此外，就两者对创新采纳的影响力而言，研究发现，相对优势是一个更为稳定的预测创新采纳的指标，而形象指标对创新采纳的预测力只存在于某些创新

---

① Sivo, S. A., Pan. C. C. S. & Hahs-Vaughn, D. L., "*Combined Longitudinal Effects of Attitude and Subjective Norms on Student Outcomes in a Web-Enhanced Course：A Structural Equation Modelling Approach*", *British Journal of Educational Technology*, Vol. 38, No. 5, 2007, pp. 861 - 875.

② Taylor, S. & Todd, P. A., "*Assessing It Usage：The Role of Prior Experience*", *MIS Quarterly*, Vol. 19, No. 4, 1995, pp. 561 - 570.

采纳中。

Venkatesh 和 Davis 的一项研究将社会形象因素引入 TAM 模型，并假定社会形象变量会影响人们对技术的有用性感知。[1] 受其启发，有研究探讨了社会形象感知对用户采纳教育技术创新的影响。如 Liao 和 Lu 的研究发现，对于没有 E-Learning 经验的学生来说，对提高社会形象的关注会影响他们使用在线学习网站的行为意向。但这方面的研究尚为稀少。[2] 特别是对大学教师群体来说，技术的使用在某种程度上可能会让人感觉可提升其学术声誉，感觉更多采用技术的教师其教学质量也会更好。所以本研究中将社会形象作为社会影响因素之一，希望能得到新的发现。

（三）自愿性

自愿性是指潜在用户感到技术使用行为是否强制的程度。[3][4] 在 TAM2 中，Venkatesh 和 Davis 采用纵向研究方法测量了 2 个自愿使用和 2 个强制使用的组织中个体的技术采纳情况。结果发现，在强制使用背景下，主观规范显著正向影响行为意向，而在自愿使用背景下主观规范不起作用。[5] Venkatesh 等人在他们提出 UTAUT 模型的研究中，以及 Venkatesh 和 Bala 在 TAM3 研究中都得到同样的结论。[6][7] Wu 和 Lederer 通过分析 71 篇实证文献发现，自愿性会调节易用性感知和行为意向，有用性感知和行为意向之间的关系。[8]

---

[1] Venkatesh, V. & Davis, F. D. , "*A Theoretical Extension of The Technology Acceptance Model*: *Four Longitudinal Field Studies*", *Management Science*, Vol. 45, No. 2, 2000, pp. 186 – 204.

[2] Liao, Hsiu-Li and Lu, Hsi-Peng, "*The Role of Experience and Innovation Characteristics in the Adoption and Continued Use of E-Learning Websites*", *Computers & Education*, Vol. 51, 2008, pp. 1405 – 1416.

[3] Moore, G. C. & Benbasat, I. , "*Development of an Instrument to Measure the Perceptions of Adopting an Information Technology Innovation*", *Information Systems*, Vol. 2, No. 3, 1991, pp. 192 – 222.

[4] Venkatesh, V. & Davis, F. D. , "*A Theoretical Extension of The Technology Acceptance Model*: *Four Longitudinal Field Studies*", *Management Science*, Vol. 45, No. 2, 2000, pp. 186 – 204.

[5] Ibid. .

[6] Venkatesh, V. , Morris, M. G. , Davis, G. B. and Davis, F. D. , "*User Acceptance of Information Technology*: *Toward A Unified View*", *Mis Quarterly*, Vol. 27, No. 3, 2003, pp. 425 – 478.

[7] Venkatesh, V. , Bala, H. , "*Technogy Acceptance Model 3 and a Research Agenda on Intervenions*", *Decision Science*, Vol. 39, No. 2, 2008, pp. 273 – 315.

[8] Wu, J. & Lederer, A. , "*A meta-analysis of the role of environment-based voluntariness in information technology acceptance*", *Management Information Systems Quarterly*, Vol. 33, No. 2, 2009, p. 11.

基于对过往研究的分析，自愿性在技术接受理论中所发挥的作用可能是调节主观规范的影响：在强制使用背景下，主观规范通过遵从机制发生作用，因为用户必须遵从管理或组织的需要或规则，这时主观规范会对行为意向产生直接影响。随着时间的推移，遵从机制发挥的作用会越来越弱，最后变得不显著了；在自愿使用背景下，用户可能会更多地依靠他们自己对技术优越性的判断即自我信念决定是否采纳技术，而不是依靠别人的意见，这时主观规范对行为意向的作用会变弱，甚至不起作用；而有用性和易用性感知对行为意向的影响会变强，这时主观规范的作用主要通过内化机制，用户将他人对技术有用性的看法内化为自己的信念，主观规范主要通过有用性感知间接影响行为意向。

自愿性因素也引起教育技术创新采纳研究的一定关注，但研究文献很少。有的研究中将自愿性作为一个自变量进行探讨，如 Geri 和 Elaiza 的研究发现：自愿性会通过相容性感知影响学生对技术的实际价值的看法，从而影响其使用意向。[①] 有的研究将自愿性作为一个调节变量进行探讨，如 Bekkering 和 Hutchison 对大学生使用远程桌面共享系统的研究，采用 UTAUT 为基本框架，数据分析结果没有发现自愿性对社群影响等变量的调节作用，[②] 当然，这可能与他们的研究情境和技术环境选择有关。

第四节　本章总结

本章通过国内外重要学术文献数据库检索选择了 80 篇教育领域的技术创新扩散和采纳研究文献，并对这些文献进行了系统的分析，分析结果发现：

（1）教育技术创新的扩散与采纳问题正日益引起研究者的关注。特别是随着信息和通信技术的飞速发展，越来越多的教育技术创新不断涌现出来，这些技术创新的应用必然伴随教育教学方式的深刻变革，然而在创新推广过程中也出现了各种各样的问题，越来越引起世界各国研究者的重视。

---

① Geri, N., Elaiza, O. N., "*Beyond Adoption: Barriers to An Online Assignment Submission System Continued Use*", *Interdisciplinary Journal of E-Learning and Learning Objects*, Vol. 4, 2008.

② Bekkering, E., Hutchison, D., "*A Follow-Up Study of Using Remote Desktop Applications in Education*", *Information Systems Education Journal*, Vol. 7, 2008.

（2）人们从其他研究领域引入各种理论，探讨教育技术创新扩散中的问题，其中采用最为广泛的理论基础为技术接受和采纳理论、创新扩散理论和社会心理学的行为理论。但也发现这些理论在教育背景的研究中存在这样或那样的局限性，需要进一步的完善和创新。理论创新的方向有三：第一，对经典的采纳和扩散理论进行扩展、整合；第二，借助其他学科的理论解释教育技术创新扩散和采纳中的问题，如生态理论、社会影响过程模型、行动理论等；第三，通过经验研究形成全新的理论。

（3）研究关注的技术创新类型越来越复杂，技术系统与教和学的任务结合越来越紧密。从计算机及其单用户软件、课件到因特网，再到在线课程管理系统，再到网络教学和远程教学模式，随着技术复杂性的提高，影响创新采纳的因素也越来越复杂，关键的影响因素也发生了变化。

（4）本研究所选择的文献主要为实证研究论文，大多数研究采用基于问卷调查的现场研究，定性成分较少，表现出一种方法论上的局限性，很难发现深藏的价值观等因素的影响。此外，在样本总体的选择上只有少数研究是两个以上学校组织的，样本环境比较单一，这给研究结论的一般性造成威胁。再者，所采用的数据分析方法近年来越来越多地采用了回归分析，特别是结构方程建模分析方法，试图发现真实环境下各因素间的因果关系，结论的准确性比描述统计、方差分析、检验比较大大提高。

（5）从因变量的选择上看，以"使用行为"和"行为意向"居多，其中"使用行为"变量的测量尚缺乏科学的维度，并且多为自我报告的数据，这很可能会造成研究结论的不一致，也影响了关于变量关系的知识累积。仍需要引入其他一些因变量，例如"使用水平""持续使用""创新使用""不使用"等，这样做的结果将大大拓展理论创新的空间。

（6）根据创新扩散理论，个人创新决策过程经历知晓、说服、决策、应用和确认五个阶段。在这五个阶段中，决策和确认阶段非常重要，因为在这两个阶段个人会做出是否采纳和是否继续采纳的决策。在每个阶段中，个体用户的信念、态度、意向以及具体使用行为可能会发生变化，用户早期采纳创新，但后期有可能因为失去深层次的动力而终止使用。笔者在阅读文献中发现，大多数研究将视点聚集于说服（即形成态度）、决策和应用阶段，因此在因变量的选择上往往是"行为意向"或"使用行为"。几乎没有研究把视点置于确认阶段，把因变量定为"持续使用意向"和更高级的使用行为，如测量"使用水平"。未来研究应该更加关注个体采纳的确认阶段，探讨用户持续使用的影响因素及其影响机制，并比较各阶段的差异。

（7）从采纳行为影响因素即自变量的选择上，可以看出研究的焦点放在了有用性感知/相对优势/绩效期望、易用性感知/复杂性/努力期望等创新特征或技术信念因素上，但一个趋势是越来越关注那些非技术因素对采纳的影响，自变量的选择正向个人特征、组织干预和支持、社会影响等人的因素上延伸，从而进一步加深了对教育技术创新的扩散和个体采纳行为的理解。

技术创新的应用对教育、教学改革的作用是不言而喻的，在中国特有的社会、经济、文化和教育背景下，对教育技术创新的采纳与扩散进行研究和反思意义重大，而且是一个全新研究领域。通过以上分析，本研究拟以高等学校教师网络教学系统的采纳行为为例，将研究的视点放在教育技术创新实施的早期和后期阶段，综合以往理论和研究成果，沿着技术接受模型的框架思路，从技术、个人、组织和社群影响四个方面，探讨影响教师采纳和持续使用教育技术创新的关键因素及影响机制，比较不同阶段上这些影响因素的变化。

第四章 研究假设和研究模型

第一节 研究模型的理论框架

Venkatesh 等人在提出 UTAUT 理论时分析了技术接受模型背后所遵循的基本行为逻辑, 即: 个人对技术的反应会影响其使用技术的行为意向和使用行为, 并且行为意向对使用行为也会产生影响, 见图 4.1。在建构 UTAUT 时, 他们又进一步解释了"对技术的反应", 明确指出这种反应本质上就是个人的认知信念。[①] 所以, UTAUT 实际上遵循的分析逻辑是"认知信念→行为意向→使用行为"。这一逻辑和其他技术采纳理论模型是一致的, 如 TAM2、TAM3、UTAUT 等, 与社会心理学的其他行为理论在逻辑上也是一致的, 如 TRA 和 TPB。本研究也遵循了这一逻辑分析思路。

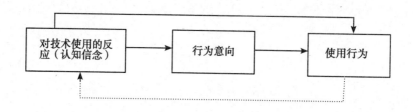

图 4.1 技术接受模型的一般框架

通过第二章相关理论研究和第三章教育领域研究文献的综述, 本研究认为, 影响教育技术创新采纳行为的个人认知信念包括了四个方面, 即对技术创新特征、个人特征、组织因素和社会影响的认知, 所以把这四个方

① Venkatesh, V., Morris, M. G., Davis, G. B. and Davis, F. D., "*User Acceptance of Information Technology: Toward A Unified View*", *MIS Quarterly*, Vol. 27, No. 3, 2003, pp. 425 – 478.

面的认知纳入到了研究模型分析框架中。

综上所述，提出本研究的基本分析框架如图 4.2 所示。该框架遵循了"认知信念→行为意向→使用行为"的分析逻辑，包括自变量（创新特征、个人特征、组织因素和社会影响）、因变量（行为意向、使用行为），并分析自变量与因变量关系在不同使用阶段用户上的差异。在随后的模型建构中，将详细介绍变量的选择、变量的定义以及各变量之间的假设关系。

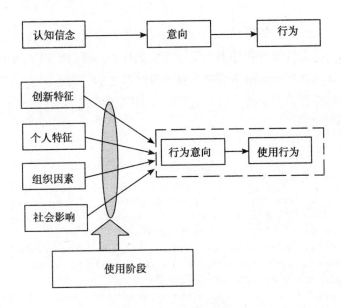

图 4.2 研究的理论框架

第二节 研究变量和研究假设

一 使用行为和行为意向

最初的 TAM 模型以行为意向和使用行为两个因变量代表用户对技术的接受，其中行为意向又是使用行为的自变量。在随后的研究中，有研究者删除了使用行为变量，只采用行为意向作为因变量预测和解释技术接受，如Hu等人①、Chau和Hu②等的研究。也有研究者删除了行为意向，只采用使用行为作为因变量预测和解释技术接受，如Igbaria等人③、Karahanna和Straub④等的研究。当然很多研究者还是喜欢同时采用行为意向和使用行为两个变量作为研究的因变量，如Taylor和Todd（1995a，1995b）⑤⑥、Davis和Venkatesh⑦、Venkatesh和Davis⑧等的研究。也有研究者认为，行为意向不能很好地预测和解释使用行为⑨，另有研究者却发现行为意向对使用行为来说有很好的预测效度⑩。

　　根据以上分析，如果只采用行为意向作为因变量，可能会存在一定的预测风险，因为行为意向并不一定导致使用行为。而只采用使用行为作为因变量，又可能忽视了最为直接也是最有解释力的行为意向这一变量。因此，本研究将行为意向和使用行为同时作为因变量。

　　① Hu, P. J., Chau, P. Y. K, Sheng, O. R. L., Tam, K. Y., "*Examining The Technology Acceptance Model Using Physician Acceptance of Telemedicine Technology*", *Journal of Management Information System*, Vol. 16, No. 2, 1999, pp. 91 – 112.

　　② Chau, P., Hu, P., "*Information Technology Acceptance by Individual Professionals: A Model Comparison Approach*", *Decision Sciences*, Vol. 32, No. 4, 2001, pp. 600 – 710.

　　③ Igbaria, M., N. Zinatelli, P. Cragg, and Cavaye, A. L. M., "*Personal Computing Acceptance factors In Small Firms: A Structural Equation Model*", *MIS Quarterly*, Vol. 21, No. 3, 1997, pp. 279 – 305.

　　④ Karahanna, E., and Straub, D. W., "*The Psychological Origins of Perceived Usefulness and Ease-of-Use*", *Information and Management* Vol. 35, No. 4, 1999, pp. 237 – 250.

　　⑤ Taylor, S. & Todd, P. A., "*Understanding Information Technology Usage: A Test of Competing Models*", *Information Systems Research*, Vol. 6, No. 2, 1995, pp. 144 – 176.

　　⑥ Taylor, S. & Todd, P. A., "*Assessing It Usage: The Role of Prior Experience*", *MIS Quarterly*, Vol. 19, No. 4, 1995.

　　⑦ Davis, F. D. & Venkatesh, V. A., "*Critical Assessment of Potential Measurement Biases in the Technology Acceptance Model: Three Experiments*", *International Journal of Human-Computer Studies*, Vol. 45, No. 1, 1996, pp. 19 – 45.

　　⑧ Venkatesh, V. & Davis, F. D., "*A Theoretical Extension of The Technology Acceptance Model: Four Longitudinal Field Studies*", *Management Science*, Vol. 45, No. 2, 2000, pp. 186 – 204.

　　⑨ Straub, D., Limayem, M., Karahana-Evarito, E., "*Measuring System Usage: Implications for Its Theory Testing*", *Management Science*, Vol. 41, No. 8, 1995, pp. 1328 – 1342.

　　⑩ Moon, J. W. & Kim, Y. G., "*Extending the Tam for a World-Wide-Web Context*", *Information & Management*, Vol. 38, No. 4, 2001, pp. 217 – 230.

（一）使用行为

使用行为是指个体用户使用一项特定技术创新的行为。①② 在以往研究中，对使用行为的衡量没有统一的标准，存在不少问题。先后作为使用行为变量测量指标的有：使用频度（如每周使用次数）、使用程度（系统、功能、信息的使用数量）、使用的持续性、使用时间（如每周使用时数）、使用决策（即使用或不使用）、使用系统从事教学或学习任务的数量、使用的自愿性（即自愿使用还是强制使用）等，这种测量指标的不统一，不可避免地造成了研究结果的不一致。在本研究中，教育技术创新具体是指网络教学系统，系统的使用行为是和具体的教学任务紧密联系在一起的。因此，仅单纯采用使用时数、使用频度和使用功能的多少等不可能真正反映使用行为的概念，更谈不上计算使用行为与自变量之间的关系。

为了更好地反映本研究环境下使用行为的概念，本研究以"使用水平"代表教育技术创新的使用行为，特指教师使用网络教学系统（如BlackBoard、WebCT等）开展各种教学和管理活动的程度。这里所说的教学和管理活动包括教学资料传递、交流、管理和评价等四大类。

（二）行为意向

行为意向是指个人完成某一特定行为的主观意向的强烈程度，③ 在技术接受研究中，有时也称为"使用意向"，指个人用户打算使用某一技术的程度④⑤。在本研究中被试都已经使用教育技术创新（网络教学系统）一段时间，尽管有的是在实际教学中正式地使用，有的只是开通了网络教学系统账户试验性使用。在这种情况下，再采用行为意向或使用意向这一概念就显得不太恰当。因此，我们将这一概念改造为"持续使用意向"，

---

① Davis, F. D., "*Perceived Usefulness, Perceived Ease of Use, And User Acceptance of Information Technology*", *Mis Quarterly*, Vol. 13, No. 3. 1989, pp. 319 – 340.

② Davis, F. D., Bagozzi, R. P. & Warshaw, P. R., "*User Acceptance of Computer Technology: A Comparison of Two Theoretical Models*", *Management Science*, Vol. 35, 1989, pp. 982 – 1003.

③ Fishbein, M., Ajzen., *Belief, Attitude, Intention and Behavior: An Introduction of Theory and Research*, Reading, Ma: Addision-Wesley Publishing Company, 1975.

④ Davis, F. D., "*Perceived Usefulness, Perceived Ease of Use, And User Acceptance of Information Technology*", *Mis Quarterly*, Vol. 13, No. 3. 1989, pp. 319 – 340.

⑤ Davis, F. D., Bagozzi, R. P. & Warshaw, P. R., "*User Acceptance of Computer Technology: A Comparison of Two Theoretical Models*", *Management Science*, Vol. 35, 1989, pp. 982 – 1003.

意指教师打算在以后的教学中继续使用某一教育技术创新的程度。

根据 TAM 和 TRA，行为意向决定着人们的实际行为，使用一项技术的行为意向越强，越有可能使用该项技术。[1][2] 通过文献综述我们发现，在教育领域这一观点也得到众多研究的支持。依此类推，我们推测，对于一项教育技术创新来说，通过一段时间的使用，教师在未来教学中继续使用该项技术创新的意向越强，则他们的使用水平越高。因此，本研究做出如下假设：

假设1：持续使用意向正向影响使用水平，即持续使用意向越强烈，使用水平越高。

二　创新特征

创新扩散理论和技术接受模型均特别关注创新特征对创新采纳的影响。文献分析发现，在所有创新特征因素中，只有相对优势/有用性感知、相容性、复杂性/易用性感知三个特征始终是最稳定的影响因素，其他特征虽然在某些情境下也可能会有一定程度的作用，但为了使研究模型尽量限制在最有预测力的指标上，同时也为了尽量保持研究模型的精简性，本研究只将有用性感知、易用性感知、相容性感知纳入了研究模型。

（一）有用性感知和易用性感知

有用性感知和易用性感知两个因素均源自 TAM。有用性感知是指用户认为使用某一技术能够提高自己的工作绩效的程度，易用性感知是指用户认为使用某一技术的容易程度或使用某一技术可减少所花费的努力的程度。[3][4] 在操作化上，有用性感知与创新扩散理论提出的创新的相对优势特征极为类似，而易用性感知是创新的复杂性特征的反向概念。相比较而言，有用性感知比相对优势更适合工作情境下的研究，而易用性感知比复杂性在测量题项的陈述上更符合人们的语言习惯。因此，本研究采用有用

---

①　Davis, F. D., "*Perceived Usefulness, Perceived Ease of Use, And User Acceptance of Information Technology*", *Mis Quarterly*, Vol. 13, No. 3. 1989, pp. 319 – 340.

②　Ajzen, I., "*The Theory of Planned Behavior*", *Organizational Behavior and Human Decision Process*, Vol. 50, 1991, pp. 179 – 211.

③　Davis, F. D., "*Perceived Usefulness, Perceived Ease of Use, And User Acceptance of Information Technology*", *MIS Quarterly*, Vol. 13, No. 3. 1989, pp. 319 – 340.

④　Davis, F. D., Bagozzi, R. P. & Warshaw, P. R., "*User Acceptance of Computer Technology: A Comparison of Two Theoretical Models*", *Management Science*, Vol. 35, 1989, pp. 982 – 1003.

性感知和易用性感知作为研究变量，而不是相对优势和复杂性。

参考 Davis 在 TAM 中提出的定义，结合本研究情境，我们将有用性感知定义为教师认为一项教育技术创新有助于实现教学目标，提高学生学习效果的程度。将易用性感知定义为教师认为一项教育技术创新易于理解、容易学习和使用的程度。教师的主要职责是向学生传授知识和技能，让学生完成其学习目标。在教学中教师是否使用以及如何使用某项教育技术创新，往往取决于他们对技术能否有助于更好地完成教学任务，能否有助于学生实现学习目标的主观看法。在使用一项教育技术创新的过程中，如果教师主观上认为对教和学是有利的，那么他们就有可能产生持续使用的打算，并且越是认为技术有用，持续使用该技术的愿望就越强烈，这一点在过去的研究中很容易找到推论支持。因此本研究假设：

假设 2：有用性感知正向影响持续使用意向，即有用性感知程度越高，持续使用意向越强。

另一方面，即使教师认识到一项教育技术创新的益处，如果该项技术创新太过复杂，他们认为掌握它将花费太大的精力，那么他们仍然有可能不打算使用它，或不打算继续使用它，从而造成使用程度非常低或干脆停止使用。因此，我们认为教师对一项教育技术创新的易用性感知会直接影响其持续使用意向。此外，教师在使用该项技术创新过程中，如果感觉难于理解和学习、不易操作，则会不容易发现技术创新的有用性，也就是说易用性感知将会影响他们对技术创新有用性的主观评价。因此本研究假设：

假设 3：易用性感知正向影响持续使用意向，即易用性感知程度越高，持续使用意向越强。

假设 4：易用性感知正向影响有用性感知，即易用性感知程度越高，有用性感知程度也越高。

（二）相容性感知

在教育组织内，我们经常发现，有时很明显一项技术创新对于教和学是有益的，但却遭到了教师的抵制。即使由于组织的激励、环境的压力等原因，教师采纳了技术，也只是停留在表面上而不是有效地使用技术，最终可能以牺牲质量为代价。

事实上，教育技术创新的采纳常常伴随着教学和学习过程的改变，而关于教和学的过程，教师在人生的早期就已经形成了属于自己的"理论或哲学"，这些理论或哲学非常隐蔽，且很难改变。如果一项教育技术创新与这些理论或哲学不一致，就势必影响教师对其有用性的主观评价。在这种情况下，即使有时技术得到采纳和使用，也只是在固有的理论或哲学的基础上按照习惯的教学方式的一种"误用"，教师关于教和学的观念和哲学、教学风格在此起着关键的作用。

基于这一考虑，本研究借用创新扩散理论提出的相容性感知概念，来探讨这些因素对教育技术创新采纳的影响。在此，将相容性感知定义为教师认为一项教育技术创新与其教学需要、既有观念、教学风格、以往经验等相匹配的程度。本研究认为，当教师认识到教育技术创新的使用能够满足自己的需要，并与自己的观念、教学风格等相适合时，他会越发关注该项技术，从而更加感到技术的有用性。因此，本研究假设：

假设 5：相容性感知正向影响有用性感知，即相容性感知程度越高，有用性感知程度也越高。

三 个人特征

文献综述发现，个人特征在教育技术的采纳过程中充当着重要角色。在这些个人特征中，受到关注最多的当属性别、年龄、经验、自我效能和个人创新性五个特征。在本研究中，因篇幅所限，主要关注自我效能和个人创新性两个个人特征。

(一) 自我效能

自我效能是社会认知理论（Social Cognitive Theory）的一个核心概念，Bandura 将自我效能定义为人们对自己完成某一特定行为的信心。[1] 具体到本研究，自我效能是指教师对自己使用某一教育技术创新（如网络教学系统）完成教学任务的信心。根据社会认知理论，自我效能可影响教师采纳技术创新的最初选择和采纳的持久性。因为只有教师相信自己能够使用某一技术完成特定教学任务，他们才有可能付出行动。自我效能低的教师在使用技术时，会过多想到个人的不足，并将潜在的困难看得比实际更严重，从而将注意力更多地转向可能的失败或不利的后果。这种思维会产生心理压力，从而越发感觉技术应用的难度，并且当面对困难时不会有

---

[1] Bandura, A., "*Self-Efficacy Mechanism in Human Agency*", *American Psychologist*, Vol. 37, No. 2, 1982.

太强的动机，也不愿长期坚持。相反，自我效能高的教师会把注意和努力集中于情境的要求上，并被障碍激发出更大的努力，从而更容易发现技术创新的有用性和易用性，也更容易持久地采纳技术创新。文献研究发现，自我效能对技术创新采纳的影响主要有三个渠道：一是直接影响使用意向[1][2][3][4]；二是影响有用性感知[5][6][7]；三是影响易用性感知[8][9]。根据以上分析和以往研究结论，本研究假设：

假设6：自我效能正向影响持续使用意向，即自我效能越高，持续使用意向越强。

假设7：自我效能正向影响有用性感知，即自我效能越高，有用性感知程度也越高。

假设8：自我效能正向影响易用性感知，即自我效能越高，易用性感知程度也越高。

（二）个人创新性

个人创新性是指教师在教学中愿意尝试新技术的程度，体现为个人对

① Chang, Su-Chao and Tung, Feng-Cheng, "An Empirical Investigation of students' Behavioural Intentions to Use the Online Learning Course Websites", British Journal of Educational Technology, Vol. 39, No. 1, 2008, pp. 71 – 83.

② Faseyitan, S., Libii J. N, and Hirschbuhl, J., "An Inservice Model for Enhancing Faculty Computer Selfefficacy", British Journal of Educational Technology, Vol. 27, 1996, pp. 214 – 216.

③ Tinnerman, L. S., University Faculty Expressions of Computer Self-Efficacy and Personal Attitudes Regarding the Viability of Distance Learning, Ph. D. Dissertation, Indiana University of Pennsylvania, 2007.

④ Zhen, Y., Garthwait, A., and Prat, A. "Factors Affecting Faculty Members' Decision to Teach or not to Teach Online in Higher Education", Online Journal of Distance Learning Administration, Vol. XI, No. 3, 2008.

⑤ Compeau, D. R., C. A. Higgins and S. L. Huff, "Social Cognitive Theory And Individual Reactions to Computing Technology: A Longitudinal Study", MIS Quarterly, Vol. 23, No. 2, 1999, pp. 145 – 158.

⑥ Park, B, Faculty Adoption and Utilization of Web-Assisted Instruction (WAI) In Higher Education: Structural Equation Modeling (SEM). Ph. D. Dissertation, Florida State University, 2003.

⑦ Liaw, Shu-Sheng. (2008), "Investigating Students' Perceived Satisfaction, Behavioral Intention, and Effectiveness of E-Learning: a Case Study of The Blackboard System", Computers & Education, Vol. 51, 2008, pp. 864 – 873.

⑧ Park, B, Faculty Adoption and Utilization of Web-Assisted Instruction (WAI) In Higher Education: Structural Equation Modeling (SEM). Ph. D. Dissertation, Florida State University, 2003.

⑨ Pituch, K. A., Lee, Y. K., "The Influence of System Characteristics on E-Learning Use", Computers & Education, Vol. 47, 2006, pp. 222 – 244.

变革的一种开放状态。由于在特定情境下个人创新性具有相对稳定的特点，这就意味着它对技术创新采纳行为的影响也是相对稳定的。Agarwal和 Prasad 认为，个人创新性可潜在地影响个人对技术创新的反应。具备高度个人创新性的人通常能够而且愿意应对具有高度不确定性的事物，他们喜欢探索更新颖的方法而不是墨守成规。[①] 由于习惯于适应新技术，具有创新性的人比不具有创新性的人可更迅速地发现技术的有用性和易用性。[②] 具有创新性的人知道目前哪一种技术更好，他们喜欢接收这一方面的信息，所以更加了解这些技术的潜在价值。[③] 由于用过类似的技术，他们会更快地适应新技术。因此，个人创新性既与有用性感知有关，也与易用性感知有关。Schillewaert 等人的研究中假设这两种关系均存在，但在自动营销系统情境下只发现了与易用性的显著关系。[④] Lewis 等人在一所大学进行的网络技术采纳实证研究中发现，这两种关系均存在。[⑤] 根据以上分析和研究结论，本研究假设：

假设 9：个人创新性正向影响有用性感知，即个人创新性越高，有用性感知程度也越高。

假设 10：个人创新性正向影响易用性感知，即个人创新性越高，易用性感知程度也越高。

四　组织因素

在高校组织背景下，用户很少完全自主地采纳和使用教育技术创新。学校组织会通过制度、资源、技术支持、提供专业发展和培训机会等各种干预措施鼓励和帮助用户使用引进的技术创新。Fichman 认为："组织背

① Agarwal, R. & Prasad, J. , "*A Conceptual and Operational Definition of Personal Innovativeness in the Domain of Information Technology*", *Information Systems Research*, Vol. 9, 1998, pp. 204 – 215.

② Schillewaert, N. , Ahearne, M. J. , Frambach, R. T. & Moenaert, R. K. , "*The Adoption of Information Technology in the Sales Force*", *Industrial Marketing Management*, Vol. 34, 2005, pp. 323 – 336.

③ Robinson, L. , Marshall, G. W. & Stamps, M. B. , "*Sales Force Use of Technology: Antecedents to Technology Acceptance*", *Journal of Business Research*, Vol. 58, 2005, pp. 1623 – 1631.

④ Schillewaert, N. , Ahearne, M. J. , Frambach, R. T. & Moenaert, R. K. , "*The Adoption of Information Technology in the Sales Force*", *Industrial Marketing Management*, Vol. 34, 2005, pp. 323 – 336.

⑤ Lewis, W. , Agarwal, R. & Sambamurthy, V. , "*Sources of Influence on Beliefs about Information Technology Use: an Empirical Study of Knowledge Workers*", *MIS Quarterly*, Vol. 27, 2003, pp. 657 – 678.

景下的个人采纳研究必须将管理干预纳入分析，或将其作为一个潜在的综合因素。"① 本研究是一个高校组织背景下的技术创新扩散研究，不能忽视组织管理干预对技术创新采纳的影响。根据文献综述的分析，我们将研究的重点放在组织的管理干预和支持方面，包括制度承诺、促进条件两个因素。

（一）制度承诺

制度承诺作为一个制度性因素对学校组织中的技术创新扩散具有重要的影响。在文献中类似的因素有行政支持、高层管理的支持、相关人员的承诺等。组织对创新采纳的制度承诺可表现为多种多样的形式，如政策制度、倡议、奖励、晋升、认可等。

为了充分发挥信息技术的效益，必须给组织成员以行政支持。Keen研究发现"信息系统发展是一个技术过程，也是一个深刻的政治过程"，因此他建议，"一个实施策略必须认识到并应付数据政治、逆向实施的可能性甚至是合法性"，"必须由领导充当先锋，而不是通过助手协调"。② Premkumar 和 Potterd 研究认为，与相对优势、相容性、复杂性、成本—效益、技术技能相比，高层管理支持是创新成功的次优预测因素，他们总结道：创新扩散的实证研究反复证明，高层管理支持对于组织成功引入新的观念来说是至关重要的。③ Zmud 研究发现，"创新总是要求重新分配组织资源（通常是稀缺资源）"，"没有积极的管理支持，这种资源分配是不可能的"。④ 教育技术创新在高校的推广实施，常常意味着教育教学方式将产生深刻的变革。在这一变革过程中，教学设计、教学传递方式、工作方式、师生关系、教学过程等各方面都会发生或多或少的改变，从而增加教师的工作量或因变化而产生不适感。作为这一变革主体的教师如果看不到明确的政策和持续的管理支持和鼓励，势必导致对技术实施的期望度降低，从而影响到他们的持续使用意

---

① Fichman, R. G., *"Information Technology Diffusion: A Review of Empirical Research". ICIS.* 1992, pp. 195 – 206.

② Keen, P., *"Information Systems and Organizational Change"*, *Communications of the ACM*, Vol. 24, No. 1, 1981, pp. 24 – 32.

③ Premkumar, G. & Potter, M., *"Adoption of Computer Aided Software Engineering (Case) Technology: An Innovation Adoption Perspective"*, *Data Base*, Vol. 26, No. 2 & 3, 1995.

④ Zmud, R., *"An Examination of 'Push-Pull' Theory Applied to Process Innovation in Knowledge Work"*, *Management Science*, Vol. 30, No. 6, 1984, pp. 727 – 738.

向和使用水平。相反，组织积极的鼓励、认可和支持、给教师承诺等，会使其在遭遇困难时积极克服，做最大的努力提高使用的水平。基于上述分析，本研究假设：

假设 11：制度承诺正向影响持续使用意向，即制度承诺水平越高，持续使用意向越强烈。

假设 12：制度承诺正向影响使用水平，即制度承诺水平越高，使用水平也越高。

（二）促进条件

在技术接受和创新扩散研究中，对促进条件的解释和操作化多种多样。计划行为理论（TPB）的行为控制感概念为促进条件因素提供了一个概念基础。行为控制感是指个人对完成某一行为的难易程度的感知，表现为过去的经验以及预期的阻力和障碍，包括内在和外在两个维度。[1] 内在维度与 Bandura 提出的自我效能感概念非常类似，而外在维度即"促进条件"，表现为从事某一行为所需要的资源，如时间、金钱或其他专门资源。Ajzen 指出，"如果一个人具备必需的资源和机会，并想要完成某一行为，那么他或她应该能成功地那样做"。[2] Venkatesh 等人在提出 UTAUT 时将促进条件定义为个人认为现有的组织和基础设施条件支持自己使用技术的程度。[3] Thompson 等人把促进条件解释为"环境中的客观因素"[4]，这些因素可让行动容易进行。以往研究发现，行为控制感是预测技术使用行为的重要因素[5][6]，但也发现行为控制感很容易受到其他一些因素的调节，如个人差异（如知识能力）、任务（即任务复杂性、技术易用性）、

---

① Ajzen, I., "The Theory of Planned Behavior", Organizational Behavior and Human Decision Process, Vol. 50, 1991, pp. 179 – 211.

② Ibid..

③ Venkatesh, V., Morris, M. G., Davis, G. B. and Davis, F. D., "User Acceptance of Information Technology: Toward A Unified View", Mis Quarterly, Vol. 27, No. 3, 2003, pp. 425 – 478.

④ Thompson, R. L., Higgins, C. A. & Howell, J. M., "Personal Computing: toward a Conceptual Model of Utilization", MIS Quarterly, Vol. 15, 1991, pp. 124 – 143.

⑤ Taylor, S. & Todd, P. A., "Assessing It Usage: The Role of Prior Experience", MIS Quarterly, Vol. 19, No. 4, 1995, pp. 561 – 570.

⑥ Hartwick, J. & Barki, H., "Explaining The Role of User Participation in Information System Use", Management Science, Vol. 40, No. 4, 1994, pp. 440 – 465.

情境（即设备可利用性、使用方便性）等。① 因此，在本研究中，直接使用了促进条件概念，而不是行为控制，而行为控制的另一个维度自我效能独立出来单独进行测度（见第四章第二节）。

Venkatesh 等人在提出 UTAUT 时证实了促进条件与使用行为之间的正相关关系，② 也有研究发现促进条件会影响用户对技术的易用性感知。③

需要指出的是，在以上研究中，促进条件主要包含了资源和技术支持两个方面，而本研究的促进条件概念除此之外还包括了第三个方面，即专业发展机会。其原因是，在对教师进行访谈时发现，有一些教师表示了对技术的兴趣，但同时也反映他们需要更多的专业发展机会提高技术与教学整合方面的技能。专业发展机会实际上也是一种技术支持或资源，因此将专业发展机会作为促进条件的一个方面是合理的。教育技术创新的引入只是为教学变革提供了一个基础条件，只有通过为教师提供各种专业发展机会，如技术与教学整合培训、交流、学习技术与开发课程的时间等，方可有效地利用技术，并提高技术使用水平，同时专业发展也可提高对技术的有用性和易用性认知。

综合上述讨论，本研究假设：

假设 13：促进条件正向影响易用性感知，即促进条件越充足，易用性感知程度越高。

假设 14：促进条件正向影响有用性感知，即促进条件越充足，有用性感知程度越高。

假设 15：促进条件正向影响使用水平，即促进条件越充足，使用水平越高。

五　社会影响

关于社会影响因素对技术使用行为的影响，至今尚存争议。Davis 在提出 TAM 时，没有发现社会影响的作用，因而在 TAM 中没有包含社会影

---

① Hartwick, J. & Barki, H., "Explaining The Role of User Participation in Information System Use", *Management Science*, Vol. 40, No. 4, 1994, pp. 440 – 465.

② Venkatesh, V., Morris, M. G., Davis, G. B. and Davis, F. D., "*User Acceptance of Information Technology: Toward A Unified View*", *MIS Quarterly*, Vol. 27, No. 3, 2003, pp. 425 – 478.

③ Teo, T., Lee, C. B. & Chai, C. S., "*Understanding Pre-Service Teachers' Computer Attitudes: Applying and Extending the Technology Acceptance Model*", *Journal of Computer Assisted Learning*, Vol. 24, 2008, pp. 128 – 143.

响因素。① 由于随后的很多研究得出与其完全相反的结论，所以引发了大量研究，这类研究也延伸到了教育领域。通过对教育领域相关研究文献综述发现，与社会影响相关的因素有十几个之多，但多数研究都集中于主观规范（或社群影响）或与主观规范相近的因素。和其他领域的研究一样，关于主观规范对个体对教育技术创新采纳行为的影响的研究结论也是不一致的。另外，文献综述还发现，社会形象是另一个重要的社会影响因素，尽管对社会形象的相关研究并不多。本研究将主观规范和社会形象纳入研究模型，试图在高等教育环境下进一步探讨这两个因素的作用。

（一）主观规范

主观规范是 TRA 的一个重要因素，指个人对重要他人赞成或反对他从事某一行为的主观评价，② 反映的是由于遵从社会环境的期望而对个体行为产生的压力。根据 TRA 的观点，主观规范对教育技术创新采纳行为影响的逻辑是：人们可能选择使用某一教育技术，即使他们并不喜欢使用或对使用的结果不看好。如果他们认为重要他人认为他们应该使用，就足以促使他们按照他人的期望采取行动。很多研究通过探讨主观规范和技术使用意向之间的关系对这一逻辑进行了检验，但得出的结论各异。有研究发现主观规范对使用意向没有显著影响③④⑤⑥，也有研究发现主观规范对使用意向有直接正向影响⑦⑧。Venkatesh 和 Davis 引入主观规范因素对 TAM 进行扩展，并在强制和自愿的背景下进行实证检验，结果显示：主

① Davis, F. D., *"Perceived Usefulness, Perceived Ease of Use, And User Acceptance of Information Technology"*, *Mis Quarterly*, Vol. 13, No. 3. 1989, pp. 319 – 340.

② Ajzen, I., *"The Theory of Planned Behavior"*, *Organizational Behavior and Human Decision Process*, Vol. 50, 1991, pp. 179 – 211.

③ Davis, F. D., Bagozzi, R. P. & Warshaw, P. R., *"User Acceptance of Computer Technology: A Comparison of Two Theoretical Models"*, *Management Science*, Vol. 35, 1989, pp. 982 – 1003.

④ Mathieson, K., *"Predicting user intentions: Comparing the technology acceptance model with the theory of planned behavior"*, *Information Systems Research*, Vol. 2, No. 3, 1991, pp. 173 – 191.

⑤ Chau, P., Hu, P., *"Information Technology Acceptance by Individual Professionals: A Model Comparison Approach"*, *Decision Sciences*, Vol. 32, No. 4, 2001, pp. 600 – 710.

⑥ Lewis, W., Agarwal, R. & Sambamurthy, V., *"Sources of Influence on Beliefs about Information Technology Use: an Empirical Study of Knowledge Workers"*, *MIS Quarterly*, Vol. 27, 2003, pp. 657 – 678.

⑦ Taylor, S. & Todd, P. A., *"Understanding Information Technology Usage: A Test of Competing Models"*, *Information Systems Research*, Vol. 6, No. 2, 1995, pp. 144 – 176.

⑧ Taylor, S. & Todd, P. A., *"Assessing It Usage: The Role of Prior Experience"*, *MIS Quarterly*, Vol. 19, No. 4, 1995, pp. 561 – 570.

观规范对技术系统使用意向的影响仅在强制使用时是显著的，此外主观规范还会通过有用性感知的中介间接影响使用意向。[①]

对于这些矛盾的或不一致的结论，可能出于以下原因：（1）主观规范概念中的重要他人所指对象不明。主观规范的影响意为社会系统中的重要他人可能影响用户对技术创新的感知或反应，然而在这个定义中，谁是社会系统的重要他人是不明确的。此外重要他人结构中的不同群体（如领导、同伴）的影响可能会相互抵消，从面造成整体主观规范结构与行为意向没有关系。（2）主观规范的影响有可能受其他因素调节，如人口统计学特征、工作特点、经验等。

近来的社会心理学研究对主观规范（或社群影响）概念进行了补充，将主观规范（或社群影响）区分为命令性规范（injunctive norms）和解释性规范（descriptive norms）。命令性规范的影响是因为"重要他人认为我应该做"，而我又想被重要他人喜欢或接受，这时就会倾向于遵从自己所相信的重要他人的意见；而解释性规范的影响是因为其他人进行了某一行为，即"重要他人自己怎样做"。[②] 解释性规范的影响在人们对是否进行某一行为没有足够的信息时更加强烈，这时他会从环境中获得有助于做出决定的信息，其他人实际上就是他减少行为不确定性的信息源。这种信息往往是通过与其他人的直接交流（如人们的公开言论）或观察（通过其他人的替代学习）得到的。[③]

主观规范概念的传统测度是指由于重要他人的压力而去执行或不执行某一行为，实际上是一种命令性规范[④]。本研究根据近年来主观规范概念的新发展，重新对主观规范进行定义，既包括了命令性规范，也包括了解释性规范，并把概念中的重要他人指定为领导、同事和学生。参考

---

① Venkatesh, V. & Davis, F. D., "*A Theoretical Extension of The Technology Acceptance Model: Four Longitudinal Field Studies*", *Management Science*, Vol. 45, No. 2, 2000, pp. 186 – 204.

② Cialdini, R. B, "*Crafting normative messages to protect the environment*", *Current Directions in Psychological Science*, Vol. 12, 2003, pp. 105 – 109.

③ Fulk, J., Schmitz, J. & Steinfield, C. W, "*A Social Influence Model of Technology Use*", *Organizations and communication* technology, Vol. 117, 1990, p. 142.

④ Rivis, A. & Sheeran, P., "*Descriptive Norm as an Additional Predictor in the Theory of Planned Behaviour: A Meta-Analysis*", *Current Psychology: Developmental, Learning, Personality, Social*, Vol. 22, No. 3, 2003, pp. 218 – 233.

Venkatesh和Davis的研究①，假设：

假设16：主观规范正向影响持续使用意向，即主观规范程度越高，持续使用意向越强。

假设17：主观规范正向影响有用性感知，即主观规范程度越高，有用性感知程度越强。

（二）社会形象感知

社会形象感知是指人们认为采纳创新可以提高其在社会系统中的地位或形象的程度。② 如果一项教育技术创新的采纳代表着一种时尚，或被周围群体中的重要他人所推崇，或被学校组织所提倡、认可时，对形象的考虑就会成为采纳的动机之一。这种创新产品或方法很容易被用来提高个人声誉或是装点门面。社会形象概念有些类似于创新扩散理论中的可观察性、可见性。文献梳理发现，有研究者将社会形象感知引入 TAM，并证明了它与使用意向的关系，③ 但这方面的研究资料尚为稀少。为了发现社会形象感知影响的作用，本研究将其作为社会影响因素之一纳入研究模型，并假设：

假设18：社会形象感知正向影响持续使用意向，即社会形象感知程度越高，持续使用意向越强。

六　不同采纳阶段各变量关系的变化

本研究还将比较分析以上假设关系对不同采纳阶段的教师来说会有哪些变化。通过文献综述发现，随着使用时间的推移和使用经验的增加，人们的认知信念会发生变化，各变量之间的关系也会发生变化。如：对于易用性感知来说，随着使用时间的推移，易用性感知的影响会逐渐变弱，直

---

① Venkatesh, V. & Davis, F. D. , "*A Theoretical Extension of The Technology Acceptance Model*: *Four Longitudinal Field Studies*", *Management Science*, Vol. 45, No. 2, 2000, pp. 186 – 204.

② Moore, G. C. & Benbasat, I. , "*Development of an Instrument to Measure the Perceptions of Adopting an Information Technology Innovation*", *Information Systems*, Vol. 2, No. 3, 1991, pp. 192 – 222.

③ Liao, Hsiu-Li and Lu, Hsi-Peng, "*The Role of Experience and Innovation Characteristics in the Adoption and Continued Use of E-Learning Websites*", *Computers & Education*, Vol. 51, 2008, pp. 1405 – 1416.

到消失。①② 在技术创新的早期使用阶段，由于用户没有使用经验，故而往往首先关注技术创新是否容易使用，这时易用性感知对技术使用意向及使用程度的影响占优势地位；而随着使用经验的积累，会将重点转移到对技术创新的有用性的关注，这时有用性感知的影响会越来越强烈，而易用性感知的影响会逐渐减弱。由此我们推断，在不同创新采纳阶段，人们对创新、个人、组织和社会的认知以及各变量的关系都有可能发生变化。

根据 Rogers 的划分，个人创新采纳决策过程可分为知晓、说服、决策、应用和确认五个阶段，在这五个阶段中，决策和确认两个阶段是至关重要的。在决策阶段潜在用户通过对技术创新的了解，决定是否采纳；而在确认阶段，用户通过一段时间的使用，决定是否在将来继续使用创新。因此本研究将关注的焦点放在决策和确认两个阶段，这将有助于我们理解为什么用户会采纳或拒绝使用教育技术创新，为什么会持续利用或中止采纳教育技术创新。本研究将通过实证数据分析的比较回答如下问题：

问题：对于不同采纳阶段（决策阶段和确认阶段）的教师来说，影响因素及其关系是否以及如何变化？

七　研究假设汇总

根据上述讨论分析，本研究共提出 18 个假设和 1 个问题，表 4.1 对这些假设进行了汇总。

表 4.1　　　　　　　　　　研究假设

假设序号	编码	假设描述
假设 1	H1	持续使用意向正向影响使用水平
假设 2	H2	有用性感知正向影响持续使用意向
假设 3	H3	易用性感知正向影响持续使用意向
假设 4	H4	易用性感知正向影响有用性感知
假设 5	H5	相容性感知正向影响有用性感知
假设 6	H6	自我效能正向影响持续使用意向
假设 7	H7	自我效能正向影响有用性感知

①　Davis, F. D., "Perceived Usefulness, Perceived Ease of Use, And User Acceptance of Information Technology", Mis Quarterly, Vol. 13, No. 3. 1989, pp. 319 – 340.

②　Venkatesh, V., Morris, M. G., Davis, G. B. and Davis, F. D., "User Acceptance of Information Technology: Toward A Unified View", Mis Quarterly, Vol. 27, No. 3, 2003, pp. 425 – 478.

续表

假设序号	编码	假设描述
假设 8	H8	自我效能正向影响易用性感知
假设 9	H9	个人创新性正向影响有用性感知
假设 10	H10	个人创新性正向影响易用性感知
假设 11	H11	制度承诺正向影响持续使用意向
假设 12	H12	制度承诺正向影响使用水平
假设 13	H13	促进条件正向影响易用性感知
假设 14	H14	促进条件正向影响有用性感知
假设 15	H15	促进条件正向影响使用水平
假设 16	H16	主观规范正向影响持续使用意向
假设 17	H17	主观规范正向影响有用性感知
假设 18	H18	社会形象感知正向影响持续使用意向

问题（编码为 QUS）：对于不同采纳阶段（决策阶段和确认阶段）的教师来说，影响因素及其关系是否以及如何变化？

第三节　研究模型

根据表 4.1 提出的研究假设，提出如下研究模型，见图 4.3。

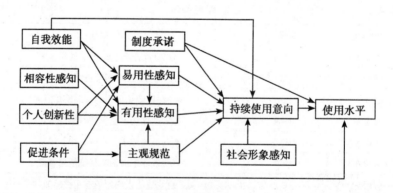

图 4.3　研究模型

从图 4.3 可以看出，研究模型共含 11 个变量、18 个关系，模型非常复杂。由于本研究采用结构方程模型分析方法，还会包括各研究变量的观测变量、残差变量，观察变量与残差之间的关系、残差之间的关系，会形成一个庞大而复杂的关系网，给模型的检验带来不可想象的困难。此外，由于结构方程模型分析方法要求的样本数与观测变量的数量有关，如此多的研究变量必然会有数量可观的观察变量，从而要求非常大的样本规模。基于这些情况，再考虑到本研究的条件和成本限制，决定将以上模型拆分为 4 个较为简洁的模型：创新特征影响模型、个人特征影响模型、组织干预影响模型、社会影响模型，分别进行分析以检验提出的假设。这样做的好处是：模型简化条理易理解；更容易检验；先检验的模型结果可作为后面的基础；可降低研究成本。

　　模型 1 为创新特征影响模型（见图 4.4），用来检验假设 H1、H2、H3、H4、H5，探讨有用性感知、易用性感知、相容性感知与采纳行为之间的关系，并分析这些关系在不同采纳阶段（决策阶段和确认阶段）是否变化和如何变化。

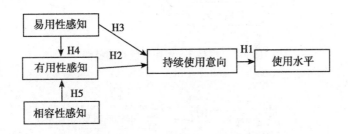

图 4.4　模型 1：创新特征影响模型

　　模型 2 为个人特征影响模型（见图 4.5），用来检验假设 H6、H7、H8、H9、H10，探讨自我效能、个人创新性两个个人特征如何影响持续使用意向。此外，还将分析这些影响关系在不同采纳阶段（决策阶段和确认阶段）是否以及如何变化。

　　模型 3 为组织干预影响模型（见图 4.6），用来检验 H11、H12、H13、H14、H15，探讨制度承诺和促进条件如何影响持续使用意向和使用水平，并分析这些影响关系在不同采纳阶段（决策阶段和确认阶段）是否以及如何变化。

　　模型 4 为社会影响模型（见图 4.7），用来检验假设 H16、H17、H18，探讨主观规范和社会形象感知如何影响持续使用意向，以及这些影响关系在不同采纳阶段（决策阶段和确认阶段）是否变化和如何变化。

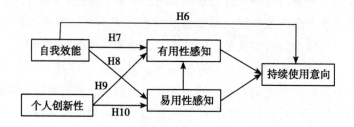

图4.5　模型2：个人特征影响模型

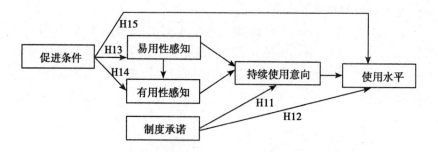

图4.6　模型3：组织干预影响模型

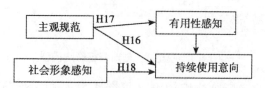

图4.7　模型4：社会影响模型

第五章　研究环境、测量工具、数据收集与样本特征

第一节　研究环境

一　教育技术创新的选择

教育技术创新是一个抽象概念。美国教育通信与技术协会 1994 年给教育技术下的一个被普遍接受的定义是："学习过程和资源设计、开发、利用和评价的理论和方法。"① 从这一定义可以看出教育技术涵盖范围之广泛，可以包括能想象到的各种教学辅助工具和系统，从黑板、投影仪、电视机到多媒体、PPT、互联网，有时甚至包括教学过程和方法如教学系统设计。为了使研究具有可操作性，本研究具体的教育技术创新研究环境定位于用于教和学的新型教育技术产品，具体是指基于因特网技术的网络教学系统。

网络教学系统可定义为采用 WWW 技术作为教学传递系统向学习者传递教学的一种创新方法。② 从这一定义可以看出，它仍然不够具体，既可包括像 BlackBoard、WebCT、网梯在线学堂、清华网络教学平台、Moodle 这类具备完整的教学、交流、评价和管理功能的课程管理系统（CMS）或学习管理系统（LMS），也可包括功能相对单一的一些专业教学软件（如视频教学系统、教学博客、课件等）。这里面有非常昂贵的商

① Park，B.，*Faculty Adoption and Utilization of Web-Assisted Instruction（WAI）In Higher Education：Structural Equation Modeling（SEM）*. Ph. D. Dissertation，Florida State University，2003.

② Khan，B. H.，"*Web-Based Instruction（WBI）：What Is It and Why Is It?*"，in B. H. Khan（Ed.），*Web-Based Instruction*，Englewood Cliffs，NJ：Educational Technology Publications，Inc.，1997.

业教学软件（如 BlackBoard），也有免费的或开源的自由软件（如教学博客、Moodle）。不同的系统完成的功能及完成某一功能的方式往往是不同的。不同的学校可能会因为种种原因对某一系统有所偏爱，从而选择不同的系统。通过文献调研和咨询发现，BlackBoard 是世界各国高校普遍使用的一种网络教学系统，目前全球已有 3700 多所学校使用，其中不乏世界著名大学如哈佛大学、普林斯顿大学、斯坦福大学等。在我国也已有近200 所高校引进了 BlackBoard 用于全日制在校生教学（截至 2009 年 10月）。由于本研究关注高校组织背景下的复杂教育技术创新，为了对认知信念和采纳行为有一个统一的比较尺度，所采用的网络教学系统统一定为BlackBoard 系统。也就是说，本研究选择 BlackBoard 系统作为本研究的技术环境。

　　BlackBoard 是一个典型的网络教学系统工具。通过它，教师可以：（1）提供课程资料，组织为：课程通知、课程文献（包括课程大纲讲义、演示稿、课程阅读材料等）、教学视频、教师信息、资源链接等；（2）通过内置的交流工具与学生进行同步和异步交流，组织为：电子邮件、课程讨论版、虚拟课堂、小组页面、聊天室等；（3）教学管理及评价，组织为：数字收发箱（可收发作业及反馈）、成绩管理、同学互评、电子档案袋、班级统计、班级花名册等。目前 BlackBoard 已成为很多高校全日制学生混合式教学的有效工具。

二　研究对象的选择

　　本研究的目标是探讨影响高校教师在教学中采纳和持续采纳教育技术创新（具体为 BlackBoard 网络教学系统）行为的因素及影响机制，分析不同采纳阶段上述影响关系的差异。为了实现这一目标，需要选择适当的研究对象作为本研究的数据分析样本。以下内容说明本研究对研究对象选择的考虑。

（一）研究场所

研究场所的确定主要基于以下考虑：

1. 尽量照顾到多种学校类型

为了使研究结论更具一般性，需要尽量考虑选择不同类型的高等学校，但由于成本的限制，不得不有所控制。因此本研究确定选择 1 所教育部部属研究型大学、2 所省属教学研究型大学、1 所省属多校区教学型大学、1 所省属职业技术学院。

2. 网络教学系统用于全日制学生日常教学

根据在教学过程中所充当角色的不同，网络教学系统的应用可有三种方式：

补充式网络教学（Web-supplemented Instructionl）：在课堂教学的基础上，教师在网络教学系统上发布教学大纲、讲义及其他课程资料供学生上网查阅。

混合式网络教学（Web-dependent Instruction）：通过网络教学系统完成一些重要的课程活动，如课程资料阅读、在线讨论、评价、在线作业、合作学习等，但并不减少课堂教学时间，是一种传统面对面教学和网络教学相结合的混合教学方式。有时也称为 Blended learning、Mixed learning。

完全在线的网络教学（Fully Online Instruction）：所有教学活动均在网络教学系统上进行，学生可在任何地点、任何时间参与课程学习。这种教学方式基本取消了面对面教学，多用于远程教育、继续教育或职业培训。

在本研究选择的学校中，网络教学系统（BlackBoard）的应用须是前两种情形，即补充式网络教学和混合式网络教学。

3. 组织创新阶段为次级采纳阶段

根据 Cooper 和 Zmud 的研究，组织创新过程可分为启动、采纳、适应、接受、常规化和融入 6 个阶段。[①] 其中接受、常规化和融入阶段为 Galiivan 所说的次级采纳阶段[②]，即组织采纳后的个人采纳阶段。在该阶段，高校组织已做出采纳网络教学创新的决策，并安装了专门的网络教学系统，提倡教师采用网络教学方式促进教学和学生的学习。该阶段是本研究关注的视点，见图 5.1。

基于以上考虑，本研究限制于那些已经采纳了 BlackBoard 系统，且系统正在向整个学校扩散并逐渐常规化走向融入的高等院校。具体来说，所选高校应该已经安装系统并提倡教师在教学中使用系统在一年以上。根据

---

① Cooper, R. & Zmud, R., "*Information Technology Implementation Research: A Technological Diffusion Approach*", *Management Science*, Vol. 36, No. 2, 1990, pp. 123 – 139.

② Gallivan, M. J., "*Organizational Adoption and Assimilation of Complex Technological Innovation: Development and Application of a New Framework*", *The Data Base for Advances in Information Systems*, Vol. 32, No. 3, 2001, pp. 51 – 85.

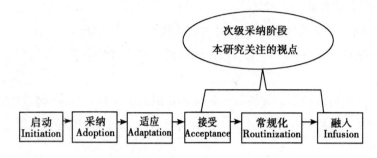

图 5.1　组织创新阶段关注点

Boudreau 的研究，通常在组织中一个信息系统的充分利用要在系统安装实施 15 个月以上。[①] 由于没有更值得参考的时间框架，似乎定为安装系统一年以上是合适的。

4. 使用系统的教师人数应达 150 人以上

鉴于数据统计分析有效性的需要，研究的总体需要一个比较大的用户数量。由于针对大学在校生的网络教学在我国尚属于初级阶段，有的学校虽然引进了系统，但教师使用人数非常少，因此缺乏研究价值。把每所学校的使用系统的教师人数确定为 150 人以上，是因为考虑到问卷的回收率问题，如果按回收率 50% 计算，150 人全部发放会收回 75 份，再折算有效问卷的数量，属尚可水平。

根据以上标准，本研究最终筛选了符合研究考虑的 5 所高校，1 所为教育部部属国内著名研究性综合大学，以下简称 B 大学；2 所省属教学研究型师范大学，以下简称 S 大学和 Y 大学；1 所省属多校区教学型大学，以下简称 L 大学；1 所省属职业技术学院，以下简称 J 大学。

(二) 研究关注的群体

组织创新的次级采纳阶段属个体采纳阶段，Rogers 将个人创新采纳决策过程划分为 5 个阶段，即知晓、说服、决策、应用、确认，如图 5.2 所示。本研究的目标之一将比较决策阶段和确认阶段的差异，而本研究采用的又非纵向研究方法，因此需要选择两种类型的教师被试，一类是已经初步了解系统，正在试验使用的教师，经过试用后有的可能会决定在教学中正式使用技术系统，有的可能会放弃使用，这一类教师正处于创新采纳过

---

① Boudreau, M. C., *"Learning to Use ERP Technology: A Causal Model"*, 36th Hawaii International Conference on System Sciences (*Hicss' 03*), *IEEE Computer Society*, 2003.

程的决策阶段;另一类是已经在教学中正式使用技术系统的教师,经过一个阶段的使用,教师的态度可能会产生分化,有的教师可能会决定继续使用,而另一些教师可能会因为种种原因中止使用,这一类教师正处于确认阶段。

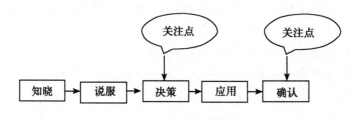

图 5.2 个人采纳阶段关注点

第二节 问卷设计过程

一 问卷设计过程概述

本研究的问卷设计过程,如图 5.3 所示。

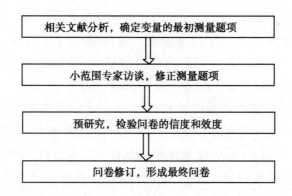

图 5.3 问卷设计过程

(1) 相关文献分析,确定变量的最初测量题项

根据第三章和第四章相关文献中对各变量的界定,尽可能多地收集了本研究所涉及变量的量表,并结合本研究背景进行分析比较,以确定变量的最初测量题目。对于来自英文文献的量表,首先将英文题目翻译成中文,然后找相关领域的专业人员再译回英文。对存在的问题进行讨论和修

正，直到形成一个初步的测量问卷。

（2）小范围专家访谈，修正测量题项

就以上形成的问卷，与相关领域研究专家、网络教学支持专业人员和少量目标样本教师进行小范围访谈，对存在的问题做进一步修正，对模糊的、不准确的、不易懂的地方进行修改，使题项的陈述更加通俗、易懂、准确、简洁。

（3）预研究，检验问卷的信度和效度

小范围的发放问卷进行预研究，检验问卷的信度和效度，进一步筛选题项，使问题更加可靠和有效。

（4）问卷修订，形成最终问卷

对上一步骤形成的问卷各题项的排列顺序进行调整，尽量避免让被试猜透研究的意图。

二　研究变量的操作化及测量

（一）使用水平

在本研究中，将使用行为定义为教师在教学中使用网络教学系统（如 BlackBoard）开展教学活动的程度，即使用水平。在以往研究中，使用行为变量的操作化没有统一的标准，存在不少问题。先后作为技术使用行为变量测量指标的项目有：使用频度（如每周使用次数）、使用程度（系统、功能、信息的使用数量）、使用的持续性、使用时间（如每周使用时数）、使用决策（即使用或不使用）、使用系统从事教学或学习任务的数量、使用的自愿性（即自愿使用还是强制使用）等。这种测量指标的不统一，不可避免地造成了研究结果的不一致。以往研究在使用行为变量操作化上存在的最突出的问题是缺乏效度和信度，大多数研究采用的测量方法是从以往研究中选择 1—2 个题目并根据具体研究情境在语句表述上稍加修改，只有少数研究使用了 3 个以上测量题目并对这些题目进行因子分析，以检验是否能够反映使用行为概念。

本研究中，作为被试的教师都已使用网络教学系统一段时间，特别是对于正式使用的教师来说，其使用行为是和具体的教学任务联系在一起的，因此，仅单纯采用使用时数、使用频度和使用功能的多少等可能无法真正反映使用行为的概念，更谈不上计算使用行为与自变量之间的关系。

为了更好地反映本研究环境下使用行为的概念，本研究以"使用水平"代表教师网络教学系统的使用行为，并从三个方面对其进行测量：一是在所担任课程中使用网络教学系统的次数占总教学次数的比例；二是使用网络教学系统所提供的功能开展活动的程度，包括课程资料的提供、交流活动、管理活动和评价活动等四大类；三是网络教学系统在日常教学中所担当的角色，包括补充、支持和整合三种角色。最后通过因子分析检验这三个方面是否能够反映使用水平这一概念。

使用水平变量的测量包括三个大题目，第一个题目测量教师所担任的课程使用网络教学系统的次数占总上课次数的比例，可从 5 个等级中进行选择，包括"几乎不使用""小于上课总次数的 1/3""占上课总次数的 1/3 到 1/2 之间""占上课总次数的 1/2 到 2/3 之间""几乎每次上课都使用"，5 个等级从少到多分别记为 1—5；第二个题目测量使用网络教学系统提供的功能开展教学活动的程度，列出了 14 个主要教学活动，每个活动的使用程度从 1—5 分别表示"从未使用""很少使用""中等程度使用""经常使用"到"最大程度使用"5 个等级，最后以使用程度作为分数进行加总代表资料提供、交流、评价、管理四类活动的分数；第三个题目测量网络教学系统在日常教学中的角色，分为补充、支持、整合 3 个等级，被试可根据自己的情况选择任一等级，其分值分别记为 1、2 和 3。

此外，文献综述发现，有研究者对以往研究经常以用户自我报告的数据作为行为的测量指标提出了批评，他们认为与客观的使用行为数据相比，这类数据缺乏准确性。鉴于此，本研究最初曾考虑采用网络教学系统服务器的客观数据来测量使用行为。但一方面由于有的被调查学校主管部门不予许可，另一方面考虑到对于不同学校、不同学科的教师来说，他们使用系统的时数、提供资料的多少、交流次数、注册学生数、活跃程度等客观使用数据缺乏可比性。最终还是采用了技术采纳与扩散领域习惯的做法，以个人自我报告的数据进行变量的测量。使用水平的测量题目见表 5.1。

表 5.1　　　　　　　　　　　　使用水平测量题项

问题编码	问题陈述	参考文献
SYPD （使用频度）	一般来说，您在教学过程中使用网络教学系统的次数是： （1）几乎不使用 （2）小于上课总次数的 1/3 （3）占上课总次数的 1/3—1/2 （4）占上课总次数的 1/2—2/3 （5）每次课都使用	Corwin，1998
SYCD （使用程度）	请标出您对下面一些教学活动（或功能）使用的情况（从没用过，很少使用，中等程度使用，经常使用，最大程度的使用）： 发课程通知，张贴教学大纲，上传或链接课程资料，课后讨论区（BBS），用聊天室进行讨论，在线视频课堂，作业提交、批阅，分组教学（自适应教学内容），管理学生成绩单，学生活动记录统计，学生电子档案夹，电子信箱，小组学习，同伴互评	自编
JiaoS （技术角色）	请阅读以下对使用网络教学系统情况的 4 个描述，并选择最适合你的选项： ○我开通了网络教学系统账户，正在学习并试验性地使用，还没正式用于教学 ○网络教学系统在我的教学中是一个补充角色 ○网络教学系统在我的教学中扮演支持角色 ○在我的日常教学活动中，无论师生都会很自然地用到网络教学系统来进行教学或学习，网络教学系统是我的教学的有机组成部分	自编

（二）持续使用意向

上文述及，本书以持续使用意向代替了行为意向作为因变量（见第四章第二节）。技术接受模型（TAM）对行为意向的测量借鉴 Feishbein 和 Ajzen 提出的理性行为理论中对一般行为意向的测量方法，并将其具体化到信息技术使用。[①] 在后续研究中，Davis 等人是从打算使用技术和使用技术的可能性概率两个方面进行测量的。[②] 也有研究从"打算使用信息

① Davis, F. D., Bagozzi, R. P. & Warshaw, P. R., "*User Acceptance of Computer Technology: A Comparison of Two Theoretical Models*", *Management Science*, Vol. 35, 1989, pp. 982 – 1003.

② Davis, F. D., "*User Acceptance of Information Technology: System Characteristics, User Perceptions and Behavioral Impacts*", *International Journal of Man-Machine Studies*, Vol. 38, No. 3, 1993, pp. 475 – 487.

技术"和"预测会使用信息技术"两个方面测量①②，并且取得了较好的信度和效度（Cronbach Alpha 为 0.82 和 0.97，以下除非特别说明，信度均指 Cronbach Alpha 系数）。UTAUT 模型对行为意向的测量采用了三个题目："打算在接下来的一个月使用信息技术"，"预测在接下来的一个月会使用信息技术"，"计划在接下来的一个月会使用信息技术"。三个题目的信度均超过了 0.85。

在本研究中被试都已经使用网络教学系统一段时间，尽管有的是在实际教学中正式地使用，有的只是开通了网络教学系统账户试验性使用。在这种情况下，再采用行为意向或使用意向这一概念就显得不太准确。因此，我们将这一概念改造为"持续使用意向"，意指教师打算在以后的教学中继续使用网络教学系统的程度。本研究对持续使用意向的测量，在借鉴以往研究的同时，又参考专家的意见并根据本研究情境做了一些修改。测量题项见表 5.2。

表 5.2　　　　　　　　　持续使用意向测量题项

问题编码	问题陈述	参考文献
CUI1	在以后的教学中，我将继续使用网络教学系统	Davis, 1989; Davis et al., 1989; Davis & Venkatesh, 1996; Venkatesh et al., 2003
CUI2	不管学校（或学院、系）是否提倡，在以后的教学中我将继续使用网络教学系统	
CUI3	如果有可能，我将在承担的所有课程中使用网络教学系统	
CUI4	我将做进一步的实践和研究，探讨网络教学系统和教学的改进和创新	

（三）有用性感知

在 Davis 提出 TAM 时，从 6 个维度测量了有用性感知概念，并取得较高的信度。③ 这 6 个维度是："使用某一技术可更快地完成任务""改善工作业绩""提高生产率""提高工作效果""使工作容易做"

---

① Davis, F. D. & Venkatesh, V. A., "*Critical Assessment of Potential Measurement Biases in the Technology Acceptance Model: Three Experiments*", *International Journal of Human-Computer Studies*, Vol. 45, No. 1, 1996, pp. 19 – 45.

② Venkatesh, V. & Davis, F. D., "*A Theoretical Extension of The Technology Acceptance Model: Four Longitudinal Field Studies*", *Management Science*, Vol. 45, No. 2, 2000, pp. 186 – 204.

③ Davis, F. D., "*Perceived Usefulness, Perceived Ease of Use, And User Acceptance of Information Technology*", *MIS Quarterly*, Vol. 13, No. 3. 1989, pp. 319 – 340.

和"发现技术是有用的"。在另一项研究中，Davis 等人考虑到"使工作容易做"较接近于易用性感知变量的测量题项，他们把 6 个维度精简为 4 个，包括："改善工作绩效""提高生产率""提高工作效果""发现信息技术有用"，并通过两个时间点的实证测量取得较高的信度（α = 0.95 和 0.92）。① 很多后续研究都采用了精简后的 4 个维度进行测量（如：Venkatesh 和 Davis 的研究②；Venkatesh 和 Morris 的研究③）。在 Moore 和 Benbasat 提出的创新特征使用感知测量工具中，相对优势变量的量表包含 8 个题项，他们推荐使用 5 项，分别是"使用技术完成工作迅速""使用技术可提高工作质量""使用技术可使工作更容易""使用技术可提高工作的效率""使用技术可增加对工作的控制"。④ 在 Park 的研究中，测量课程管理系统的相对优势参考了这个量表。⑤

因为本研究是在高等教育背景下进行的，像生产率、绩效这些术语在教学中不像企业环境下那样特别强调。因此，在开发有用性感知变量的测量工具时，考虑以往研究的这几个维度的同时，结合了教育背景下的特点。另外在小范围访谈中大多都谈到了时间成本的节省问题，成本实际上是 Rogers 提出的相对优势概念的重要方面。因此在本研究的有用性感知测量题项中也包括了时间成本维度。具体的测量题项如表 5.3 所示。

① Davis, F. D., Bagozzi, R. P. & Warshaw, P. R., "User Acceptance of Computer Technology: A Comparison of Two Theoretical Models", Management Science, Vol. 35, 1989, pp. 982 – 1003.

② Venkatesh, V. & Davis, F. D., "A Theoretical Extension of The Technology Acceptance Model: Four Longitudinal Field Studies", Management Science, Vol. 45, No. 2, 2000, pp. 186 – 204.

③ Venkatesh, V., Morris, M. G., Davis, G. B. and Davis, F. D., "User Acceptance of Information Technology: Toward A Unified View", MIS Quarterly, Vol. 27, No. 3, 2003, pp. 425 – 478.

④ Moore, G. C. & Benbasat, I., "Development of an Instrument to Measure the Perceptions of Adopting an Information Technology Innovation", Information Systems, Vol. 2, No. 3, 1991, pp. 192 – 222.

⑤ Park, B., Faculty Adoption and Utilization of Web-Assisted Instruction (WAI) In Higher Education: Structural Equation Modeling (SEM). Ph. D. Dissertation, Florida State University, 2003.

表 5.3　　　　　　　　　　　有用性感知测量题项

问题编码	问题陈述	参考文献
PU1	在教学中使用网络教学系统有助于教学目标的实现	Davis, 1989；Davis et al., 1989；Moore & Benbasat, 1991；Park, 2003；Wolski & Jackson, 1999；Liao & Lu, 2008
PU2	在教学中使用网络教学系统对教学方式的创新有帮助	
PU3	在教学中使用网络教学系统增加了学生可利用学习资源的广度	
PU4	在教学中使用网络教学系统有助于提高学生的学习效果	
PU5	在教学中使用网络教学系统师生、生生之间的交流更方便、有效	
PU6	使用网络教学系统对教学是有益的	
PU7	在教学中使用网络教学系统长远来看可节省我的时间	

（四）易用性感知

在 Davis 的开创性研究中，易用性感知也是用 6 个题项来测量的，分别是："技术容易学习操作""容易利用技术做想做的事""与技术交互是清楚的和可以理解的""与技术的交互是灵活的""容易熟练使用"和"发现技术容易使用"。通过实证测量，发现其信度高达 0.94。[①] 在另一项研究中，Davis 等人提出了简化的 4 个题项测量易用性感知，包括"技术容易操作""容易利用技术做想做的事""容易熟练使用技术"和"发现技术容易使用"。他们在研究中从 2 个时间点进行数据收集，也取得了较高的信度（α＝0.90 和 0.91）。[②] Moore 和 Benbasat 的研究也为易用性设计了一个量表，包括 6 个题项，他们推荐使用其中 4 项，[③] 从题项内容上看基本上和 Davis 等人的研究是相同的，Park 对学习管理系统复杂性的

[①] Davis, F. D., *"Perceived Usefulness, Perceived Ease of Use, And User Acceptance of Information Technology"*, *MIS Quarterly*, Vol. 13, No. 3. 1989, pp. 319 – 340.

[②] Davis, F. D., Bagozzi, R. P. & Warshaw, P. R., *"User Acceptance of Computer Technology: A Comparison of Two Theoretical Models"*, *Management Science*, Vol. 35, 1989, pp. 982 – 1003.

[③] Moore, G. C. & Benbasat, I., *"Development of an Instrument to Measure the Perceptions of Adopting an Information Technology Innovation"*, *Information Systems*, Vol. 2, No. 3, 1991, pp. 192 – 222.

测量参考了这个量表。[①] 在后续的相关研究中，很多研究都参考了以上两个量表，并根据具体研究情境进行增删修改。本研究对易用性感知的测量采用了 4 个题项，根据本研究背景将易用性感知定义为教师感到在教学中使用网络教学系统完成教学任务的容易程度。除按本研究情境对 Davis 等人的研究中采用的量表进行修改外，考虑到网络教学系统的使用与教学任务是紧密联系在一起的，即使系统容易使用，但在具体应用于教学时仍然可能感觉是复杂的，即感觉使用系统完成教学容易或不容易操作，这一点和 Davis 他们采用简单的单用户信息技术完成字表处理的情况是不同的。因此本研究增加了"在教学中使用网络教学系统涉及教学方式的改变等很多事情总体操作起来很复杂"。易用性感知测量题项见表 5.4。

表 5.4　　　　　　　　　　易用性感知测量题项

问题编码	问题陈述	参考文献
PEU1	我认为，网络教学系统使用起来很容易	Davis，1989； Davis et al.，1989； Moore & Benbasat，1991； Park，2003； Liao & Lu，2008
PEU2	我很轻易地学会了使用网络教学系统	
PEU3	我认为，在教学中使用网络教学系统做我想做的事很容易	
PEU4	在教学中使用网络教学系统涉及教学方式的改变等很多事情总体操作起来很复杂	

（五）相容性感知

在 Moore 和 Benbasat 的研究中，相容性感知的测量使用了 3 个题项："使用技术与我的工作各方面相容""使用技术与我喜欢的工作方式匹配很好""使用技术适合我的工作方式"，在他们的研究中相容性测量信度 α 值达到 0.88 和 0.83。[②] Liao 和 Lu 对这个量表略做修改测量学生对 E-learning 网站的相容性感知，发现其信度较高（α = 0.91）。[③] 本研究将相容性感知定义为在教学中使用网络教学系统与教师以往的经验、需要、教

① Park，B.，*Faculty Adoption and Utilization of Web-Assisted Instruction（WAI）In Higher Education：Structural Equation Modeling（SEM）*. Ph. D. Dissertation，Florida State University，2003.

② Moore，G. C. & Benbasat，I.，"*Development of an Instrument to Measure the Perceptions of Adopting an Information Technology Innovation*"，*Information Systems*，Vol. 2，No. 3，1991，pp. 192 - 222.

③ Liao，Hsiu-Li and Lu，Hsi-Peng，"*The Role of Experience and Innovation Characteristics in the Adoption and Continued Use of E-Learning Websites*"，*Computers & Education*，Vol. 51，2008，pp. 1405 - 1416.

学风格、教学哲学等相符合的程度。变量的测量在参考以上量表的同时根据本研究情境做了修改，具体测量题项见表5.5。

表5.5　　　　　　　　　　相容性感知测量题项

问题编码	问题陈述	参考文献
PC1	使用网络教学系统教学符合我以往的教学风格	Moore & Benbasat, 1991；Liao & Lu, 2008
PC2	使用网络教学系统正好实现了我原来的一些想法	
PC3	我担心使用网络教学系统后有可能导致教学质量下降	
PC4	使用网络教学系统教学后在教学设计、教学方法、师生角色等方面发生了很大变化，让我感觉不好应对	
PC5	使用网络教学系统教学耗费了我太多的时间和精力	

（六）自我效能

自我效能是个人对自己完成某一特定行为所具备能力的信心。Bandura认为，在任何时候，个人都是通过认知评价体系具体到特定任务、特定环境做出对个人能力的评价和判断。[①] 具体到本研究，将自我效能定义为教师对于自己使用网络教学系统进行教学的能力的自我判断和信心。关于自我效能的测量，Park 的方法是列举了课程管理系统的主要功能，让被试回答对各功能使用的信心程度，包括了6个题项："在网上查找我感兴趣的教学和/或研究信息；使用因特网浏览器的功能，如书签、收藏夹、打印、保存等；在网上（如 BlackBoard）上传和下载文件；使用聊天和讨论板等功能；学习网络相关的新技能或功能；用网页制作工具或其他软件创建我自己的网页。"虽然具有一定的信度，但他的研究没有发现自我效能与使用行为的显著关系。[②] Compeau 和 Higgins 在研究信息技术的使用行为时，开发了一个 10 个题项的量表，他们在研究中特指计算机自我效能，量表的内容为："使用一个软件我可以完成工作……（1）……即使周围没有人告诉我怎么做；（2）…… 即使我之前从没用过类似软件；（3）……如果我有软件参考指南；（4）……如果在使用前我见过其他人

[①] Bandura, A. ,"*Self-Efficacy Mechanism in Human Agency*", *American Psychologist*, Vol. 37, No. 2, 1982, pp. 1122 – 1147.

[②] Park, B. , *Faculty Adoption and Utilization of Web-Assisted Instruction（WAI）In Higher Education: Structural Equation Modeling（SEM）*. Ph. D. Dissertation, Florida State University, 2003.

使用它；(5) ……在遇到困难时如果有人帮助；(6) ……如果开始时有人帮助；(7) ……如果我有足够时间的话；(8) ……即使只有内置的帮助说明；(9) ……如果有人首先给我演示怎么做；(10) ……如果在做相同的工作时我用过类似的软件。"该量表被很多研究用来测量被试的计算机自我效能。① Gallivan 等人的研究认为该量表题项过多，建议减少该量表题项的数量。②

Vispoel 和 Chen 认为没有一个专一的自我效能的标准测量工具适用于所有研究。他们建议研究者应开发新的或修改现有的量表。③ Bandura 对自我效能测量作了如下指导：(1) 自我效能的题目应准确反映概念，并与其他概念区别开来，如自尊等；(2) 题目的短语应该用"能做"而不是"将做"；(3) 还应对任务要求的水平进行测量，呈现挑战的等级；(4) 应该考虑到被试的阅读水平，题目要做到既简洁又清楚；(5) 量表最好为百分量表，10 个单位的间隔，从 0 (不能做)、50 (中间程度)，到 100 (完全确信能做)。Bandura 同时也认可一个简化的回答方式，间隔可以从 0—10。④

本研究主要参考了 Compeau 和 Higgins 的计算机自我效能量表⑤，并接受了以上建议，从 10 个题项中选择了 6 个，并根据本研究情境进行修改。同时考虑到为了尽量在测量尺度上与其他变量测量一致，采用了 Likert 五点记分法。具体测量题项见表 5.6。

---

① Compeau, D. R., C. A. Higgins and S. L. Huff, "*Social Cognitive Theory and Individual Reactions to Computing Technology: A Longitudinal Study*", *MIS Quarterly*, Vol. 23, No. 2, 1999, pp. 145 – 158.

② Gallivan, M. J., "*Organizational Adoption and Assimilation of Complex Technological Innovation: Development and Application of a New Framework*", *The Data Base for Advances in Information Systems*, Vol. 32, No. 3, 2001, pp. 51 – 85.

③ Vispoel, W. P. & Chen, P., *Measuring Self-Efficacy: the State of the Art*, Paper Presented at The American Educational Research Association, Boston, and Ma, 1990.

④ Bandura A., "*Guide for constructing self-efficacy scales*", Self-efficacy beliefs of adolescents, Vol. 5, 2006, pp. 307 – 337.

⑤ Compeau, D. R., C. A. Higgins and S. L. Huff, "*Social Cognitive Theory and Individual Reactions to Computing Technology: A Longitudinal Study*", *MIS Quarterly*, Vol. 23, No. 2, 1999, pp. 145 – 158.

表 5.6　　　　　　　　　　　**自我效能测量题项**

问题编码	问题陈述	参考文献
SE	假设您听说有一网络教学系统对您的教学有帮助，但您从未使用过它。请选择在以下情境下您对使用该系统的信心程度 1. 如果使用该系统时没有人在旁边指点，我也能用它完成工作 2. 如果有该系统的操作指南参考的话，我就能用它完成工作 3. 如果我曾经见过其他人使用该系统，我就能用它来完成工作 4. 如果使用过程中遇到麻烦时有人帮忙，我就能用它来完成工作 5. 如果开始时有人帮助，我就能使用它完成工作 6. 如果我有足够的时间的话，我就能用该系统来完成工作	Compeau & Higgins, 1995

（七）个人创新性

本研究对个人创新性的定义参考了 Agarwal 和 Prasad 的研究①，指教师在教学中愿意尝试使用新方法、新媒体或技术的倾向或态度。它体现教师个人在面对变革时的一种开放状态。Agarwal 和 Prasad 在他们的研究中提出了一个包括 4 个题项的量表测量用户的信息技术创新性（称为个人 IT 创新性），Van Raaij 和 Schepers 的研究采用了这个量表，测量发现具有满意的信度和效度（组合信度为 0.83，平均方差提取为 0.56）。② 本研究参考了这一量表并根据研究情境进行修改，对被试在网络教学上表现出的个人创新性进行测量，具体测量题项见表 5.7。

表 5.7　　　　　　　　　　**个人创新性测量题项**

问题编码	问题陈述 （当我听说有新的教学方法、技术或媒体时……）	参考文献
PI1	我会想各种办法来试用它	Agarwal & Prasad, 1998; Van Raaij & Schepers, 2008
PI2	一般说来，我不好决定用还是不用	
PI3	在我周围的同事中，我总是比较早使用的	

---

① Agarwal, R. & Prasad, J., "*A Conceptual and Operational Definition of Personal Innovativeness in the Domain of Information Technology*", *Information Systems Research*, Vol. 9, 1998, pp. 204 – 215.

② Van Raaij, E. M. & Schepers, J. J. "*The Acceptance and Use of A Virtual Learning Environment in China*", *Computers & Education*, Vol. 50, No. 3, pp. 838 – 852.

（八）制度承诺

制度承诺作为一个制度性因素，反映学校组织对教育技术创新采纳的管理承诺或支持，包括激励政策、认可、倡议等各种形式。本研究对制度承诺的测量参考了 Lewis 等人的问卷，[①] 并根据研究情境进行了修改。测量题项见表 5.8。

表 5.8　　　　　　　　　　制度承诺测量题项

问题编码	问题陈述	参考文献
OC1	学校（或学院、系）为网络在教学上的应用勾画了一个美好的前景	Lewis, et al., 2003
OC2	学校（或学院、系）为教师的教学创新提供了一个开放的环境	
OC3	学校（或学院、系）从政策上鼓励在教学中使用信息技术（如网络教学系统）	
OC4	学校（或学院、系）认可我在教学中使用网络教学系统所做出的努力	
OC5	学校（或学院、系）对教师的考核方法对使用网络教学系统的教师来说是有利的	

（九）促进条件

促进条件是指教师在使用网络教学系统时感到的支持。促进条件的概念基础是 TRA 的行为控制感。Venkatesh 等人在提出 UTAUT 时，将行为控制感、相容性和 Thompson 等人提出的促进条件[②]综合成一个因素。Thompson 等人的研究采用了 3 个题项来测量促进条件："在选择系统时得到的指导、专门的培训、在遇到困难时可得到特定个人（或群体）的帮助。" Venkatesh 等人的 UTAUT 研究用了 4 个题项测量促进条件："具有使用系统必需的资源、具备使用系统必需的知识、系统与我使用的其他系统不兼容、遇到困难时可获得特定个人（或群体）的帮助。"其中"系统与我使用的其他系统不相容"实际上是测量的相容性感知。[③] Park 测量的是

---

① Lewis, W., Agarwal, R. & Sambamurthy, V., *"Sources of Influence on Beliefs about Information Technology Use: an Empirical Study of Knowledge Workers"*, *MIS Quarterly*, Vol. 27, 2003, pp. 657 – 678.

② Thompson, R. L., Higgins, C. A. & Howell, J. M., *"Personal Computing: toward a Conceptual Model of Utilization"*, *MIS Quarterly*, Vol. 15, 1991, pp. 124 – 143.

③ Venkatesh, V., Morris, M. G., Davis, G. B. and Davis, F. D., *"User Acceptance of Information Technology: Toward A Unified View"*, *Mis Quarterly*, Vol. 27, No. 3, 2003, pp. 425 – 478.

技术支持因素，其中包含了以下题项："在使用 BlackBoard 或 WebCT 遇到困难时，有可靠的技术人员支持；学校为支持利用 BlackBoard 或 WebCT 教学提供了支持材料。"① 根据本研究的研究情境，参考上述量表并进行了修改，保留了原来的基本意思。测量题项见表 5.9。

表 5.9　　　　　　　　　　　促进条件测量题项

问题编码	问题陈述	参考文献
FC1	使用网络教学系统遇到困难时，总会有技术人员帮助解决	Venkatesh et al.，2003；Thompson et al.，1991；Park，2003
FC2	学校（或学院、系）为使用网络教学系统教学提供了足够的支持材料（指导手册、相关软件、设备、工具等）	
FC3	我经常和同事交流探讨在使用网络教学系统过程中遇到的问题	
FC4	学校（或学院、系）为教师的专业发展提供了足够的支持（如时间、会议交流机会等）	
FC5	学校（或学院、系）开设的网络教学系统培训课程能帮助教师提高系统的使用能力	
FC6	我有时间使用网络教学系统开发课程	

（十）主观规范

主观规范是 TRA 理论的核心因素之一，Ajzen 将其定义为个人对重要他人认为应该或不应该执行某一行为的感知。他发展的主观规范量表包括 2 个题项："能够影响我的行为的人认为我应该执行某一行为；重要他人认为我应该执行某一行为。"② Davis 等人③、Taylor 和 Todd④⑤ 在他们的研究中均参考了这一量表。Venkatesh 和 Davis 在 TAM2 中扩展 TAM 加入主观规范因素，也使用了上面的量表，在两个时间点上测得信度分别为

---

① Park, B., *Faculty Adoption and Utilization of Web-Assisted Instruction (WAI) In Higher Education: Structural Equation Modeling (SEM)*. Ph. D. Dissertation, Florida State University, 2003.

② Ajzen, I., "*The Theory of Planned Behavior*", *Organizational Behavior and Human Decision Process*, Vol. 50, 1991, pp. 179 – 211.

③ Davis, F. D., Bagozzi, R. P. & Warshaw, P. R., "*User Acceptance of Computer Technology: A Comparison of Two Theoretical Models*", *Management Science*, Vol. 35, 1989, pp. 982 – 1003.

④ Taylor, S. & Todd, P. A., "*Understanding Information Technology Usage: A Test of Competing Models*", *Information Systems Research*, Vol. 6, No. 2, 1995, pp. 144 – 176.

⑤ Taylor, S. & Todd, P. A., "*Assessing It Usage: The Role of Prior Experience*", *MIS Quarterly*, Vol. 19, No. 4, 1995, pp. 561 – 570.

0.81 和 0.94 （Cronbach Alpha）。[①]

不同于以上研究，本研究的主观规范有两个维度，即命令性规范和解释性规范。从定义和操作化上看，上述研究对主观规范的测量等同于命令性规范。命令性规范的含义是重要他人认为我应该如何，而解释性规范的含义是因为重要他人怎么做我采取了某行为。Thompson 等人在他们的研究中使用的是社会因素的概念，在测量量表中的题项"我使用系统是因为很多同事使用"比较接近于解释性规范的意义。[②] 本研究根据定义和 Thompson 等人的做法使用了"重要他人认为使用技术效果不错"来测量解释性规范。

另外根据文献综述，以往对主观规范操作化测量存在"重要他人"指代不明的问题，为此本研究把重要他人具体化为上级领导、同事和学生。主观规范（包括命令性规范和解释性规范）的测量题项见表 5.10。

表 5.10 主观规范测量题项

主观规范类别	问题编码	问题陈述	参考文献
命令性规范	ISN1	我的上级领导认为我应该在教学中使用网络教学系统	Ajzen，1991；Venkatesh & Davis，2000；Thompson et al.，1991；Cialdini，2003
	ISN2	我的同事认为我应该在教学中使用网络教学系统	
	ISN3	我的学生认为我应该在教学中使用网络教学系统	
解释性规范	DSN1	我的上级领导认为使用网络教学系统教学效果不错	
	DSN2	我的同事认为在教学中使用网络教学系统效果不错	
	DSN3	我的学生认为使用网络教学系统学习效果不错	

① Venkatesh, V. & Davis, F. D., "*A Theoretical Extension of The Technology Acceptance Model: Four Longitudinal Field Studies*", *Management Science*, Vol. 45, No. 2, 2000, pp. 186–204.

② Thompson, R. L., Higgins, C. A. & Howell, J. M., "*Personal Computing: toward a Conceptual Model of Utilization*", *MIS Quarterly*, Vol. 15, 1991, pp. 124–143.

（十一）社会形象感知

社会形象感知的测量参考了 Moore 和 Benbasat 的创新特征测量量表①。在他们的量表中，社会形象的测量包括了三个题项："我所在组织中使用系统的人比不使用的人拥有更高的声誉；我所在组织中使用系统的人地位比较高；我所在组织中拥有系统是身份的象征。"在他们的研究中社会形象的信度值为 0.79 和 0.80。Liao 和 Lu 的研究采用了这个量表，其信度值为 0.96。② 本研究根据本研究情境对以上量表进行修改，测量题项见表 5.11。

表 5.11　　　　　　　　　　社会形象感知测量题项

问题编码	问题陈述	参考文献
IMG1	我发现，在教学中使用网络教学系统的教师比不使用的享有更高的声誉	Moore & Benbasat, 1991; Liao & Lu, 2008
IMG2	我发现，在教学中使用网络教学系统的教师比不使用的更引人注目	
IMG3	我发现，在教学中使用网络教学系统的教师更容易得到认可	

三　小范围访谈

本研究测量问卷的设计参考了以往相关实证研究文献，并结合本研究的研究情境进行了修改。在此基础上，又通过访谈发现问卷存在的问题，吸收被访谈人员的意见，对问卷进行了修正。访谈的对象包括教育技术领域专家 5 位、网络教学服务支持专家 2 位、参与网络教学的普通教师 3 位、参与网络教学的学生 2 位。访谈主要针对以下问题：（1）问卷是否符合实际背景？（2）问卷的结构是否合理？（3）问卷题项的数量是否在被试忍耐限度之内？（4）问卷题项的陈述措辞是否恰当？用词是否准确？语法表达是否合适？阅读是否顺畅？（5）问卷题项是否会导致歧义？是否包含暗示成分？（6）问卷题项有无包含或被包含关系？（7）问卷题项

---

① Moore, G. C. & Benbasat, I., "*Development of an Instrument to Measure the Perceptions of Adopting an Information Technology Innovation*", *Information Systems*, Vol. 2, No. 3, 1991, pp. 192 – 222.

② Liao, Hsiu-Li and Lu, Hsi-Peng, "*The Role of Experience and Innovation Characteristics in the Adoption and Continued Use of E-Learning Websites*", *Computers & Education*, Vol. 51, 2008, pp. 1405 – 1416.

的顺序是否合适？（8）开放题项的预留空间大小是否足够？除 1 位教师和 1 位学生通过电子邮件方式回答了提出的问题外，其他被访人员均为面对面方式，访谈时间最少的 10 分钟，最多的 1 个小时左右。有 7 位被访人员在面对面访谈前试填了问卷，时间大概在 17—25 分钟。被访人员都给予了热心的支持，所有访谈过程都非常轻松愉快。笔者在访谈时对反馈意见做了笔录。最后根据他们的访谈反馈的意见和建议，对问卷初稿的卷面排版、语言措辞、不符合日常习惯的表述、题项先后顺序等进行了修改和完善，形成了本研究的初始测量问卷。

四 问卷小范围试测

为了保证问卷的有效性，在大范围发放问卷之前首先在小范围内进行了试测。试测的对象是 B 大学的部分教师用户。通过 B 大学教育技术支持部门的网络教学后台管理服务器随机抽取 100 名教师，并获得他们的电子邮件。试测采取了网络问卷方式，采用国内一家网络调查服务供应商提供的免费网站制作了网络问卷。通过电子邮件向每位抽到的教师发出邀请信，告知他们问卷的网址，并说明保密承诺，恳请他们给本研究提供支持。共有 53 名教师填写了网络问卷，其中有效问卷 44 份，问卷有效回收率为 44%。在有效回收的问卷中，男性占 52.3%，女性占 47.7%；理工科院系的教师占 27.3%，文科和社会科学院系的教师占 72.7%；副教授以上职称占 66%，讲师占 34%；试验使用的教师占 16%，正式使用的教师占 84%。

以下内容报告各研究变量测量的信度和效度及最终问卷的形成。

五 信度和效度分析

各研究变量的信度和效度分析采用了结构方程模型分析方法，通过对各潜在变量测量模型的检验实现，分析工具为 AMOS 17.0。根据中国台湾学者吴明隆的建议①，选择观测变量的项目信度、潜在变量的组合信度、潜在变量的平均方差抽取量三个常用指标进行评估，各指标检验结果的分述如下：

观测变量（单个题项）信度（Individual item reliability）：观测变量即

①　吴明隆：《结构方程模型——Amos 的操作与应用》，重庆大学出版社 2009 年版。

变量的各测量题项,此指标用来评估观测变量对其所属潜在变量的因素负荷量,通常要求在 0.5 以上,以大于 0.71 为最理想,同时每个因素负荷量应具统计显著性。表 5.12 显示,使用水平变量的 SYCD-GL 维度不具有显著性($p > 0.05$),考虑删除;另外,有用性感知变量的 PU7 观测项因素负荷为 0.416,易用性感知变量的 PEU4 因素负荷为 0.407,相容性感知变量的 PC1 因素负荷为 0.360,组织承诺变量的 OC5 因素负荷为 0.427,持续使用意向变量的 CUI4 因素负荷为 0.405,以上观测变量均未达到 0.5,但考虑到分析样本较少,并且所反映潜在变量的组合信度均达到理想,多数潜在变量的平均方差提取值也是可接受的(见下文),因此决定在最终问卷中这些题项暂予以保留。其他观察变量的因子负荷在 0.500—0.977 之间,符合 Hair 等人的建议值[①]。整体而言,是较理想的结果。

潜在变量的组合信度(composite reliability):潜在变量即观测变量所反映的因素。组合信度指标主要是评估潜在变量测量指标的内部一致性,组合信度值越大表示这些测量指标的内部一致性越高。吴明隆建议其标准值应在 0.6 以上,若潜在变量的组合信度越高,则表示其观测变量越能测出该潜在变量[②]。从表 5.12 得知,各潜在变量的组合信度值在 0.724—0.913 之间,均超过了 0.6,表示各潜在变量测量模型的内部一致性良好。

表 5.12　　　　　　　　测量模型各变量的信度、效度分析表

潜在变量	观测变量的信度				组合信度	平均变异抽取量
	观测变量	因子负荷量		P 值		
		修正前	修正后			
有用性感知	PU1	0.879	—	***	0.867	0.494
	PU2	0.666	—	***		
	PU3	0.740	—	***		
	PU4	0.815	—	***		
	PU5	0.736	—	***		
	PU6	0.561	—	***		
	PU7	0.416	—	**		

---

① Hairs, J. F., R. E. Anderson, R. L. Tatham and W. C. Black, *Multivariate Data Analysis.* New York: Macmillan, 1998.

② 余泰魁、杨淑斐、陈慧珠:《网路教学接受度之因果模式建构——以某科技大学网路教学实证》,《资讯管理展望》2003 年第 1 期,第 80—100 页。

续表

潜在变量	观测变量	观测变量的信度			组合信度	平均变异抽取量
		因子负荷量		p 值		
		修正前	修正后			
易用性感知	PEU1	0.903	—	**	0.805	0.525
	PEU2	0.826	—	***		
	PEU3	0.662	—	***		
	PEU4	0.407	—	**		
相容性感知	PC1	0.360	—	*	0.789	0.453
	PC2	0.595	—	**		
	PC3	0.799	—	***		
	PC4	0.943	—	***		
	PC5	0.503	—	*		
自我效能	SE1	0.611	—	***	0.864	0.521
	SE2	0.722	—	***		
	SE3	0.834	—	***		
	SE4	0.500	—	**		
	SE5	0.751	—	***		
	SE6	0.850	—	***		
个人创新性	PI1	0.785	—	***	0.795	0.570
	PI2	0.865	—	***		
	PI3	0.587	—	***		
制度承诺	OC1	0.698	—	***	0.792	0.449
	OC2	0.639	—	***		
	OC3	0.937	—	***		
	OC4	0.538	—	***		
	OC5	0.427	—	**		
促进条件	FC1	0.834	—	***	0.863	0.514
	FC2	0.702	—	***		
	FC3	0.700	—	***		
	FC4	0.729	—	***		
	FC5	0.719	—	***		
	PC6	0.595	—	***		

续表

潜在变量	观测变量的信度				组合信度	平均变异抽取量
	观测变量	因子负荷量		p 值		
		修正前	修正后			
主观规范	ISN1	0.834	—	***	0.852	0.493
	ISN2	0.785	—	***		
	ISN3	0.691	—	***		
	DSN1	0.581	—	***		
	DSN2	0.655	—	**		
	DSN3	0.636	—	***		
社会形象感知	IMG1	0.940	—	***	0.913	0.779
	IMG2	0.906	—	***		
	IMG3	0.795	—	***		
持续使用意向	CUI1	0.977	—	***	0.879	0.661
	CUI2	0.956	—	***		
	CUI3	0.781	—	**		
	CUI4	0.405	—	***		
使用水平	SYPD	0.540	0.541	**	0.724 (修正后)	0.402 (修正后)
	SYCD-ZL	0.753	0.752	***		
	SYCD-JL	0.501	0.500	**		
	SYCD-GL	0.291	删除	0.146		
	JiaoS	0.703	0.708	**		

注：*** 表示 $p < 0.001$；** 表示 $p < 0.01$；* 表示 $p < 0.05$；—表示未作修正。

潜在变量的平均方差抽取量（average variance extracted）：此指标反映潜在变量的各观测变量对该潜在变量的平均方差的解释力。该指标值越高，则表示潜在变量的信度和收效效度越高，Fornell 和 Larcker（1981）建议其标准值须大于0.5。表5.12显示，在研究模型的各变量中，除有用性感知（0.494）、相容性感知（0.453）、制度承诺（0.449）、主观规范（0.493）、使用水平（0.402）没有达到理想的建议值外，其他均在0.521—0.779，符合建议标准。因为未达到建议值的变量多数比较接近0.5，再综合考虑组合信度理想和样本较少缘故，本研究决定暂保留这些变量的测量题项，正式数据收集后再进一步对信度和效度进行检验。

六 最终问卷形成

通过上述对信度和效度的分析可以看出，大多数研究变量具有良好的信度和效度，测量题项可接受；少数研究变量的平均方差提取值不佳或观测指标项目信度欠佳，因考虑到样本量较少，组合信度又达到了建议值，决定在最终问卷中保留这些变量的测量题目，在大规模数据收集起来后，再做一次信度和效度分析，以保证模型检验数据的有效性。

最终问卷除上述 11 个变量的测量题项作为主体部分外，还增加了用于描述统计分析的人口统计学及使用情况等其他一些题项，包括性别、年龄、职称、学科背景、所在院系、经验、使用系统的自愿性、对系统使用的态度和满意度、使用网络教学系统后教学活动要素产生的变化等。最后是 3 个开放问题，包括成功使用网络教学方式和促进条件、阻碍因素和建议。这样，最终问卷的结构如表 5.13 所示，详细问卷见附录 A。

表 5.13　　　　　　　　　　　　　最终问卷题项结构

变量或项目	测量题项数
有用性感知	7
易用性感知	4
相容性感知	5
自我效能	6
个人创新性	3
组织承诺	5
促进条件	6
主观规范	6
社会形象感知	3
持续使用意向	4
使用水平	3
人口统计学项目	5
使用情况等	4
开放题目	3
总计	64

第三节　正式问卷调查

一　样本选择及大小

本研究关注的是高校组织内教师对网络教学系统接受与采纳情况，用来检验研究模型中的所有假设。根据第五章第一节中讨论的标准，本研究选择了 5 所高校作为数据收集的场所，它们分别是 B 大学（教育部部属研究型综合大学）、S 大学和 Y 大学（省属教学研究型师范大学）、L 大学（省属多校区教学型综合大学）和 J 学院（省属职业技术学院）。这 5 所学校均引进 BlackBoard 网络教学系统并作为全日制在校生混合教学支持系统 1 年以上，这保证了 5 所学校数据的可比性。本研究的调查对象为 5 所高校中正式使用或试验使用学校引进的 BlackBoard 系统作为日常教学的辅助或支持工具的教师。

关于样本的大小。本研究采用结构方程模型分析方法对数据进行分析，这种分析方法适用于较大样本的分析，取样样本数越多，结构方程模型分析的稳定性与各种指标的适用性越佳。一般来说，大于 200 的样本称为一个中型样本，如果追求稳定的分析结果，被试样本数最好在 200 以上。[1] Bentler 和 Chou（1987）认为，如果研究的变量符合正态分布或椭圆分布，则每个观察变量 5 个样本就足够了；如果是其他分布，则每个变量最好在 10 个样本之上。[2] 考虑到结构方程模型的绝对适合度指数卡方值对样本大小的敏感性，Schumacker 和 Lomax 提供的参考值为 200—500[3]。本研究将所有假设分为 4 个模型进行检验，其中观测变量最多的模型 3 有 28 个观测变量，按照以上建议，样本数在 280—500 为最佳。

二　数据收集

根据所选择的 5 所院校的不同情况和数据获取的便利性，在各学校进行数据收集时采用了不同的方式。具体如下：

在 B 大学，主要采用了网络调查方式。首先在国内一家网络调查服

---

① 吴明隆：《结构方程模型——Amos 的操作与应用》，重庆大学出版社 2009 年版。
② 黄芳铭：《结构方程模式：理论及应用》，中国税务出版社 2005 年版。
③ 吴明隆：《结构方程模型——Amos 的操作与应用》，重庆大学出版社 2009 年版。

务商网站注册，设计了本研究的调查问卷网页。然后与 B 大学网络教学支持部门取得联系，征得同意后在有关人员的帮助下，从网络教学系统管理后台根据本研究的需要随机抽取了 365 位教师，并获得他们的电子信箱。通过各位教师的电子信箱发函提出邀请，并说明保密承诺，告知问卷填写的网络地址。为了提高问卷率，一是说明了研究对学校教学促进的重要性；二是总结了教师们的作息时间规律，把握好发电子邀请函的时机；三是采取在电子邮件中直接提供链接点击进入调查网页；四是在第一次邀请函发出 2 周后，再次发函提醒。期间有 5 位教师反映网站登录困难，为此在询问他们的方便填写方式后，采取登门送上印刷版问卷或电子版邮箱传送的方式，获得了填写的问卷。有 3 位教师来信说正在国外访学，登录网站困难没有填写问卷；有 1 位教师反映已退休，要求不再填写问卷；1位教师来信说生病住院没有填写问卷；另有 1 位教师来信表示对网络教学的不认同，拒绝填写问卷。最终在 B 大学共收回问卷 160 份，回收率达 44%。

在 S 大学采用了印刷问卷填写方式。首先通过学校网络教学支持部门根据本研究的需要随机抽取 100 名教师名单。然后在相关部门的帮助下雇请专门人员送至教师所在单位办公室，通过他们找到被试帮助填写。印刷问卷说明了研究的重要性和保密承诺，并附加了一份邀请填写的简单说明。最后共收回问卷 51 份，回收率为 51%。

在 Y 大学综合了以上两种方式，向 100 名教师发出电子信函邀请参加网络调查，共有 36 名教师通过网络填写了问卷；另外发放印刷版问卷100 份，有 44 位填写了问卷。最终总共回收了 80 份，回收率为 40%。

在 J 大学，通过学校主管部门向全校所有在日常教学中使用或试验用使用网络教学系统的教师发放了印刷版问卷，并采用了集中填写方式。共收回问卷 245 份。

在 L 大学采取了印刷问卷填写方式。该大学是一个多校区院校，共有 10 个分院分居所在城市的不同校区。在学校有关负责同志的帮助下，共得到 6 个学院（或部门）许可帮助完成调查，并兼顾到了文、理等多个学科。总共发放问卷 240 份，回收 136 份，回收率为 57%。

以上问卷调查时间从 2010 年 5—2011 年 1 月，每所学校的调查时间均在一个月左右。5 所学校共收回问卷 672 份，剔除不完整或极端问卷后，共获得 592 份有效问卷，可满足对研究模型进行分析的需要。

第四节　样本特征分析

一　样本描述统计

(一) 性别统计

从表 5.14 可以看出，研究样本包括男性被试 210 人，占 35.5%；女性被试 382 人，占 64.5%，远多于男性被试。

表 5.14　　　　　　　　　　调查样本的性别分布

性别	频次	百分比（%）	累计百分比（%）
男	210	35.5	35.5
女	382	64.5	100
合计	592	100	

(二) 年龄统计

表 5.15 显示，在研究样本中，50 岁及以下者占总样本的 92.6%，说明在调查学校网络教学系统的使用者中中青年教师占绝大多数，其中 30 岁及以下的被试有 96 人，占总样本的 16.2%；31—40 岁的有 265 人，占总样本的 44.8%；41—50 岁的有 187 人，占总样本的 31.6%。51 岁及以上者只占到总样本的 7.4%，这其中 51—60 岁者 41 人，占总样本的 6.9%；61 岁及以上者仅有 3 人，占总样本的 0.5%。表明中青年教师倾向于接受新型教育技术，符合目前我国高校的实际情况。

表 5.15　　　　　　　　　　研究样本年龄分布

年龄范围	频次	百分比（%）	累计百分比（%）
30 岁及以下	96	16.2	16.2
31—40 岁	265	44.8	61.0
41—50 岁	187	31.6	92.6
51—60 岁	41	6.9	99.5
61 岁及以上	3	0.5	100
合计	592	100	

（三）学校来源统计

从表 5.16 显示的研究样本所在学校分布来看，B 大学有 148 人，占总样本的 25.0%；S 大学 49 人，占总样本的 8.3%；Y 大学 74 人，占总样本的 12.5%；L 大学 122 人，占总样本的 20.6%；J 大学 199 人，占总样本的 33.6%。5 所大学中，B 大学为教育部部属研究型综合大学；S 大学和 Y 大学均为省属教学研究型师范大学；L 大学为省属教学型多校区综合大学；J 大学为省属高等职业技术院校。5 所大学基本上代表了 4 种大学类型，这 4 类大学的样本占总样本的比例分别是 25.0%、21.8%、20.6%、33.6%，样本的分布比较均匀。

表 5.16   **研究样本所在学校分布**

来源学校	频次	百分比（%）	累计百分比（%）
B 大学	148	25.0	25.0
S 大学	49	8.3	33.3
Y 大学	74	12.5	45.8
L 大学	122	20.6	66.4
J 大学	199	33.6	100
合计	592	100	

（四）职称统计

表 5.17 显示，绝大多数被试为讲师和副教授职称，占到样本总数的 78.1%，其中讲师 254 人，占总样本的 42.9%；副教授 209 人，占总样本的 35.3%。此外，教授、助教和其他职称人员共计 129 人，占总样本的 21.9%。这个比例和当前我国大学中的教师职务结构基本是一致的。

表 5.17   **研究样本的职称分布**

职称	频次	百分比（%）	累计百分比（%）
教授	63	10.6	10.6
副教授	209	35.3	45.9
讲师	254	42.9	88.9
助教	51	8.6	97.5
其他	15	2.5	100
合计	592	100	

（五）学科背景统计

从表 5.18 可以看出，在所有被试中，具有工学、文学、理学学科背景者占大多数，分别占总样本的 29.1%、22.0% 和 20.1%，这和这 3 个学科涵盖的专业范围较多不无联系。其次是具有管理学、教育学、经济学背景者，均占总样本的 7.8%。法学、哲学和政治学、历史学、社会学及其他学科背景者所占比例较少，这种现象一方面和这些学科背景的教师接触技术较少有关，另一方面是和被试来源学校的专业设置和规模有关。在所有被试中，具有人文和社会科学背景的占 54.8%，理工学科背景的占 49.2%，其中多学科背景的有 39 人，占总样本的 6.6%。可以看出，样本在两大学科背景的分布是比较均匀的，也基本符合现实情况。

表 5.18　　　　　　　　　　研究样本的学科背景分布

学科	频次	百分比（%）
工学	172	29.1
文学	130	22.0
理学	119	20.1
管理学	46	7.8
教育学	46	7.8
经济学	46	7.8
法学	27	4.6
哲学和政治学	13	2.2
历史学	12	2.0
社会学	5	0.8
其他	12	2.0

总计：人文和社会科学占 54.8%，理工学科占 49.2%（不包括其他项）；其中多个学科背景的 39 人，占 6.6%。

（六）系统使用的自愿性统计

表 5.19 表明，在所有被试中，有 267 人表示自己是自愿使用组织引进的网络教学系统的，占总样本的 45.1%；有 308 人表示自己使用网络教学系统的原因是所在学校（或院、系）要求必须使用，占总样本的 52.0%；有 17 人没有报告他们这方面的情况，占总样本的 2.9%。这从一个侧面反映了被试在教学中使用技术的不同动机。

表 5.19　　　　　　　　研究样本系统使用的自愿性统计

自愿性	频次	百分比（%）	累计百分比（%）
自愿	267	45.1	45.1
强制	308	52.0	97.1
缺失值	17	2.9	100
合计	592	100	

（七）系统使用的经验统计

从表 5.20 可以看出，约有 2/3 的被试（376 人，占总样本的 63.5%）报告在使用学校引进的网络教学系统之前，有过使用博客、电子邮件、BBS、Moodle 等辅助教学的经验；另约有 1/3 的被试（202 人，占总样本的 34.1%）报告之前从没有这方面的经验。

表 5.20　　　　　　　　研究样本系统使用的经验统计

经验	频次	百分比（%）	累计百分比（%）
有	376	63.5	63.5
无	202	34.1	97.6
缺失值	14	2.4	100
合计	592	100	

（八）系统使用阶段统计

表 5.21 显示了被试所处的技术使用阶段。在研究样本中，有 180 人报告处于决策阶段，他们已经开通了网络教学系统的账户，正在学习如何使用，但还没有正式用于教学，这部分人占样本总数的 30.4%；另有 412 人报告他们已在教学中正式使用系统，处于确认阶段，这部分人占总样本的 69.6%。两类样本的数量可满足数据分析差异比较的要求。

表 5.21　　　　　　　　研究样本的系统使用阶段分布

使用阶段	频次	百分比（%）	累计百分比（%）
决策阶段	180	30.4	30.4
确认阶段	412	69.6	100
合计	592	100	

（九）技术在教学中的角色

表 5.22 显示，在处于正式使用阶段的 412 位被试中，有半数（50.0%）报告网络教学系统在他们的教学中只是起补充性作用；有 1/3 的人报告网络教学系统在他们的教学中扮演支持角色；只有少量被试（69 人，占 16.7%）报告在他们的日常教学活动中，无论是教师还是学生都会很自然地使用网络教学系统进行教学或学习，对他们来说，网络教学系统已成为教学的有机组成部分。可见，对于已在教学中正式使用网络教学系统的教师来说，大多数没有达到常规化状态，确实有可能面临是否继续使用的选择，技术真正地融入教学还有待时日。

表 5.22　　　　　　　技术在教学中的角色统计（正式使用阶段）

技术角色	频次	百分比（%）	累计百分比（%）
补充	206	50.0	50.0
支持	137	33.3	83.3
融合	69	16.7	100
合计	412	100	

（十）技术使用对教学结构的影响

表 5.23 显示了研究样本认为使用网络教学系统将引起教学结构的变化。可以看出，85% 以上的被试都明确表示，网络教学系统的使用会产生或多或少的变化。认为教学结构元素的教学目标、教学内容、教学过程、教学角色、学生角色、媒体（网络）依赖程度有中等以上变化的被试占总样本的百分比在 18.8%—51.1%，其中认为媒体（网络）依赖程度、师生角色和教学过程有中等程度以上变化的占到了 42% 以上。从各个结构元素变化的平均数和标准差来看，以媒体（网络）依赖程度为最高，其次分别是教学过程、学生角色和教师角色，教学目标变化不大，但也有变化。通过与使用水平数据的粗略比较发现，总体来说使用水平越高，教学结构的变化越大。

表 5.23　　　　　　　技术对教学结构的影响

变化程度	教学目标 人数,%	教学内容 人数,%	教学过程 人数,%	教师角色 人数,%	学生角色 人数,%	网络依赖程度 人数,%
没有变化	293，49.5	193，32.6	101，17.1	138，23.3	131，22.1	77，13

续表

变化程度	教学目标 人数,%	教学内容 人数,%	教学过程 人数,%	教师角色 人数,%	学生角色 人数,%	网络依赖程度 人数,%
稍有变化	105，17.7	134，22.6	138，23.3	139，23.5	141，23.8	123，20.8
中等变化	64，10.8	105，17.7	136，23.0	122，20.6	122，20.6	121，20.4
较大变化	36，6.1	52，8.8	93，15.7	87，14.7	95，16.0	109，18.4
很大变化	11，1.9	27，4.6	44，7.4	44，7.4	38，6.4	73，12.3
不确定	83，14.0	81，13.7	80，13.5	62，10.5	65，11.0	89，15.0
累计	592，100	592，100	592，100	592，100	592，100	592，100
平均数	1.76	2.19	2.69	2.55	2.56	2.96
标准差	1.06	1.20	1.22	1.26	1.24	1.28

二　被试对各因素的认知差异

（一）性别差异

由表5.24可知，在被调查教师中，个人创新性、主观规范（包括命令性规范和解释性规范）、持续使用意向存在着显著的性别差异。男性教师的个人创新性、主观规范认同、持续使用意向高于女性教师。而对有用性感知、易用性感知、相容性感知、自我效能、社会形象感知、制度承诺和促进条件等7个因素的认知不存在显著性别差异。

（二）学科差异

表5.25显示了不同学科的被试对各因素的认知变异数ANOVA分析结果。可以发现，人文和社会科学教师被试与理工学科被试对有用性、易用性和自我效能的认知存在显著差异，人文和社会科学被试对有用性的认同程度高于理工学科被试；而理工学科被试对易用性认同和自我效能要高于人文和社会科学被试，即理工学科被试认为技术更容易，对使用系统的信心较高。除这三个因素之外，其他均不存在显著的学科差异。此外，人文和社会科学、理工学科与多学科背景被试对各因素的认知也不存在显著差异。

（三）学校差异

表5.26显示了不同学校的被试教师对各因素认知情况的ANOVA分析结果。可以看出，在对各因素的认知上，研究型大学和教学研究型大学

的教师之间一般不存在显著差异，而研究型大学、教学研究型大学与教学型大学、高职学院之间，教学型大学与高职学院之间存在显著差异的因素较多，且前者对各因素的认同程度显著高于后者。

表 5. 24　　　　　　　　不同性别组间各变量变异数统计（T 检验）

变量	性别	均值	标准差	标准误差	t 值
有用性感知	男	3.6958	0.74570	0.05158	0.634
	女	3.6574	0.62031	0.03174	
易用性感知	男	3.3270	0.84287	0.05830	1.926
	女	3.1894	0.82356	0.04214	
相容性感知	男	3.4163	0.85424	0.05909	1.471
	女	3.3128	0.79676	0.04077	
自我效能	男	3.9091	0.65757	0.04549	1.454
	女	3.8316	0.59794	0.03059	
个人创新性	男	3.4386	0.64680	0.04474	3.136 **
	女	3.2679	0.62473	0.03196	
命令性规范	男	3.3285	0.68911	0.04767	3.337 ***
	女	3.1414	0.57793	0.02957	
解释性规范	男	3.3349	0.72538	0.05018	2.496 *
	女	3.1911	0.55375	0.02833	
社会形象感知	男	3.0494	0.79206	0.05479	0.881
	女	2.9930	0.71761	0.03672	
制度承诺	男	3.5311	0.66726	0.04616	0.500
	女	3.5052	0.56152	0.02873	
促进条件	男	3.3054	0.74133	0.05128	1.187
	女	3.2317	0.71137	0.03640	
持续使用意向	男	3.6447	0.83041	0.05744	2.496 *
	女	3.4738	0.77652	0.03973	

注：* 代表显著性概率 $p < 0.05$，** 代表 $p < 0.01$，*** 代表 $p < 0.001$。

表 5. 25　　　　不同学科组间各变量变异数分析（ANOVA）摘要表

变量	Mean Square	F	Sig.	事后检验（0.05）
有用性感知	1.667	3.771	0.024	(1—2)；1 > 2
易用性感知	1.831	2.652	0.071	(1—2)；2 > 1

变量	Mean Square	F	Sig.	事后检验（0.05）
相容性感知	1.795	2.686	0.069	
自我效能	3.197	8.516	0.000	(1—2)；2＞1
个人创新性	0.637	1.574	0.208	
命令性规范	1.261	3.235	0.040	
解释性规范	0.308	0.791	0.454	
社会形象感知	0.116	0.208	0.812	
制度承诺	0.315	0.872	0.419	
促进条件	1.333	2.561	0.078	
持续使用意向	0.569	0.886	0.413	

注：1代表人文和社会科学，2代表理工学科。

表5.26　　不同学校组间各变量变异数分析（ANOVA）摘要表

变量	Mean Square	F	Sig.	事后检验（0.05）
有用性感知	9.929	26.122	0.000	(B-J, Y-J, S-J, Y-L, S-L, J-L)；B＞J, Y＞J, S＞J, L＞J, Y＞L, S＞L
易用性感知	7.750	12.023	0.000	(B-J, Y-J, S-J, S-L)B＞J, Y＞J, S＞J, L＞J, S＞L
相容性感知	11.874	20.017	0.000	(B-J, Y-J, S-J, L-J, B-L, S-L)B＞J, Y＞J, S＞J, L＞J, B＞L, S＞L
自我效能	3.321	9.106	0.000	(B-J, Y-J, S-J)B＞S, Y＞J, S＞J
个人创新性	1.625	4.083	0.003	(B-J)；B＞J
命令性规范	5.910	16.721	0.000	(B-J, Y-J, S-J, J-L)；B＞J, Y＞J, L＞J
解释性规范	3.484	9.489	0.000	(Y-J, S-J, J-L)；Y＞J, S＞J, L＞J
社会形象感知	2.314	4.267	0.002	(B-Y, Y-J)；Y＞B, Y＞J
制度承诺	1.732	4.930	0.001	(B-S, S-J)；S＞B, S＞J
促进条件	4.265	8.595	0.000	(B-J, Y-J, Y-L, S-J, S-L)；B＞J, Y＞J, S＞J, S＞L
持续使用意向	14.584	26.810	0.000	(B-J, Y-J, S-J, B-L, J-L)；B＞J, Y＞J, S＞J, B＞L, L＞J

注：B大学为研究型大学，S大学和Y大学为教学研究型大学，L大学为教学型大学，J学院为高职院校。

（四）经验差异

表 5.27 为有网络教学经验和没有网络教学经验的被试对各因素的认知差异的比较。可以看出，有经验的被试和没有经验的被试在相容性感知、自我效能、个人创新性、持续使用意向上存在显著差异。有经验的被试更认为在教学中使用网络教学系统与自己的需求和教学风格相容，其自我效能、个人创新性也高于没有经验的被试，并且他们的持续使用意向更强烈。在其他因素上有无经验没有显著性差异。

表 5.27 　　　　　　　不同经验组间各变量变异数（T 检验）统计

变量	经验	均值	标准差	标准误差	t 值
有用性感知	有	3.6968	0.67349	0.03478	0.948
	无	3.6421	0.63477	0.04466	
易用性感知	有	3.2498	0.84483	0.04363	0.374
	无	3.2228	0.79481	0.05592	
相容性感知	有	3.4213	0.81090	0.04187	2.439 *
	无	3.2500	0.79371	0.05585	
自我效能	有	3.9284	0.60018	0.03099	3.621 ***
	无	3.7368	0.61774	0.04346	
个人创新性	有	3.3813	0.61672	0.03185	2.761 **
	无	3.2294	0.65553	0.04612	
命令性规范	有	3.2382	0.58918	0.03043	1.232
	无	3.1716	0.67181	0.04727	
解释性规范	有	3.2578	0.60738	0.03136	0.616
	无	3.2244	0.64408	0.04532	
社会形象感知	有	2.9893	0.73968	0.03820	- 1.521
	无	3.0875	0.73794	0.05192	
制度承诺	有	3.5243	0.59483	0.03072	0.105
	无	3.5188	0.58924	0.04146	
促进条件	有	3.2831	0.72990	0.03769	0.902
	无	3.2269	0.68352	0.04809	
持续使用意向	有	3.6167	0.81731	0.04221	2.792 **
	无	3.4245	0.73229	0.05152	

注：* 代表显著性概率 $p < 0.05$，** 代表 $p < 0.01$，*** 代表 $p < 0.001$。

（五）采纳阶段差异

表 5.28 显示，不同采纳阶段（决策阶段和确认阶段）的被试在各个因素上均存在显著差异，并且对各因素的认同程度均为确认阶段高于决策阶段。

表 5.28　　　　　不同采纳阶段组间各变量变异数（T 检验）统计

变量	采纳阶段	均值	标准差	标准误差	t 值
有用性感知	确认	3.7902	0.63029	0.03105	6.843 ***
	决策	3.3966	0.66981	0.05006	
易用性感知	确认	3.3617	0.81716	0.04026	5.619 ***
	决策	2.9534	0.79853	0.05968	
相容性感知	确认	3.5061	0.74110	0.03651	7.373 ***
	决策	2.9888	0.87402	0.06533	
自我效能	确认	3.9199	0.61118	0.03011	3.660 ***
	决策	3.7188	0.61991	0.04633	
个人创新性	确认	3.4102	0.61895	0.03049	4.831 ***
	决策	3.1397	0.64068	0.04789	
命令性规范	确认	3.3026	0.59340	0.02923	5.755 ***
	决策	2.9888	0.64371	0.04811	
解释性规范	确认	3.3163	0.59826	0.02947	4.473 ***
	决策	3.0708	0.64667	0.04833	
社会形象感知	确认	3.0785	0.69606	0.03429	3.056 **
	决策	2.8622	0.87842	0.06192	
制度承诺	确认	3.5733	0.59008	0.02907	3.656 ***
	决策	3.3788	0.60429	0.04517	
促进条件	确认	3.3710	0.69028	0.03401	5.946 ***
	决策	2.9972	0.72894	0.05448	
持续使用意向	确认	3.7008	0.74798	0.03685	8.094 ***
	决策	3.1508	0.78407	0.05860	

注：* 代表显著性概率 $p < 0.05$，** 代表 $p < 0.01$，*** 代表 $p < 0.001$。

三　被试群体聚类分析

通过上文的被试对各因素认知情况的分析发现，不同性别、不同学科、不同学校、有无经验、不同采纳阶段的教师在某些因素的认知上存在显著的差异。因此，对被试进行聚类分析识别出有意义的、具有不同特征的群组，对于更深入地了解教师对四类因素的认知特点，从而针对不同群组分类实施不同对策具有非常重要的意义。

以下将根据被试对有用性感知、易用性感知、相容性感知、自我效能、个人创新性、主观规范（包括命令性规范和解释性规范）、社会形象感知、制度承诺、促进条件和持续使用意向等的反馈数据，分别对处于决策阶段和确认阶段的被试进行聚类分析。

聚类分析的方法有两种：分层聚类分析法（Hierarchical Cluster Analysis）与 K-均值聚类分析法（K-means Clustering）。如果样本量较大或衡量变量较多，宜采用 K-均值分析法，因为观测值数量太多，冰柱图和树形图两种差别图形在呈现时会过于分散，不易阅读和解释（吴明隆，2000）。本研究的样本量和变量都较多，因此采用 K-均值聚类分析法。经过探索分析发现，采用三个中心的聚类分析较为合适。在聚类分析的同时，还采用单因素方差分析（One-Way ANOVA）对各因素在分类中的贡献度进行了考察，以决定各因素是否适合进行聚类分析。以下报告分析结果。

（一）决策阶段教师聚类分析

表 5.29 显示，各因素在单因素方法分析中的 p 值（Sig.）均小于 0.05，可以认为各因素对聚类结果存在显著差异，在聚类分析时全部予以保留。

表 5.29　　　　　　　　单因素方差分析摘要表（决策阶段）

	Cluster		Error		F	Sig.
	Mean Square	df	Mean Square	df		
有用性感知	16.657	2	0.264	176	62.988	0.000
易用性感知	11.322	2	0.263	176	43.009	0.000
相容性感知	43.488	2	0.278	176	156.196	0.000
自我效能	8.474	2	0.292	176	28.987	0.000
个人创新性	10.164	2	0.300	176	33.920	0.000
命令性规范	18.114	2	0.213	176	84.954	0.000
解释性规范	15.816	2	0.243	176	65.034	0.000
社会形象感知	25.450	2	0.405	176	62.861	0.000
制度承诺	12.435	2	0.228	176	54.535	0.000

续表

	Cluster		Error		F	Sig.
	Mean Square	df	Mean Square	df		
促进条件	20.609	2	0.303	176	67.968	0.000
持续使用意向	33.901	2	0.237	176	143.344	0.000

对决策阶段被试的聚类分析结果如表 5.30 所示，表中数据值越高，表明被试对该因素的认同程度越高，3 表示中间程度。

根据每一类被试对各因素的认知特征，将决策阶段的教师被试分为以下三类：

（1）拒绝者。这一群体拒绝在教学中采纳网络教学系统。他们认为网络教学系统不能满足自己的教学需要，使用网络教学系统与自己的教学风格相冲突，对网络教学系统教学上的益处认识不足。网络教学系统对这些人来说尚有很大的技术门槛，他们感到很难在教学中掌握系统的使用。他们抱怨学校没有对网络教学提供足够的或有效的技术支持和专业发展培训，缺乏必要的网络教学资源、时间以及制度上的支持。他们不认为采用网络教学有助于提高自己的声誉，与他们经常交流的同伴、领导和学生往往是对网络教学具有负面看法的，这些周围群体一般也不赞同他们在教学中采用网络教学。相对来说，这一教师群体的个人创新性和自我效能也较低。在决策阶段的被试中，拒绝者约占 17%。

表 5.30　　　　　　　　　　**最终聚类中心表（决策阶段）**

	聚类		
	1	2	3
有用性感知	2.62	3.29	3.86
易用性感知	2.23	2.72	3.23
相容性感知	1.82	2.77	3.77
自我效能	3.18	3.64	4.05
个人创新性	2.72	2.94	3.56
命令性规范	2.16	2.91	3.46
解释性规范	2.33	2.96	3.53
社会形象感知	1.74	2.91	3.30
制度承诺	2.69	3.31	3.76

续表

	聚类		
	1	2	3
促进条件	2.08	2.94	3.48
持续使用意向	1.92	3.12	3.73

（2）观望者。这一群体在是否采纳网络教学系统上的态度犹豫不决。他们对网络教学系统在教学上的作用有了初步的认识，但仍然感到与自己习惯了的教学方式不适应，使用网络教学系统对他们来说尚有一定难度。他们对学校对网络教学的制度认可有一定了解。这部分教师往往很少与同事、领导和学生交流或很少与他们谈论网络教学事宜。在决策阶段的被试中，观望者约占45%。

（3）转化者。这一群体形成了采纳网络教学系统的初步打算，很有可能成为正式教学中的采用者。他们的一个最重要的特点是具有很高的自我效能和一定的创新性，对网络教学系统的益处有了相当的认识，并初步体会到网络教学系统可以满足自己的一些教学需要，且较适合自己的教学方式。与他们经常交流的同事、领导和学生对网络教学的态度基本上是积极的，同时他们也感受到了学校对网络教学的制度认可。在决策阶段的被试中，转化者约占38%。

（二）确认阶段教师聚类分析

表5.31显示，各因素在单因素方法分析中的p值（Sig.）均小于0.05，可以认为各因素对聚类结果存在显著差异，在聚类分析时全部予以保留。

表5.31　　　　　　　　单因素方差分析摘要表（确认阶段）

	Cluster		Error		F	Sig.
	Mean Square	df	Mean Square	df		
有用性感知	39.997	2	0.204	409	196.422	0.000
易用性感知	51.848	2	0.417	409	124.193	0.000
相容性感知	56.656	2	0.275	409	206.115	0.000
自我效能	10.583	2	0.324	409	32.703	0.000
个人创新性	11.582	2	0.328	409	35.273	0.000

	Cluster		Error		F	Sig.
	Mean Square	df	Mean Square	df		
命令性规范	29.075	2	0.212	409	137.361	0.000
解释性规范	24.769	2	0.239	409	103.831	0.000
社会形象感知	23.969	2	0.370	409	64.841	0.000
制度承诺	22.941	2	0.238	409	96.509	0.000
促进条件	37.464	2	0.296	409	126.735	0.000
持续使用意向	48.191	2	0.327	409	147.573	0.000

对确认阶段被试的聚类分析结果如表 5.32 所示，表中数据值越高，表明被试对该因素的认同程度越高，3 表示中间程度。

表 5.32　　　　　　　　　最终聚类中心表（确认阶段）

	聚类		
	1	2	3
有用性感知	4.37	3.78	3.10
易用性感知	4.07	3.29	2.64
相容性感知	4.14	3.54	2.64
自我效能	4.29	3.81	3.73
个人创新性	3.79	3.32	3.16
命令性规范	3.84	3.24	2.77
解释性规范	3.79	3.28	2.80
社会形象感知	3.48	3.11	2.50
制度承诺	4.03	3.54	3.07
促进条件	4.00	3.27	2.81
持续使用意向	4.28	3.73	2.90

根据每一类被试对各因素的认知特征，将确认阶段的教师被试也分为三类：

（1）中止倾向者。在教学中正式使用网络教学系统一个阶段后，这一群体有中止使用的倾向。经过一段时间的正式使用，这部分教师仍然感到网络教学系统难以掌握，在系统使用遇到困难时，他们得不到及时的或有效的支持，感觉学校提供的必备资源和专业发展机会（如培训）也不能满足需要。仍然感到采用网络教学系统不适合自己的教学习惯，或感到不能实现自己在教学中的某些想法。他们往往还受到周围群体的负面态度的影响，并且没有明确地感到学校对采纳网络教学的制度认可。在确认阶段的被试中，中止倾向者约占22%。

（2）探索者。这一群体倾向于在未来教学中继续采纳网络教学系统，有可能成为网络教学系统的积极使用者，但也有可能会中止使用。他们不再像中止倾向者那样感觉系统难以掌握，经过一段时间的正式使用，初步认识到网络教学系统的益处，并初步体验到网络教学系统可满足自己的一些教学需要，较适合自己的教学方式。他们有时会与同事、领导和学生交流网络教学的情况，但交流较少。他们认为学校组织在一定程度上给予了制度上的认可和技术、资源与专业发展支持，但重视程度还有待提高。在确认阶段的被试中，探索者约占51%。

（3）积极者。这一群体非常明确地表示将在未来教学中继续采用网络教学系统。他们强烈认为网络教学系统有利于创新教学方式、实现教学目标、促进学生的学习；认为网络教学系统的使用非常容易，且符合自己的教学习惯，可实现自己的很多教学创新设想。这部分具有很高的自我效能，在个人创新性上也高出前两者不少。他们往往是对学校的制度承诺、技术和资源支持、专业发展机会提供（如培训）很满意，与他们经常交流的同事、领导和学生对网络教学的态度相对来说更积极，这部分人有时还会感受到采纳网络教学的荣誉感。在确认阶段的被试中，积极者约占27%。

第六章　模型和假设检验分析

第一节　分析方法

本研究以高校教师网络教学系统的采纳为研究背景，重点探讨影响教师采用教育技术创新的主要因素，并分析各因素对教育技术创新采纳行为的影响机制，以及比较对于不同使用阶段的教师来说这些影响作用发生了哪些变化。在对统计分析方法进行对比的基础上，最终决定采用结构方程建模（Structural Equation Modeling）作为本研究的数据分析方法。

要实现本研究的目标，有两个根本的问题需要面对：一是测量工具的信度和效度问题；二是有关变量之间的因果关系的计算和它们能解释的范畴。结构方程模型是基于变量的协方差矩阵分析变量之间关系的一种统计方法，实际上是一般线性模型（General Linear Models，GLM）的拓展，包括变量的测量模型和结构模型两部分，体现了传统的因素分析和路径分析的完美结合，可有效帮助我们解决以上两个问题。

另外，与传统的统计分析方法相比，结构方程建模具有以下优势：

（1）允许自变量和因变量含有测量误差

在传统的统计方法中，通常研究变量可直接观测，如：用指标的均值代表其反映的变量，忽略了误差的存在，而在社会科学研究中测量误差是客观存在的。结构方程建模方法将测量误差纳入模型之中，可加强模型对实际问题的解释能力。侯杰泰等（2004）学者指出，用传统的统计方法与结构方程建模方法计算变量之间的相关系数（或回归系数）可能相差很大，具体差距的大小取决于变量与其测量指标之间的关系强弱。

（2）可以同时处理多个因变量

本研究的研究模型1和模型3中包含了2个因变量，即持续使用意向和使用水平。在某种情况下，影响采纳行为的某个因素可能会同时影响两个因变量，甚至可能会通过影响其他自变量间接影响因变量，也就是说，在研究中涉及了多个自变量和多个因变量之间的关系。在传统的回归分析或路径分析中，只能同时考虑和处理一个因变量，即便在统计结果的图表中展示了多个因变量，在计算回归系数或路径系数时，仍然是对每个因变量逐一计算，而且在计算时忽略了其他因变量的存在及其影响。而结构方程建构方法可同时考虑和处理多个因变量，正好克服了这些缺点。

（3）可同时处理变量结构和变量关系

在对潜在变量的相关关系进行测量时，通常首先采用因素分析法计算每个潜在变量与其测量指标之间的关系（即因素负荷），将得到的因素分值作为潜在变量的观测值，然后计算因素分值的相关系数，作为潜在变量的相关系数。传统分析方法中这两个过程是独立的，而在结构方程建模分析中，允许将变量测量和变量之间的结构关系同时纳入同一模型中进行拟合，这样不仅可以检验变量测量的信度和效度，而且还可以将该概念整合到路径分析等推论统计中。

（4）增加了测量模型的灵活性

传统建模方法通常单一指标只能从属于一个因素（或变量），模型自变量之间不能存在多重共线性。而结构方程建模方法允许更为复杂的模型，一个指标可以从属于多个因素，并且可处理高阶因素分析，同时允许自变量之间存在共变方差关系。

（5）可估计整个模型的拟合程度

传统的路径分析只能估计每一个路径的强弱，而结构方程建模方法除此之外还可计算不同模型对于同一样本数据的整体拟合程度，以找出更接近数据所呈现的结构关系模型。

由于结构方程建模方法的这些优势，使社会科学研究范围进一步拓宽，从过去只研究单变量转向研究多变量，由分析主效应转向同时分析交互效应，由研究单指标和直接观测变量转向研究多指标和潜在变量。相关文献分析发现，有不少研究采用了这种方法来探讨教育技术创新采纳的行为模式。基于以上考虑，本研究采用结构方程建模作为数据分析方法，通过对经验数据的严谨的处理，获得可靠的科学结论。

在本书第四章和第五章介绍了本研究的研究模型和假设以及变量的测量方法，以下内容采用从 5 所院校获得的经验数据对模型和假设进行检验。共分两个阶段进行，第一阶段是测量模型检验，目的是分析变量的信度和效度；第二阶段对上文建立的 4 个研究模型进行评估，目的是检验研究模型和假设是否成立。

第二节　测量模型分析

本研究的研究模型中共有 11 个潜在变量，用 63 个观测指标对它们进行了测量。以下采用 AMOS 17.0 结构方程模型分析软件分析各变量的信度和效度。根据中国台湾学者吴明隆的建议①，选择了三个指标对其进行评估：观测变量的项目信度、潜在变量的组合信度、潜在变量的平均变异抽取量，各指标的评估参数标准建议值如表 6.1 所示（详细内容在第五章第二节中已有介绍，在此不再重复）。另外，各测量模型还需要满足如下适配度指标：卡方值的显著性概率 p > 0.05、良适性适配指标（Goodness-of-Fit Index，简称 GFI）> 0.9、RMSEA < 0.08。②

表 6.1　　　　　　　　　　测量模型分析评估参数标准

指标	建议值	参考文献
观测变量项目信度	0.5—0.95 且 p 值 < 0.05	Hair，Anderson，Tatham & Black（1998）
潜在变量组合信度	> 0.6	Fornell & Larcker（1981），吴明隆（2009）
潜在变量的平均方差抽取量	> 0.5	Fornell & Larcker（1981），吴明隆（2009）

表 6.2 显示了 11 个研究变量的测量模型分析结果。其中，有用性感知、个人创新性、制度承诺、促进条件、社会形象感知、主观规范、持续使用意向 7 个研究变量的测量模型分析结果为：（1）卡方值的显著性概率 p 值均大于 0.05；GFI 值在 0.987—0.997，均大于 0.9；RMSEA 值在 0—0.03，均小于 0.08，测量模型均被接受；（2）各观测变量项目信度在 0.506—0.919，均大于 0.5 且多数超过了 0.71，显著性概率 p 均小于 0.001。说明各观测变量具有理想的项目信度；（3）各研究变量的组合信度在 0.745—0.902，均大于 0.6，说明各研究变量内部一致性佳，具有很好的信度；（4）各研究变量的平均方差抽取量在 0.503—0.699，均超过了 0.5 的建议值，说明各研究变量信度和效度理想。

---

① 吴明隆：《结构方程模型——Amos 的操作与应用》，重庆大学出版社 2009 年版。

② 同上。

　　另外，自我效能变量的测量模型的卡方 p 值为 0.149，大于 0.05；GFI 值为 0.996，RMSEA 值为 0.034 均满足要求，接受测量模型。观测变量的项目信度在 0.504—0.877，p 值均小于 0.001，观测变量项目信度理想；组合信度为 0.843 极佳；平均变异抽取量为 0.483 小于 0.5 的建议值，但考虑比较接近于 0.5（相差 0.017），且具有较高的组合信度，观察变量项目信度也符合要求，自我效能变量的测量指标基本上也是可接受的。

　　对于易用性感知和相容性感知两个研究变量，发现易用性感知的 PEU4，相容性感知的 PC3、PC4、PC5 四个观测变量的项目信度均远小于 0.5 的建议值，说明这四个观察变量对相应研究变量的解释力差，因此予以删除。删除后重新对研究变量的测量模型进行评估，均达到测量模型的各项评估指标标准要求，测量模型可接受，修正结果见表 6.3。

表 6.2　　　　　　　　测量模型各变量的信度、效度分析表

潜在变量	观测变量的信度			测量模型拟合度	组合信度	平均方差抽取量
	观测变量	因素负荷	p 值			
有用性感知	PU1	0.838	***	卡方 p 值 = 0.566 > 0.05 GFI = 0.997 > 0.8 RMSEA = 0.000 < 0.08	0.894	0.553
	PU2	0.802	***			
	PU3	0.738	***			
	PU4	0.835	***			
	PU5	0.814	***			
	PU6	0.539	***			
	PU7	0.573	***			
易用性感知	PEU1	0.905	***	卡方 p 值 = 0.08 > 0.05 GFI = 0.997 > 0.8 RMSEA = 0.000 < 0.08	0.783	0.515
	PEU2	0.837	***			
	PEU3	0.705	***			
	PEU4	0.203	***			
相容性感知	PC1	0.790	***	卡方 p 值 = 0.404 > 0.05 GFI = 0.996 > 0.8 RMSEA = 0.051 < 0.08	0.509	0.291
	PC2	0.859	***			
	PC3	0.218	***			
	PC4	0.181	***			
	PC5	0.117	*			

续表

潜在变量	观测变量的信度			测量模型拟合度	组合信度	平均方差抽取量
	观测变量	因素负荷	p 值			
自我效能	SE1	0. 504	***	卡方 p 值 = 0. 149 > 0. 05 GFI = 0. 996 > 0. 8 RMSEA = 0. 034 < 0. 08	0. 843	0. 484
	SE2	0. 517	***			
	SE3	0. 622	***			
	SE4	0. 842	***			
	SE5	0. 877	***			
	SE6	0. 720	***			
个人创新性	PI1	0. 801	***	卡方 p 值 = 0. 137 > 0. 05 GFI = 0. 989 > 0. 8 RMSEA = 0. 023 < 0. 08	0. 765	0. 523
	PI2	0. 705	***			
	PI3	0. 655	***			
制度承诺	OC1	0. 650	***	卡方 p 值 = 0. 088 > 0. 05 GFI = 0. 987 > 0. 8 RMSEA = 0. 024 < 0. 08	0. 843	0. 520
	OC2	0. 727	***			
	OC3	0. 717	***			
	OC4	0. 687	***			
	OC5	0. 813	***			
促进条件	FC1	0. 735	***	卡方 p 值 = 0. 157 > 0. 05 GFI = 0. 994 > 0. 8 RMSEA = 0. 030 < 0. 08	0. 872	0. 538
	FC2	0. 506	***			
	FC3	0. 845	***			
	FC4	0. 821	***			
	FC5	0. 746	***			
	FC6	0. 696	***			
社会形象感知	IMG1	0. 884	***	卡方 p 值 = 0. 088 > 0. 05 GFI = 0. 987 > 0. 8 RMSEA = 0. 024 < 0. 08	0. 914	0. 780
	IMG2	0. 911	***			
	IMG3	0. 853	***			
主观规范	ISN1	0. 866	***	卡方 p 值 = 0. 088 > 0. 05 GFI = 0. 987 > 0. 8 RMSEA = 0. 024 < 0. 08	0. 863	0. 517
	ISN2	0. 739	***			
	ISN3	0. 571	***			
	DSN1	0. 710	***	卡方 p 值 = 0. 574 > 0. 05 GFI = 0. 995 > 0. 8 RMSEA = 0. 000 < 0. 08		
	DSN2	0. 740	***			
	DSN3	0. 654	***			

潜在变量	观测变量的信度			测量模型拟合度	组合信度	平均方差抽取量
	观测变量	因素负荷	p 值			
持续使用意向	CUI1	0.889	***	卡方 p 值 = 0.531 > 0.05 GFI = 0.996 > 0.8 RMSEA = 0.000 < 0.08	0.902	0.699
	CUI2	0.919	***			
	CUI3	0.833	***			
	CUI4	0.684	***			
使用水平	SYPD	0.614	***	卡方 p 值 = 0.001 < 0.05 不接受测量模型		
	SYCD-JX	0.698	***			
	SYCD-JL	0.680	***			
	JiaoS	0.590	***			

注：*** 表示 $p < 0.001$，** 表示 $p < 0.01$，* 表示 $p < 0.05$。

表 6.3　　　　　　　　易用性感知和相容性感知测量模型修正结果

潜在变量	观测变量的信度			测量模型拟合度	组合信度	平均方差抽取量
	观测变量	因素负荷	p 值			
易用性感知	PEU1	0.897	***	卡方 p 值 = 0.088 > 0.05 GFI = 0.987 > 0.8 RMSEA = 0.024 < 0.08	0.859	0.672
	PEU2	0.844	***			
	PEU3	0.707	***			
	PEU4	删除				
相容性感知	PC1	0.836	***	卡方 p 值 = 0.088 > 0.05 GFI = 0.987 > 0.8 RMSEA = 0.024 < 0.08	0.808	0.678
	PC2	0.811	***			
	PC3	删除				
	PC4					
	PC5					

注：*** 表示 $p < 0.001$，** 表示 $p < 0.01$，* 表示 $p < 0.05$。

　　表 6.2 显示，使用水平的测量模型卡方显著性概率为 0.001，小于 0.05，测量模型不被接受。造成这一现象的原因，与开始构造使用水平的测量指标时，简单地把"发课程通知"（TZ）、"张贴教学大纲"（DG）、"上传或链接课程资料"（ZLTG）、"在线视频课堂"（SPKT）的分值之和归为一个指标（SYCD-JX）；把"课后讨论区"（BBS）、"聊天室"（CHAT）、"电子信箱"（EMAIL）、"作业提交批阅"（ZY）、"分组教学"（FZJX）的分值之和归为一个指

标（SYCD-JL），从而造成各类别题项间内部一致性差等问题。

　　为此，将在第五章第二节中小范围试测时排除的管理类活动"成绩管理"（CJGL）、"学生活动记录"（HDTJ）、"学生电子档案"（DZDA）重新纳入其中，对这12项主要教学活动重新进行分析，发现这些活动可归为三类，称为：LOU-1、LOU-2、LOU-3，如图6.1所示。

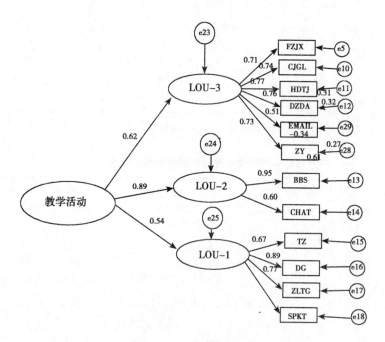

图6.1　教学活动题项归类分析

　　LOU-1、LOU-2、LOU-3对应的活动及各活动的因素负荷（见表6.4）。各因素负荷均超过0.5，说明观测变量或二级变量具有较好的项目信度；LOU-1、LOU-2、LOU-3教学活动变量的组合信度均大于0.6，说明具备很好的内部一致性，变量信度佳；平均方差提取值除"教学活动"为0.489稍差外，其他均大于0.5，说明其信度和效度均可接受。

表 6.4　　　　　　　　　　使用水平变量观测指标分析

类别	活动题项	编码	因素负荷	组合信度	平均变异提取
LOU-1	发课程通知	TZ	0.67	0.861	0.610
	张贴教学大纲	DG	0.89		
	上传或链接课程资料	ZLTG	0.77		
	在线视频课堂	SPKT	0.78		
LOU-2	课后讨论区	BBS	0.95	0.765	0.631
	聊天室在线讨论	CHAT	0.60		
LOU-3	分组教学	FZJX	0.71	0.857	0.503
	成绩管理	CJGL	0.74		
	学生活动记录	HDTJ	0.77		
	学生电子档案	DZDA	0.76		
	电子信箱	EMAIL	0.51		
	作业提交批阅	ZY	0.73		
教学活动	教学类	LOU-1	0.54	0.733	0.489
	交流类	LOU-2	0.89		
	管理及其他	LOU-3	0.62		

为了尽量使测量模型简化，LOU-1、LOU-2、LOU-3 拟采用相应指标分值的和代表，并纳入使用频度（SYPD）和技术角色（JiaoS）观测变量，对使用水平变量的测量模型进行分析，结果见表 6.5。从表中可以看出，使用频度（SYPD）和技术角色（JiaoS）两个观测变量对使用水平的因素负荷分别为 0.197 和 0.369，均小于 0.5 的建议值，予以删除。对剩余的 3 个观测变量组成的测量模型进行分析显示，测量模型可接受（卡方 p 值 = 0.095 > 0.05，GFI = 0.990 > 0.9，RMSEA = 0.042 < 0.08）；各观测变量因素负荷在 0.640—0.823，均超过了 0.5；组合信度为 0.751，大于 0.6；平均变异抽取量为 0.505，大于 0.5。说明 3 个观测变量具有良好的项目信度，且使用水平变量的信度和效度较理想。同时，使用各题项分值之和分别代表观测变量 LOU-1、LOU-2、LOU-3 后，使用水平的因素负荷与表 6.4 中基本相同，说明以分值代表观测变量是合适的，这样的好处是避免了使用图 6.1 显示的复杂的二阶测量模型。

表 6.5   使用水平变量测量模型修正结果

潜在变量	观测变量的信度					测量模型拟合度	组合信度	平均变异抽取量
	修正前			修正后				
	观测变量	因素负荷	p 值	因素负荷	p 值			
使用水平	LOU-1	0.645	***	0.640	***	卡方 p 值 = 0.095 > 0.05 GFI = 0.990 > 0.8 RMSEA = 0.042 < 0.08	0.751	0.505
	LOU-2	0.808	***	0.823	***			
	LOU-3	0.667	***	0.654	***			
	SYPD	0.197	***	删除				
	JiaoS	0.369	***	删除				

注：*** 表示 p < 0.001，** 表示 p < 0.01，* 表示 p < 0.05。

综上所述，测量模型分析表明，修正后各研究变量的测量具有充足的信度和效度，测量模型是可以被接受的，可以进行下一阶段的结构模型检验。

第三节 结构模型检验

本研究将全部样本分为正式使用者（对应决策阶段）和试验使用者（对应确认阶段）两部分，采用结构方程模型分析方法对研究模型进行分析，以检验第四章提出的假设并回答提出的问题。结构模型分析采用的软件为 AMOS 17.0，模型检验的方法为最大似然法。对结构模型分析评估的参数包括：

（1）绝对适配度指数：卡方（x^2）值、残差均方和平方根（RMR）、渐进残差均方和平方根（RMSEA）、良适性适配指数（GFI）、调整后的良适性适配指数（AGFI）；

（2）增值适配度指数：规准适配指数（NFI）、相对适配指数（RFI）、增值适配指数（IFI）、非规准适配指数（TLI）、比较适配指数（CFI）；

（3）简约适配度指数：简约良适性适配度指数（PGFI）、简约调整后的规准适配度指数（PNFI）、简约比较适配指数（PCFI）、卡方（x^2）自由度比值。

一 创新特征影响模型的检验

(一) 模型检验方案

在第四章提出了一个创新特征影响模型即模型1，用以检验有用性感知、易用性感知和相容性感知对采纳行为的影响的假设，另外还提出了一个问题（QUS）。为了检验这些假设并回答提出的问题，本节将采用试验使用者样本（对应决策阶段）和正式使用者样本（对应确认阶段）分别对模型进行检验分析。为方便阅读，将该模型、相关假设以及问题（QUS）重新抄录如下（见图4.4和表6.6）：

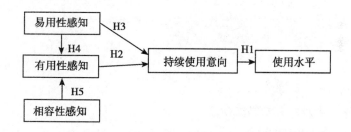

图4.4 模型1：创新特征感知影响模型

表6.6   **模型1相关假设和问题**

假设序号	编码	假设描述
假设1	H1	持续使用意向正向影响使用水平
假设2	H2	有用性感知正向影响持续使用意向
假设3	H3	易用性感知正向影响持续使用意向
假设4	H4	易用性感知正向影响有用性感知
假设5	H5	相容性感知正向影响有用性感知

问题（QUS）：对于不同采纳阶段（决策阶段和确认阶段）的教师来说，各变量之间的关系会如何变化？

在模型1中有两个因变量，即持续使用意向和使用水平。对于持续使用意向变量来说，无论是试验使用者还是正式使用者，其意义是一样的，都是指一种继续使用的打算。而对于使用水平来说，在问卷填写时正式使用者和试验使用者利用网络教学系统开展的活动即使分值相同，但从本质上讲是有区别的，前者是在教学中的正式使用，而后者多数情况是在做练习。因此，对使用水平变量相关假设的检验，采用正式使用者样本较为合理。

　　鉴于以上考虑，在进行结构方程模型分析时，试验使用者样本数据分析采用的模型省去了使用水平变量，见图6.2，本研究称为模型1a；而正式使用者样本仍采用模型1。

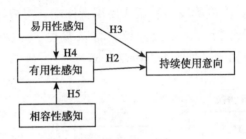

图6.2　模型1a

（二）结构模型适配度分析

　　研究模型的适配度分析结果如表6.7所示。从表中得知，模型1的适配度检验卡方值为167.610，显著性概率值为0.002 < 0.05，p值未达到建议值（应大于0.05）。Rigdon（1995）认为，使用真实世界的数据来评估理论模型时，卡方统计通常实质帮助不大，因为它很容易受估计参数多少和样本大小的影响。样本越大，卡方值越容易达到显著（小于0.05），从而越有可能拒绝模型。由于模型1采用了正式使用者样本进行检验，而正式使用者样本数（412）远大于卡方检验的适宜值（100—200），造成卡方p值显著是可以理解的。根据吴明隆的建议[1]，这时应该参考其他适配指标。从表6.7可以看出，模型1的适配指标除卡方的p值与残差均方和平方根（RMR）不佳外，其他参数均达到了适配标准，整体而言模型1可以被接受。

　　模型1a的适配度检验卡方值为80.871，显著性概率值p = 0.636 > 0.05，可接受虚无假设，即假设模型与实际数据可以契合。另外，模型1a的其他适配参数均达到标准值，可接受假设模型。

---

①　吴明隆：《结构方程模型——Amos 的操作与应用》，重庆大学出版社2009年版。

表6.7　　　　　　　　　　创新特征感知影响模型的适配度检验分析

适配指标	适配标准或临界值	模型1检验		模型1a检验	
		结果数据	适配判断	结果数据	适配判断
卡方（χ^2）	p>0.05（未达显著水平）	167.610 p=0.002	否	80.871 p=0.636	是
χ^2 自由度比	<2.00	1.408	是	0.940	是
RMR 值	<0.05	0.182	否	0.027	是
GFI 值	>0.90	0.967	是	0.949	是
RMESA 值	<0.08（若<0.05优；<0.08良）	0.000	是	0.017	是
AGFI 值	>0.90	0.945	是	0.919	是
NFI 值	>0.90	0.962	是	0.960	是
RFI 值	>0.90	0.946	是	0.944	是
IFI 值	>0.90	0.989	是	1.000	是
TLI 值	>0.90	0.984	是	1.000	是
CFI 值	>0.90	0.989	是	1.000	是
PGFI 值	>0.50	0.601	是	0.600	是
PNFI 值	>0.50	0.670	是	0.688	是
PCFI 值	>0.50	0.688	是	0.717	是

（三）假设检验结果

表6.8为创新特征影响模型相关假设的检验结果。从表中可以得知，采用正式使用者样本进行检验时，除H4没有通过检验外，H1、H2、H3、H5均得到数据的支持。采用试验使用者样本进行检验时，H4也没有通过检验，而H2、H3和H5均得到数据支持。

各假设对应的标准化路径系数值及含义如下：

H1的路径为持续使用意向对使用水平的影响。这一假设只采用正式使用者样本进行检验，其标准化路径系数为0.329（p<0.001），表明持续使用意向显著正向影响使用水平，即持续使用意向越高，使用水平将越高。

H2的路径是有用性感知对持续使用意向的影响。正式使用者的标准化路径系数为0.418（p<0.001），试验使用者标准化路径系数为0.169

（p < 0.05），表明对两个阶段的教师来说，有用性感知均显著正向影响持续使用意向，即有用性感知程度越高，持续使用意向越强烈。同时也可看出，正式使用者的路径系数要高于试验使用者，说明确认阶段的教师对技术的持续使用意向比决策阶段的教师更容易受到有用性感知的影响。

H3 的路径是易用性感知对持续使用意向的影响。正式使用者的标准化路径系数为 0.203（p < 0.001），试验使用者标准化路径系数为 0.625（p < 0.001），表明对两个阶段的教师来说，易用性感知均显著正向影响持续使用意向，即易用性感知程度越高，持续使用意向越强烈。同时也可看出，试验使用者的路径系数要高于正式使用者，说明决策阶段的教师对技术的持续使用意向比确认阶段的教师更容易受到易用性感知的影响。

H4 的路径为易用性感知对有用性感知的影响，采用两个样本进行检验的结果都显示其显著性概率值 > 0.05，说明无论对决策阶段还是确认阶段的教师，易用性感知对有用性感知都没有显著影响。

H5 的路径为相容性感知对有用性感知的影响，正式使用者的标准化路径系数为 0.675（p < 0.001），试验使用者的标准化路径系数为 0.688（p < 0.01），说明无论对决策阶段还是确认阶段的教师，相容性感知均高度地直接正向影响有用性感知，即相容性感知程度越高，有用性感知程度也越高。另外，相容性感知通过有用性感知对持续使用意向的间接影响系数分别为 0.675 × 0.418 = 0.282（确认阶段）和 0.688 × 0.169 = 0.116（决策阶段），表明对于确认阶段的教师来说相容性感知对持续使用意向的间接影响较大。

表 6.8　　　　　　　　　路径标准回归系数与相应假设检验结果

路径说明	对应假设	正式使用者样本		试验使用者样本	
		标准化路径系数	假设是否通过	标准化路径系数	假设是否通过
持续使用意向→使用水平	H1	0.329（***）	是	—	—
有用性感知→持续使用意向	H2	0.418（***）	是	0.169（*）	是
易用性感知→持续使用意向	H3	0.203（***）	是	0.625（***）	是
易用性感知→有用性感知	H4	0.091（0.155）	否	0.109（0.599）	否
相容性感知→有用性感知	H5	0.675（***）	是	0.688（**）	是

注：标准化路径系数栏括号内为该路径系数的显著性概率值，*** 代表小于 0.001，** 代表小于 0.01，* 代表小于 0.05；不显著者直接标明了 p 值，—表示没有采用该样本检验。

（四）模型的解释力

采用试验使用者样本对模型进行检验时，持续使用意向的复相关系数 R^2 为 0.46，说明在创新特征影响模型中有用性感知和易用性感知可解释决策阶段教师持续使用意向 46% 的方差。采用正式使用者样本对模型进行检验时，持续使用意向的复相关系数 R^2 为 0.30，使用水平的复相关系数 R^2 为 0.11，说明在创新特征影响模型中，有用性感知和易用性感知可解释确认阶段教师持续使用意向 30% 方差，持续使用意向可解释使用水平 11% 的方差。对两个阶段进行比较发现，该模型对决策阶段教师持续使用意向的解释力较强。

二　个人特征影响模型检验

（一）模型检验方案

在第四章提出了个人特征影响模型即模型 2，用以检验个人创新性、自我效能对采纳行为的影响的假设，同样也要回答问题 QUS。为方便阅读，将该模型和相关假设以及问题（QUS）重新抄录如下（图 4.5 和表 6.9）：

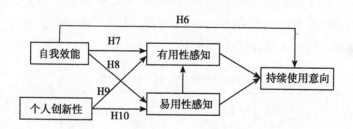

图 4.5　模型 2：个人特征的影响

表 6.9　　　　　　　　　模型 2 相关假设和问题

假设序号	编码	假设描述
假设 6	H6	自我效能正向影响持续使用意向
假设 7	H7	自我效能正向影响有用性感知
假设 8	H8	自我效能正向影响易用性感知
假设 9	H9	个人创新性正向影响有用性感知
假设 10	H10	个人创新性正向影响易用性感知

问题（QUS）：对于不同采纳阶段（决策阶段和确认阶段）的教师来说，各变量之间的关系会如何变化？

　　为了实现研究目标，将以试验使用者样本（对应决策阶段）和正式使用者样本（对应确认阶段）分别对模型2进行分析检验。由于上文（第六章第三节一）中的数据分析显示，易用性感知对有用性感知的影响在两种样本情况下均不显著，为此对模型2进行修正，删除了易用性感知对有用性感知的影响关系，修正后的模型称为模型2a，如图6.3所示。

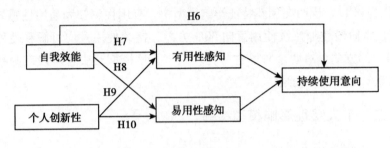

图 6.3　模型 2a

（二）结构模型适配度分析

　　表6.10显示了个人特征影响模型（模型2a）的适配度检验结果。从表中可以看出，采用正式样本对模型进行检验时，各适配度参数均达到了标准要求；采用试验使用者样本进行检验时，除AGFI值稍小外，其他参数均达到了标准要求。采用两部分样本对模型进行检验的结果表明，整体而言模型契合较好，可以接受。

表 6.10　　　　　　　　个人特征影响模型适配度检验分析

适配指标	适配标准或临界值	正式使用者样本		试验使用者样本	
		结果数据	适配判断	结果数据	适配判断
卡方（χ^2）	p>0.05（未达显著水平）	219.051 p=0.088	是	213.682 p=0.096	是
χ^2自由度比	<2.00	1.141	是	1.137	是
RMR值	<0.05	0.026	是	0.048	是
GFI值	>0.90	0.958	是	0.909	是
RMESA值	<0.08（若<0.05优；<0.08良）	0.019	是	0.028	是
AGFI值	>0.90	0.940	是	0.867	否
NFI值	>0.90	0.959	是	0.924	是

续表

适配指标	适配标准或临界值	正式使用者样本		试验使用者样本	
		结果数据	适配判断	结果数据	适配判断
RFI 值	>0.90	0.945	是	0.901	是
IFI 值	>0.90	0.995	是	0.990	是
TLI 值	>0.90	0.993	是	0.986	是
CFI 值	>0.90	0.995	是	0.990	是
PGFI 值	>0.50	0.667	是	0.619	是
PNFI 值	>0.50	0.727	是	0.686	是
PCFI 值	>0.50	0.755	是	0.736	是

（三）假设检验结果

表 6.11 为个人特征模型相关假设检验结果。从表中可以得知，采用正式使用者样本进行检验时，H6 和 H10 没有得到数据支持；H7、H8 和 H9 均通过了检验。采用试验使用者样本进行检验时，只有 H6 没有通过检验，其他几个假设 H7、H8、H9 和 H10 均得到数据支持。

各假设对应的标准化路径系数值及含义如下：

H6 的路径为自我效能对持续使用意向的影响。在采用两个样本检验时都不显著，说明无论是决策阶段还是确认阶段的教师，自我效能均不影响持续使用意向。

H7 的路径是自我效能对有用性感知的影响。正式使用者的标准化路径系数为 0.321（p < 0.001），试验使用者的标准化路径系数为 0.316（p < 0.001），说明对两个阶段的教师来说，自我效能均显著正向影响有用性感知，即自我效能越高，有用性感知的程度越高，并且影响程度是同等的。

H8 的路径是自我效能对易用性感知的影响。正式使用者的标准化路径系数为 0.471（p < 0.001），试验使用者的标准化路径系数为 0.418（p < 0.001），表明对这两个阶段的教师来说，自我效能均显著正向影响易用性感知，即自我效能越高，易用性感知的程度越高，并且在影响程度上确认阶段的教师略大于决策阶段的教师，可视为基本等同。

H9 的路径是个人创新性对有用性感知的影响。正式使用者的标准化路径系数为 0.165（p < 0.01），试验使用者的标准化路径系数为 0.241

（p < 0.01），表明对这两个阶段的教师来说，个人创新性均显著正向影响有用性感知，即个人创新性越高，有用性感知的程度越高，并且决策阶段教师的个人创新性对有用性感知的影响要高于确认阶段的教师。

H10 的路径是个人创新性对易用性感知的影响。正式使用者标准化路径系数的 p 值大于 0.05，表明对确认阶段的教师来说，个人创新性对易用性感知没有显著影响；试验使用者的标准化路径系数为 0.340 （ p < 0.001），表明对决策阶段的教师来说，个人创新性显著地正向影响对技术的易用性感知，即个人创新性越高，易用性感知程度越高。

表 6.11   个人特征影响模型路径标准回归系数与相应假设检验结果

路径说明	对应假设	正式使用者样本		试验使用者样本	
		标准化路径系数	假设是否通过	标准化路径系数	假设是否通过
自我效能→持续使用意向	H6	0.045（0.425）	否	-0.019（0.804）	否
自我效能→有用性感知	H7	0.321（***）	是	0.316（***）	是
自我效能→易用性感知	H8	0.471（***）	是	0.418（***）	是
个人创新性→有用性感知	H9	0.165（**）	是	0.241（**）	是
个人创新性→易用性感知	H10	0.066（0.268）	否	0.340（***）	是

注：路径系数栏括号内为该路径系数的显著性概率值，*** 代表小于 0.001，** 代表小于 0.01，* 代表小于 0.05，不显著者直接标明了 p 值。

（四）模型的解释力

模型检验显示，自我效能和个人创新性两个因素通过有用性感知和易用性感知间接影响持续使用意向。采用试验使用者样本对模型进行检验时，有用性感知的复相关系数 R^2 为 0.23，易用性感知的复相关系数 R^2 为 0.43，说明自我效能和个人创新性可解释决策阶段教师的有用性感知方差的 23%，易用性感知方差的 43%。采用正式使用者样本对模型进行检验时，有用性感知的复相关系数 R^2 为 0.17，易用性感知的复相关系数 R^2 为 0.25，说明自我效能和个人创新性可解释决策阶段教师的有用性感知方差的 17%，自我效能可解释易用性感知方差的 25%。通过比较可以看出，自我效能和个人创新性对易用性感知的解释力要高于有用性感知，对决策阶段教师有用性感知和易用性感知的解释力要高于确认阶段。

三　组织干预影响模型检验

（一）模型检验方案

在第四章提出了组织干预影响模型即模型 3，用以检验制度承诺、促进条件对采纳行为的影响的假设，同样也要回答问题 QUS。为方便阅读，将该模型和相关假设以及问题（QUS）重新抄录如下（图 4.6 和表6.12）：

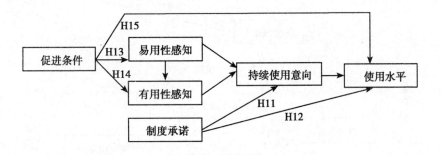

图 4.6　模型 3：组织干预影响模型

表 6.12　　　　　　　　　　　　　模型 3 相关假设和问题

假设序号	编码	假设描述
假设 11	H11	制度承诺正向影响持续使用意向
假设 12	H12	制度承诺正向影响使用水平
假设 13	H13	促进条件正向影响易用性感知
假设 14	H14	促进条件正向影响有用性感知
假设 15	H15	促进条件正向影响使用水平

问题（QUS）：对于不同采纳阶段（决策阶段和确认阶段）的教师来说，各变量之间的关系会如何变化？

为了实现研究目标，将以试验使用者样本（对应决策阶段）和正式使用者样本（对应确认阶段）分别对模型进行分析检验。由于上文（第六章第三节一）中的数据分析显示，易用性感知对有用性感知的影响在两种样本情况下均不显著，为此对模型 3 进行修正，删除了易用性感知对有用性感知的影响关系。

又由于模型包括使用水平变量，和上文（第六章第三节一）中所述的原因相同，在基于试验使用者样本的数据分析中删除了使用水平变量。

因此，将模型 3 修正为两个模型，即模型 3a 和模型 3b，分别见图 6.4 和图 6.5。采用正式使用者样本对模型 3a 进行检验，采用试验使用者样本对模型 3b 进行检验。

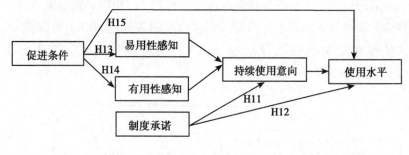

图 6.4　模型 3a

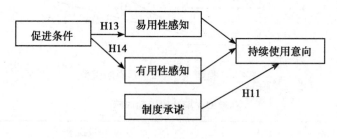

图 6.5　模型 3b

（二）结构模型适配度分析

表 6.13 为组织干预影响模型（模型 3a 和模型 3b）的适配度检验结果。从表中可以看出，采用正式样本对模型进行检验时，除卡方值的显著性概率 p 和 RMR 值没有达到标准要求外，其他参数均达到了标准要求；采用试验使用者样本进行检验时，除 AGFI 稍小外，其他参数均达到了标准值。采用两部分样本对模型进行检验的结果表明，整体而言两个模型契合都比较好，可以接受。

表 6.13　　　　　　　　组织干预影响模型适配度检验分析

适配指标	适配标准或临界值	正式使用者样本		试验使用者样本	
		结果数据	适配判断	结果数据	适配判断
卡方（χ^2）	$p > 0.05$（未达显著水平）	376.895 $p = 0.000$	否	252.403 $p = 0.264$	是

续表

适配指标	适配标准或临界值	正式使用者样本		试验使用者样本	
		结果数据	适配判断	结果数据	适配判断
χ^2 自由度比	<2.00	1.332	是	1.056	是
RMR 值	<0.05	0.125	否	0.048	是
GFI 值	>0.90	0.940	是	0.903	是
RMESA 值	<0.08（若<0.05 优；<0.08 良）	0.028	是	0.018	是
AGFI 值	>0.90	0.914	是	0.867	否
NFI 值	>0.90	0.941	是	0.918	是
RFI 值	>0.90	0.921	是	0.897	是
IFI 值	>0.90	0.985	是	0.995	是
TLI 值	>0.90	0.979	是	0.994	是
CFI 值	>0.90	0.984	是	0.995	是
PGFI 值	>0.50	0.655	是	0.664	是
PNFI 值	>0.50	0.704	是	0.731	是
PCFI 值	>0.50	0.737	是	0.793	是

（三）假设检验结果

表 6.14 为组织干预影响模型相关假设检验结果。从表中可以得知，采用正式使用者样本进行检验时，H11 和 H12 没有得到数据支持，H13、H14 和 H15 均通过了检验；采用试验使用者样本进行检验时，H11、H13 和 H14 均得到数据支持，H12 和 H15 没有通过检验。

各假设对应的标准化路径系数值及含义如下：

H11 为制度承诺对持续使用意向的影响。试验使用者的标准化路径系数为 0.387（p<0.001），正式使用者的标准化路径系数没达到显著水平。这表明，对确认阶段的教师来说，制度承诺因素不影响其持续使用意向；但对决策阶段的教师来说，制度承诺会显著正向影响其持续使用意向，即制度承诺程度越高，持续使用意向越强烈。

H12 为制度承诺对使用水平的影响，只采用正式使用者样本对其进行了检验，但结果显示影响没达到显著水平，说明对确认阶段的教师来说，制度承诺并不影响其使用水平。

H13 的路径为促进条件对易用性感知的影响，正式使用者的标准化路径系数为 0. 381 （p < 0. 001），试验使用者的标准化路径系数为 0. 553 （p < 0. 001），表明对两个阶段的教师来说，促进条件均显著正向影响易用性感知，即促进条件越高，易用性感知的程度越高。同时也可看出，试验使用者的路径系数大于正式使用者，说明对决策阶段的教师来说促进条件对易用性感知的影响要高于确认阶段的教师。

H14 的路径是促进条件对有用性感知的影响。正式使用者的标准化路径系数为 0. 513 （p < 0. 001），试验使用者的标准化路径系数为 0. 516 （p < 0. 001），表明对两个阶段的教师来说，促进条件均显著正向影响易用性感知，即促进条件越高，易用性感知的程度越高，并且对两个阶段教师的影响程度是同等的。

H15 的路径是促进条件对使用水平的影响，只采用正式使用者样本对其进行了检验，其标准化路径系数为 0. 460 （p < 0. 001），说明对确认阶段的教师来说，促进条件显著影响其使用水平，即促进条件越高，使用水平也越高。

表 6. 14　组织干预影响模型路径标准回归系数与相应假设检验结果

路径说明	对应假设	正式使用者样本		试验使用者样本	
		标准化路径系数	假设是否通过	标准化路径系数	假设是否通过
制度承诺→持续使用意向	H11	0. 056 （0. 267）	否	0. 387 （ *** ）	是
制度承诺→使用水平	H12	- 0. 045 （0. 650）	否	—	—
促进条件→易用性感知	H13	0. 381 （ *** ）	是	0. 553 （ *** ）	是
促进条件→有用性感知	H14	0. 513 （ *** ）	是	0. 516 （ *** ）	是
促进条件→使用水平	H15	0. 460 （ *** ）	是	—	—

注：标准化路径系数栏括号内为该路径系数的显著性概率值，*** 代表小于 0. 001，** 代表小于 0. 01，* 代表小于 0. 05，不显著者直接标明了 p 值，—表示没有采用该样本检验。

（四）模型的解释力

模型检验显示，采用试验使用者样本进行检验时，持续使用意向的复相关系数 R^2 为 0. 51，有用性感知的复相关系数 R^2 为 0. 27，易用性感知的复相关系数 R^2 为 0. 31，这说明，对决策阶段的教师来说，组织干预影响模型中有用性感知、易用性感知和制度承诺三个变量可解释持续使用意向方差的 51%；促进条件可解释有用性感知方差的 27%，可解释易用性感知方差的 31%。

采用正式使用者样本对模型进行检验时，持续使用意向的复相关系数 R^2 为 0.30，使用水平的复相关系数 R^2 为 0.20，有用性感知的复相关系数 R^2 为 0.26，易用性感知的复相关系数 R^2 为 0.15，这说明，对确认阶段的教师来说，组织干预影响模型中有用性感知和易用性感知两个变量可解释持续使用意向方差的30%（和模型1的结果是相同的）；促进条件和持续使用意向可解释使用水平方差的20%；促进条件还可解释有用性感知方差的26%，易用性感知方差的15%。

通过比较可以看出，制度承诺对确认阶段教师的采纳行为没有解释力；促进条件对有用性感知的解释力对决策阶段的教师来说要高于确认阶段的教师。

四　社会影响模型检验

（一）模型检验方案

在第四章提出了社会影响模型即模型4，用以检验主观规范和社会形象感知对采纳行为的影响的假设，同样也要回答问题 QUS。为方便阅读，将该模型和相关假设以及问题（QUS）重新抄录如下（图4.7和表6.15）：

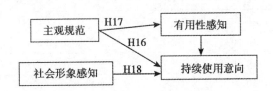

图4.7　模型4：社会影响模型

表6.15　　　　　　　　　　模型4相关假设和问题

假设序号	编码	假设描述
假设16	H16	主观规范正向影响持续使用意向
假设17	H17	主观规范正向影响有用性感知
假设18	H18	社会形象感知正向影响持续使用意向

问题（QUS）：对于不同采纳阶段（决策阶段和确认阶段）的教师来说，各变量之间的关系会如何变化？

为了实现研究目标，将以正式使用者样本（对应决策阶段）和正式使用者样本（对应确认阶段）分别对模型 4 进行分析检验。

（二）结构模型适配度分析

表 6.16 为社会影响模型的适配度检验结果。从表中可以看出，采用正式样本对模型进行检验时，所有参数均达到了标准要求；采用试验使用者样本进行检验时，除 AGFI 稍小外，其他参数均达到了标准值。采用两部分样本对模型进行检验的结果表明，整体而言两个模型契合程度均佳，可以接受。

表 6.16　　　　　　　　　社会影响模型适配度检验分析

适配指标	适配标准或临界值	正式使用者样本		试验使用者样本	
		结果数据	适配判断	结果数据	适配判断
卡方（χ^2）	$p > 0.05$（未达显著水平）	139.321 $p = 0.164$	是	0.057	是
χ^2 自由度比	< 2.00	1.124	是	1.193	是
RMR 值	< 0.05	0.027	是	0.038	是
GFI 值	> 0.90	0.967	是	0.915	是
RMESA 值	< 0.08（若 < 0.05 优；< 0.08 良）	0.017	是	0.033	是
AGFI 值	> 0.90	0.945	是	0.876	否
NFI 值	> 0.90	0.972	是	0.941	是
RFI 值	> 0.90	0.957	是	0.922	是
IFI 值	> 0.90	0.997	是	0.990	是
TLI 值	> 0.90	0.995	是	0.986	是
CFI 值	> 0.90	0.997	是	0.990	是
PGFI 值	> 0.50	0.571	是	0.627	是
PNFI 值	> 0.50	0.653	是	0.713	是
PCFI 值	> 0.50	0.651	是	0.750	是

（三）假设检验结果

表 6.17 为社会影响模型相关假设检验结果。从表中可以得知，采用正式使用者样本进行检验时，H16 和 H17 均得到数据支持，而 H18 未通过检验；采用试验使用者样本进行检验时，H16、H17 和 H18 均得到数据支持。

各假设对应的标准化路径系数值及含义如下：

H16 为主观规范对持续使用意向的影响。正式使用者的标准化路径系数为 0.237（p < 0.001），试验使用者的标准化路径系数为 0.456（p < 0.001），表明对两个阶段的教师来说，主观规范均显著正向影响持续使用意向，即主观规范感知程度越高，持续使用意向越强烈。同时也可看出，试验使用者的路径系数大于正式使用者，说明对决策阶段的教师来说主观规范对持续使用意向的影响要高于确认阶段的教师。

H17 为主观规范对有用性感知的影响。正式使用者的标准化路径系数为 0.554（p < 0.001），试验使用者的标准化路径系数为 0.657（p < 0.001），表明对两个阶段的教师来说，主观规范均显著正向影响有用性感知，即主观规范感知程度越高，有用性感知的程度越高。同时也可看出，对决策阶段的教师来说，主观规范对有用性感知的影响要大一些，说明这部分教师对技术有用性的感知更易受主观规范的影响。

H18 是社会形象感知对持续使用意向的影响。试验使用者的标准化路径系数为 0.229（p < 0.01），而正式使用者的关系不显著，表明对决策阶段的教师来说，社会形象感知正向地影响持续使用意向，即他们认为技术创新使用对社会形象提高越高，持续使用意向越强烈。而对确认阶段的教师来说，社会形象感知对其持续使用意向没有影响。

表 6.17　　社会影响模型路径标准回归系数与相应假设检验结果

路径说明	对应假设	正式使用者样本		试验使用者样本	
		标准化路径系数	假设是否通过	标准化路径系数	假设是否通过
主观规范→持续使用意向	H16	0.237（***）	是	0.456（***）	是
主观规范→有用性感知	H17	0.554（***）	是	0.657（***）	是
社会形象→持续使用意向	H18	−0.043（0.458）	否	0.229（**）	是

注：标准化路径系数栏括号内为该路径系数的显著性概率值，*** 代表小于 0.001，** 代表小于 0.01，* 代表小于 0.05，不显著者直接标明了 p 值。

（四）模型的解释力

模型检验显示，采用试验使用者样本对模型进行检验时，持续使用意向的复相关系数 R^2 为 0.37，有用性感知的复相关系数 R^2 为 0.49，这表明，对决策阶段的教师来说，社会影响模型中的主观规范、社会形象感知、有用性感知 3 个变量可解释持续使用意向方差的 37%；主观规范可解释有用性感知方差的49%。采用正式使用样本对模型进行检验时，持续使用意向的复相关系数 R^2 为0.29，有用性感知的复相关系数 R^2 为0.31，这表明，对确认阶段的教师来说，有用性感知和主观规范两个变量可解释持续使用意向方差的29%，主观规范可解释有用性感知方差的31%。通过比较可看出，主观规范和社会形象感知两个社会影响因素对决策阶段教师采纳行为的解释力要高于确认阶段。

第四节　本章总结

本章在高校教师网络教学系统采纳背景下对第四章提出的4个研究模型和假设进行了检验，采用正式使用者样本和试验使用者样本分别对研究模型进行了分析，结果表明4个模型均可接受，大部分假设通过了检验。此外还比较分析了各因素在两个阶段教师技术采纳行为上的表现，分析了4个模型在对两个阶段教师的技术采纳行为的解释力。表6.18对假设检验情况进行了汇总。

表6.18　　　　高校教师网络教学系统采纳背景下研究模型
相关假设检验结果汇总

路径说明	对应假设	正式使用者样本		试验使用者样本	
		标准化路径系数	假设是否通过	标准化路径系数	假设是否通过
持续使用意向→使用水平	H1	0.329（***）	是	—	—
有用性感知→持续使用意向	H2	0.418（***）	是	0.169（*）	是
易用性感知→持续使用意向	H3	0.203（***）	是	0.625（***）	是
易用性感知→有用性感知	H4	0.091（0.155）	否	0.109（0.599）	否
相容性感知→有用性感知	H5	0.675（***）	是	0.688（**）	是
自我效能→持续使用意向	H6	0.045（0.425）	否	−0.019（0.804）	否
自我效能→有用性感知	H7	0.321（***）	是	0.316（***）	是
自我效能→易用性感知	H8	0.471（***）	是	0.418（***）	是
个人创新性→有用性感知	H9	0.165（**）	是	0.241（**）	是
个人创新性→易用性感知	H10	0.066（0.268）	否	0.340（***）	是
制度承诺→持续使用意向	H11	0.056（0.267）	否	0.387（***）	是
制度承诺→使用水平	H12	−0.045（0.650）	否	—	—
促进条件→易用性感知	H13	0.381（***）	是	0.553（***）	是

续表

路径说明	对应假设	正式使用者样本		试验使用者样本	
		标准化路径系数	假设是否通过	标准化路径系数	假设是否通过
促进条件→有用性感知	H14	0.513（***）	是	0.516（***）	是
促进条件→使用水平	H15	0.460（***）	是	—	—
主观规范→持续使用意向	H16	0.237（***）	是	0.456（***）	是
主观规范→有用性感知	H17	0.554（***）	是	0.657（***）	是
社会形象→持续使用意向	H18	-0.043（0.458）	否	0.229（**）	是

注：标准化路径系数栏括号内为该路径系数的显著性概率值，*** 代表小于 0.001，** 代表小于 0.01，* 代表小于 0.05，不显著者直接标明了 p 值，—表示没有采用该样本检验。

第七章　结果分析与讨论

第六章分别采用正式使用者样本和试验使用者样本对四个研究模型进行了结构方程分析，通过对测量模型的信度、效度检验和结构模型的适配度分析，共检验了 18 个假设，得出了研究变量之间的标准化回归系数，这些系数对应着各变量之间的路径关系。通过对这些标准化回归系数进行比较，可以发现决策阶段和确认阶段教师技术采纳行为的影响因素及这些影响因素发生的变化。本章内容将从创新特征感知、个人特征、组织干预和社会影响四个方面来对这些影响因素及其变化情况做进一步的分析和讨论，最后对这些影响因素进行综合。

第一节　创新特征的影响

创新特征理论认为，人们对创新特征的感知是创新采纳的决定因素，Rogers 在总结以往研究的基础上，提出 5 个关键的创新特征，即：相对优势、复杂性、相容性、可试验性和可观察性。[1] Moore 和 Benbasat 在其研究中又将以上特征扩展为 7 个，除保留了相对优势、复杂性（易用性）、相容性和可试验性外，又增加了社会形象、可见性、结果可展示性。[2] 文献研究发现，在这些创新特征中，其中相对优势、复杂性和相容性对教育技术创新采纳行为的影响作用相对稳定，其他特征的影响随环境的不同会有所变化。Davis 提出的技术接受模型（TAM）包含了两个创新特征因素，即有用性感知和易用性感知，[3] 在概念的操作化上有用性感知类似于

① Rogers, E. M., . *Diffusion of Innovations*, the Free Press, New York, 1995.

② Moore, G. C. & Benbasat, I., "*Development of an Instrument to Measure the Perceptions of Adopting an Information Technology Innovation*", *Information Systems*, Vol. 2, No. 3, 1991, pp. 192 – 222.

③ Davis, F. D., "*Perceived Usefulness, Perceived Ease of Use, and User Acceptance of Information Technology*", *MIS Quarterly*, Vol. 13, No. 3. 1989, pp. 319 – 340.

相对优势，易用性感知则是复杂性的反向概念。TAM 虽然只包括了两个创新特征因素，但揭示的逻辑更细致。TAM 认为有用性感知和易用性感知均通过行为意向影响用户的技术采纳行为，同时易用性感知又影响有用性感知。在以往研究结论的基础上，本研究将以上两个理论进行整合，并根据本研究环境提出了一个创新特征感知影响模型，主要目的是探讨有用性感知、易用性感知和相容性感知是如何影响高校教师技术创新的采纳行为的。

通过采用试验使用者和正式使用者两部分样本对研究模型进行分析，除易用性感知对有用性感知的影响没有得到数据支持外，其他影响关系具有显著的统计意义，见图 7.1。

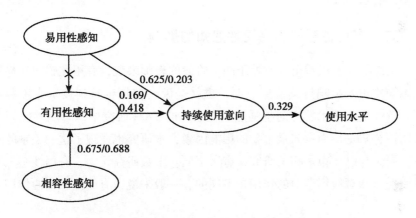

图 7.1 创新特征感知的影响（决策阶段/确认阶段）

注：×表示检验未通过。

一 持续使用意向对使用水平的影响

本研究以持续使用意向替代了以往研究中的行为意向或使用意向变量，以使用水平替代了以往研究中的使用行为变量。对决策阶段的教师来说，持续使用意向意味着通过一段时间的试用，将在今后的教学中正式采纳技术创新的倾向；对确认阶段的教师来说，持续使用意向则意味着在今后的教学中继续采纳技术创新的打算。而使用水平是反映了教师在教学中使用技术创新开展教学活动的程度。由于决策阶段的技术使用行为（即试验使用）不能真正地反映在教学中的技术使用水平概念，本研究只采用正式使用者样本（对应确认阶段）检验了持续使用意向对使用水平的影响。研究表明，持续使用意向正向影响使用水平，也就是说，持续使用意向越强烈，使用水平越高。这一结果和以往相关理论的研究结论是一致的。①②③④⑤⑥尽管以往理论和研究中采用的是行为意向和使用行为的概念，但在概念的操作化上本研究又进一步地具体化和深化，如：行为意向意为采纳技术的打算，而持续使用意向意指继续采纳技术的打算。以往研究对使用行为概念的测量多用使用频度、使用时间的多少、使用功能的多少来衡量，与任务不太紧密。本研究中的使用水平概念与具体教学活动紧密联系在一起，更贴近组织环境下的技术使用行为，是在以往研究基础上的进一步发展。本研究在对两个因变量进行改造后，仍然发现意向与行为的这种关系的存在，进一步佐证了以往理论的合理性。

二　有用性感知和易用性感知的影响

从图 7.1 可以看出，对处于两个阶段的教师来说，有用性感知和易用性感知均正向影响持续使用意向，也就是说，教师越感到技术有用和易用，持续使用技术的意向越强烈。在以往的 TAM 研究中，有用性感知和易用性感知是行为意向最主要的影响因素，本研究也发现了这一关系的存在，同时与以往很多相关研究又有所不同。多数研究认为，有用性感知和易用性感知对使用意向的作用是不同的。一般来说，有用性感知的作用要

---

① Davis, F. D., *"Perceived Usefulness, Perceived Ease of Use, and User Acceptance of Information Technology"*, *Mis Quarterly*, Vol. 13, No. 3. 1989, pp. 319 – 340.

② Davis, F. D., Bagozzi, R. P. & Warshaw, P. R., *"User Acceptance of Computer Technology: A Comparison of Two Theoretical Models"*, *Management Science*, Vol. 35, 1989, pp. 982 – 1003.

③ Venkatesh, V. & Davis, F. D., *"A Theoretical Extension of The Technology Acceptance Model: Four Longitudinal Field Studies"*, *Management Science*, Vol. 45, No. 2, 2000, pp. 186 – 204.

④ Venkatesh, V., Morris, M. G., Davis, G. B. and Davis, F. D., *"User Acceptance of Information Technology: Toward A Unified View"*, *Mis Quarterly*, Vol. 27, No. 3, 2003, pp. 425 – 478.

⑤ Walker, G., M., *Faculty Intentions to Use Web Enhanced Instructional Components*,. Ph. D. Dissertation, Capella University, 2004.

⑥ Zhang Sheng（张胜）, Zhao Jue（赵珏）, Tan Weiwei（谭伟伟）, *"Extending Tam for Online Learning Systems: An Intrinsic Motivation Perspective"*, Tsinghua Science and Technology, Vol. 13, 2008, pp. 312 – 317.

强于易用性感知。①②③ 本研究结果显示，对确认阶段的教师来说，这一结论是成立的，但对决策阶段的教师来说正好相反，即易用性感知的作用强于有用性感知。这说明在技术创新的早期采纳阶段，由于对技术使用的经验还很少，相对有用性来说教师更加关心技术创新的易用性，但在技术创新采纳的后期阶段，教师逐渐熟悉了技术，随着使用经验不断积累，技术创新的有用性越来越成为关注的焦点，易用性感知的作用变弱，而有用性的作用增强。这一发现和很多以往研究的结论是一致的。Davis 的纵向研究发现，在前一个时间点易用性感知对技术接受的影响较大，在后一时间点有用性感知对技术接受的影响较大;④ Venkatesh 和 Davis、Venkatesh 等人的研究也发现，随着时间的推移，易用性感知对使用意向的影响逐渐变弱最后消失了。⑤⑥

与以往研究结论的另一不同之处是，本研究在两个阶段都没有发现易用性感知对有用性感知的作用。在 TAM、TAM2 和 TAM3 中，易用性感知均为有用性感知的前因因素，并且 Venkatesh 和 Davis 研究证明了随着时间的推移，易用性感知对有用性感知的作用会增强⑦。结论不一致的原因可能是，以往研究采用的技术环境往往是较为简单的技术，或与工作任务的联系不那么紧密，或者与工作任务联系紧密但对有用性的评估是以效率和绩效为标准的，人们往往因为易用而使用技术从而发现技术的有用性。而本研究在高校组织环境下探讨更为复杂的网络教学系统的采纳，技术与具体的教学活动是紧密相连的，并且教师对什么是好的教学各有自己的看

---

① Davis, F. D. , "*User Acceptance of Information Technology*: *System Characteristics*, *User Perceptions and Behavioral Impacts*", *International Journal of Man-Machine Studies*, Vol. 38, No. 3, 1993, pp. 475 – 487.

② Brett J. L. , Griffeth, L. R. and Hartman, S. , "*Measuring Student Perceptions of Blackboard Using The Technology Acceptance Model*", *Decision Sciences Journal of Innovative Education*, Vol. 4, No. 1, 2006, pp. 87 – 99.

③ Chan, H. , Lam-Hang, J. & Yang, J. , *Testing the Boundaries of the Technology Acceptance Model*. Hershey, Pa: Idea Group Publishing, 2003.

④ Davis, F. D. , "*Perceived Usefulness*, *Perceived Ease of Use*, *And User Acceptance of Information Technology*", *Mis Quarterly*, Vol. 13, No. 3. 1989, pp. 319 – 340.

⑤ Venkatesh, V. & Davis, F. D. , "*A Theoretical Extension of The Technology Acceptance Model*: *Four Longitudinal Field Studies*", *Management Science*, Vol. 45, No. 2, 2000, pp. 186 – 204.

⑥ Venkatesh, V. , Morris, M. G. , Davis, G. B. & Davis, F. D. , "*User Acceptance of Information Technology*: *Toward A Unified View*", *MIS Quarterly*, Vol. 27, No. 3, 2003, pp. 425 – 478.

⑦ Venkatesh, V. & Davis, F. D. , "*A Theoretical Extension of The Technology Acceptance Model*: *Four Longitudinal Field Studies*", *Management Science*, Vol. 45, No. 2, 2000, pp. 186 – 204.

法，往往不为效率和绩效所左右，因此技术易用未必就是有用的，即使因为易用采用了技术，但有可能是恰恰发现了技术对教学是无效的，这种负向关系会在总的关系中起到一个中和作用，从而表现出易用性感知对有用性感知没有显著影响，也就是说在本研究环境下易用性感知不是有用性感知的前提因素。

三　相容性感知的影响

相容性是创新扩散理论提出的概念，意为创新与人们的观念、需求、价值观和经历相符合的程度。以往不少研究证实了相容性对采纳的影响，但很少有研究探讨相容性是通过什么机制影响采纳的。本研究假设教师对网络教学系统的相容性感知将影响有用性感知，并通过有用性感知间接影响持续使用意向。这一假设同时得到两个样本数据的支持，从标准化回归系数值来看，在决策和确认两个阶段，相容性感知均高度正向影响有用性感知（0.675 和 0.688，$p < 0.001$）。这一结论不同于 Chin 和 Gopal[①]、Liao 和 Lu[②] 的研究结果，在这两项研究中相容性感知均直接影响行为意向，Chin 和 Gopal 的研究环境是一个企业组织员工对集群支持系统（DSS）的使用，Liao 和 Lu 的研究环境是高校学生对学习网站的使用，在这两种情境下，只要用户感到技术与自己的情况是相容的，又有组织（或教师）的要求，就会产生积极的使用意向。而在本研究中，教师对教什么和怎么教有相对的自主性，他们认识到技术使用与自己的教学风格、需求和观念适合，并不一定直接产生积极的采纳或继续采纳意向。正像以上所证明的，教师一般要评估技术是否有利于实现教学目标，是否有利于提高学生的学习效果，亦即有用性，才会产生积极或消极的意向。教师感到技术的相容性程度高，恰恰会使他们越发感到技术的有用性，从这点看，相容性感知是通过有用性感知影响持续使用意向的。

---

① Chin, W. W. and A. Gopal. , *"Adoption Intention in GSS Relative Importance of Beliefs"*, *DATA BASE*, Vol. 26, No. 2&3, 1995, pp. 42 – 63.

② Liao, Hsiu-Li and Lu, Hsi-Peng, *"The Role of Experience and Innovation Characteristics in the Adoption and Continued Use of E-Learning Websites"*, *Computers & Education*, Vol. 51, 2008, pp. 1405 – 1416.

第二节 个人特征的影响

以往研究过分关注创新本身对采纳的影响，从而忽视了人和环境的因素，这种技术决定论思想受到批评。本研究在关注创新特征的影响的同时，也强调人自身的特质以及环境对创新扩散与采纳的影响。在人的特质因素中，重点探讨了自我效能和个人创新性的作用。通过对两个样本数据的分析，除自我效能对持续使用意向的关系和确认阶段教师的个人创新性与易用性感知的关系不显著外，其他关系都得到数据的支持。分析结果如图7.2所示。

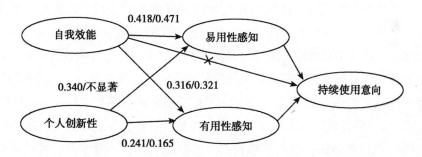

图7.2 个人特征的影响（决策阶段/确认阶段）

注：×表示检验未通过。

一 自我效能的影响

根据社会认知理论，自我效能反映了个人对自己使用技术完成任务的信心程度。有研究发现自我效能对教育技术使用意向有直接的影响。[1][2] 但本研究的数据分析得出不一样的结论，即无论是对决策阶段的教师还是对确认阶段的教师，自我效能对持续使用意向均没有直接影响。

① Park, H., *Factors That Affect Information Technology Adoption by Teachers*, Ph. D. Dissertation, University of Nebraska, 2004.

② Chang, Su-Chao and Tung, Feng-Cheng, "*An Empirical Investigation of students' Behavioural Intentions to Use the Online Learning Course Websites*", *British Journal of Educational Technology*, Vol. 39, No. 1, 2008, pp. 71–83.

　　自我效能是一个复杂的概念，Marakas 等人①和 Agarwal 等人②的研究将计算机自我效能区别为一般自我效能（General Computer Self-efficacy）和特定任务自我效能（Task-specific Computer Self-efficacy），认为这两种自我效能对行为的影响是不同的。一般计算机自我效能是个人对多种计算机应用领域的效能感，而特定任务自我效能是个人对完成与计算机相关的特定任务的效能感，一般计算机自我效能是特定任务计算机自我效能的积累。本研究对自我效能的定义是教师使用任意网络教学系统完成教学任务的信心程度，比较类似于一般计算机自我效能感。而在 Park 及 Chang 和 Tung 的研究中，对自我效能的定义接近于特定任务的计算机自我效能，这可能是造成结论不一致的原因。

　　虽然没有发现自我效能对持续使用意向的直接作用，但数据分析表明，教师对网络教学系统使用的自我效能会正向影响有用性感知和易用性感知，并且两个阶段的影响程度是同等的。这就意味着自我效能可通过有用性感知和易用性感知间接影响持续使用意向。自我效能对有用性感知和易用性感知的影响可以从社会学习/认知理论得到解释。Bandura 认为："人们对结果的预期很大程度上来自自己是否具备从事必要行为的能力的判断。"③ 也就是说，当人们感到能够成功地掌控某一技术时，往往会对技术形成较高的结果期望；相反，当人们感到不能掌控技术时，更可能对其形成较低的结果期望。这里结果期望的定义为：人们认为由于使用技术而带来的潜在的结果，④ 类似于有用性感知的概念。具体到本研究，如果教师对网络教学系统的自我效能越高，越有可能认识到系统的有用性，从而形成较高程度的有用性感知，最终产生积极的持续使用意向。

　　关于自我效能对易用性感知的正向影响，从社会认知理论角度的解释

　　① Marakas, C. M., Yi, M. Y., and Johnson, R. D., "The Multilevel and Multifaceted Character of Computer Self-Efficacy: toward Clarification of the Construct and an Integrate Framework for Research", Information System Research, Vol. 9, No. 2, 1998. pp. 26 – 163.

　　② Agarwal, R., Sambamurthy, V. and Stair, R. M., "The Evolving Relationship between General and Specific Computer Self-Efficacy—An Empirical Assessment", Information System Research, Vol. 11, No. 4, 2000, pp. 418 – 430.

　　③ Bandura A., "Reflection on Self-Efficacy", Advance in Behavioral Research and Therapy (1), S. Rachman (Ed), Pergamon Press, Oxford, England, 1978, p. 241.

　　④ Compeau, D. R., C. A. Higgins and S. L. Huff, "Social Cognitive Theory And Individual Reactions to Computing Technology: A Longitudinal Study", MIS Quarterly, Vol. 23, No. 2, 1999, pp. 145 – 158.

是：教师的自我效能越高，越有可能面对新技术使用带来的挑战，在困难面前更能坚持自己的行为并做出更大的努力，从而减轻了技术使用的困难感，亦即提高了易用性感知。而教师的自我效能越低，在技术使用上越有可能产生心理压力，将注意力更多地转向可能失败或不利结果，导致不愿意付出努力采用技术有效地实现教学目标，从而加剧了对困难的畏惧，也就是降低了易用性感知。

本研究的这一结论与以往一些研究结论是一致的，如 Park 研究发现，教师的自我效能直接影响对技术的相对优势和复杂性的感知；[1] Pituch 和 Lee 研究发现，学习者的自我效能会直接影响对技术的易用性感知；[2] Liaw 研究发现，学生的自我效能会直接影响他们对 BlackBoard 系统的满意度和易用性感知。[3]

二　个人创新性的影响

本研究发现，对于决策阶段的教师来说，个人创新性既正向影响有用性感知，也正向影响易用性感知；而对确认阶段的教师来说，个人创新性只正向影响有用性感知，对易用性感知的影响消失了。

个人创新性是指教师愿意尝试创新教育技术的倾向，它与人的内部动机有关，Malone 和 Lepper 将这种内部动机称为好奇心。Schillewaert 等人认为，具有创新性的人往往会更快地发现系统的有用性和易用性，[4] 这些人喜欢收集关于新技术的消息，他们知道当前哪种技术更好，所以更加了解这些技术的潜在价值。[5] 作为个人的一种相对稳定的特质，个人创新性引起个人在技术上的"冒险"倾向。采用复杂的教育技术创新（如网络教学系统）进行教学，某种意义上也是一种"冒险"行为，一方面由于

[1]　Park, B, *Faculty Adoption and Utilization of Web-Assisted Instruction (WAI) in Higher Education: Structural Equation Modeling (SEM)*. Ph. D. Dissertation, Florida State University, 2003.

[2]　Pituch, K. A., Lee, Y. K. (2006), "*The Influence of System Characteristics on E-Learning Use*", Computers & Education, Vol. 47, 2006, pp. 222–244.

[3]　Liaw, Shu-Sheng. (2008), "*Investigating Students' Perceived Satisfaction, Behavioral Intention, and Effectiveness of E-Learning: a Case Study of The Blackboard System*", Computers & Education, Vol. 51, 2008, pp. 864–873.

[4]　Schillewaert, N., Ahearne, M. J., Frambach, R. T., & Moenaert, R. K., "*The Adoption of Information Technology in the Sales Force*", Industrial Marketing Management, Vol. 34, 2005, pp. 323–336.

[5]　Robinson, L., Marshall, G. W. & Stamps, M. B., "*Sales Force Use of Technology: Antecedents to Technology Acceptance*", Journal of Business Research, Vol. 58, 2005, pp. 1623–1631.

技术的使用可能会提高教学和学习质量，另一方面也可能会降低教学和学习质量。个人创新性越强的教师更有可能愿意体验一项新的技术，以寻求更多的机会提高自己的教学或学生的学习。所以在决策阶段，个人创新性对有用性感知和易用性感知都表现出显著的正向影响。

当进入确认阶段后，因为大多数教师都已在一定程度上了解了创新，不管他们是否具有较强的个人创新性，他们都在体验技术在教学中的应用，都对易用性有了自己的认识，个人创新性对易用性感知上的优势也就消失了。因此，在确认阶段，个人创新性对易用性感知不再有显著影响。而那些个人创新性强的人，在技术的有用性的探索上仍然具有优势，所以确认阶段个人创新性对有用性感知的作用依然存在，尽管有所减弱。

在以往研究中，Lewis 等人研究发现个人在信息技术上表现出来的创新性既影响有用性感知，也影响易用性感知；① 而 Schillewaert 等人②和 Erik 等人③的研究只发现个人创新性对易用性感知的显著关系。由于他们在研究中没有明确报告技术创新使用所处的阶段，根据本研究的结论也许可以推测，在他们的研究中用户对技术的使用均处于早期阶段，所以个人创新性会对易用性感知产生显著的影响。

第三节　组织干预的影响

高校组织环境下教育技术创新的采纳，组织干预的影响不应忽视。本研究从制度承诺和促进条件两个方面对组织干预的影响进行了探讨。制度承诺源自以往研究中的管理支持、行政支持、组织承诺等概念，之所以使用制度承诺概念是为了防止与促进条件的概念有交叉；促进条件源自于计划行为理论的行为控制感知和技术接受与使用统一理论（UTAUT）中的同名概念。本研究对促进条件的概念进行了扩展，除包含已有的技术支

① Lewis, W., Agarwal, R. & Sambamurthy, V., "*Sources of Influence on Beliefs about Information Technology Use: an Empirical Study of Knowledge Workers*", *MIS Quarterly*, Vol. 27, 2003, pp. 657 – 678.

② Schillewaert, N., Ahearne, M. J., Frambach, R. T. & Moenaert, R. K., "*The Adoption of Information Technology in the Sales Force*", *Industrial Marketing Management*, Vol. 34, 2005, pp. 323 – 336.

③ Erik, M., Van Raaij, Jeroen, J. L. & Schepers, "*The Acceptance and Use of a Virtual Learning Environment in China*", *Computers & Education*, Vol. 50, 2008, pp. 838 – 852.

持、资源支持维度外，又增加了专业发展的维度。通过对两个样本数据分析，除制度承诺对使用水平的影响关系、确认阶段制度承诺对持续使用意向的影响关系不显著外，其他关系都得到了数据支持。分析结果见图7.3。

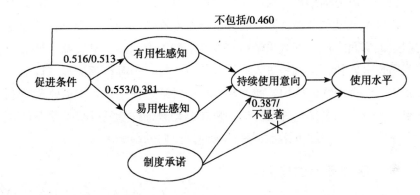

图7.3 组织干预因素的影响（决策阶段/确认阶段）

注：×表示检验未通过。

一 制度承诺的影响

制度承诺是指学校为促进教育技术创新的扩散和采纳所采取的行政干预措施，包括政策制度、倡议、考核、认可等。以往研究发现，缺乏计划、行政支持、财政支持、激励、认可等方面的组织干预，是阻碍教育技术创新采纳的重要因素，但没有明确指出这些因素是如何影响采纳的。[1][2][3] 本研究在以往研究的基础上假定，制度承诺一方面会影响网络教学系统的持续使用意向，另一方面还影响系统的使用水平。通过两个样本的数据分析，结果显示：制度承诺对使用水平没有直接影响；制度承诺对决策阶段教师的持续使用意向有显著的正向影响，而对确认阶段教师的持续使用意向影响不显著。也就是说，虽然制度承诺对技术的使用水平没有直接影响，但会直接影响决策阶段的教师在正式教学中采纳技术的决定。

① Salf, A. A. A. , *The Motivating and Inhibiting Factors Affecting the Use of Web-Based Instruction at The University of Qassim in Saudi Arabia*, Ph. D. Dissertation, Wayne State University USA, 2005.

② Daugherty, M. & Funke, B. , "*University Faculty and Student Perceptions of Web-Based Instruction*", *Journal of Distance Education*, Vol. 3, No. 1, 1998, pp. 21 – 39.

③ 李艳、[美] James. R. Linder:《高校教师对网络教育发展中的障碍因素的认识——来自中国农业大学教师群体的问卷调查报告》,《开放教育研究》2005 年第 6 期。

这一结论与以往研究的结论是一致的，如 Salf 研究指出，学术晋升机会、财政支持、激励等组织因素虽然在促进技术采纳方面的作用很小，但却是阻碍技术采纳的最大的障碍因素。[1] 实际上意即缺乏制度承诺会降低技术创新采纳的意向，而有制度的支持并不一定会提高技术使用水平。

根据本研究的结果，对决策阶段的教师来说，由于缺乏明确的政策支持、认可、鼓励和考核认同，会降低教师对在今后的教学中正式使用技术的期望，从而降低了继续采纳教育技术创新的意向。一旦教师在教学中正式使用技术创新，也就是进入应用和确认阶段，教师会逐渐加深技术对教学和学习的有用性的认识，越来越形成一种通过使用技术主动改善教学的愿望，这时实际上是一种内部的动机在驱动教师继续采纳技术创新，因此导致在确认阶段制度承诺不再是持续使用意向的影响因素。

二　促进条件的影响

促进条件包括学校为教师使用教育技术创新提供的技术支持、资源、专业发展机会等。本研究发现，促进条件直接正向影响使用水平，促进条件越高，使用水平越高。这一结论与 UTAUT 理论是一致的，[2] Park 也发现促进条件对教师网络教学系统的使用行为有直接影响。[3] 另外也有研究单独探讨了促进条件的一个方面对使用行为的影响，如 Cheung 和 Huang 研究发现，因特网技术支持对技术使用行为具有直接正向影响。[4] 与以往研究不同的是，本研究的使用行为不是一般的使用频度、使用时间多少和使用的范围，而是教师使用网络教学系统开展各种教学活动的程度。

本研究还发现，无论是对决策阶段的教师还是确认阶段的教师，促进条件高度地正向影响有用性感知，且这种影响的程度是同等的。这是由于通过提供有效的技术支持、资源和专业发展机会（如培训），教师可随时解决遇到的困难和问题，他们对技术的抵制逐渐消除，对技术的了解越来

---

① Salf, A. A. A. , *The Motivating and Inhibiting Factors Affecting the Use of Web-Based Instruction at The University of Qassim in Saudi Arabia*, Ph. D. Dissertation, Wayne State University USA, 2005.

② Venkatesh, V. , Morris, M. G. , Davis, G. B. and Davis, F. D. , "*User Acceptance of Information Technology: Toward A Unified View*", *MIS Quarterly*, Vol. 27, No. 3, 2003, pp. 425 – 478.

③ Park, B, *Faculty Adoption and Utilization of Web-Assisted Instruction (WAI) In Higher Education: Structural Equation Modeling (SEM)*. Ph. D. Dissertation, Florida State University, 2003.

④ Cheung, W. , Huang, W. , "*Proposing a Framework to Assess Internet Usage in University Education: An Empirical Investigation from A Student's Perspective*", *British Journal of Educational Technology*, Vol. 36, No. 2, 2005, pp. 237 – 253.

越多，因此会越来越感到技术对教学的有用性。此外，在很大程度上，良好的促进条件反映了学校对在教学中进行技术整合的姿态，有助于教师理解技术创新的重要意义。换言之，促进条件越好，教师越能感到技术创新的有用性。以往很多研究也得到与本研究类似的结论，[1][2] 在他们的研究中使用了比促进条件内涵更小的技术支持的概念。

本研究的另一个发现是促进条件正向影响易用性感知，而且对决策阶段的教师来说，这种影响更强。Teo、Lee 和 Chai 的研究也发现促进条件对易用性感知的正向影响；[3] Ngai、Poon 和 Chan 发现技术支持正向影响易用性感知；[4] Lee 的研究发现内部技术培训可提高易用性感知。[5]

本研究还区分和比较了不同采纳阶段促进条件对易用性感知的作用。不难理解，技术培训、技术支持及技术系统的学习资源的提供，会不断提高教师的技能和经验，从而提高对技术的易用性感知。随着经验和技能的不断提高，促进条件的这种影响会逐渐降低，这也是不难理解的。也正是因为此，确认阶段比早期的决策阶段促进条件对易用性感知的影响较低。

第四节　社会影响因素的影响

社会影响因素反映了社群压力对教师采纳技术创新的作用。本研究主要探讨了主观规范和社会形象感知两个因素的影响。数据分析表明，主观规范不但正向影响持续使用意向，而且正向影响有用性感知，而社会形象感知只影响决策阶段教师的持续使用意向，如图 7.4 所示。

① Lee, Y. C., "*The Role of Perceived Resources in Online Learning Adoption*", *Computers & Education*, Vol. 50, 2008, pp. 1423 – 1438.

② Poon, C. S. & Chan, D., "*Effects of contaminants on the properties of concrete paving blocks prepared with recycled concrete aggregates*", Construction and building materials, Vol. 21, No. 1, 2007, pp. 164 – 175.

③ Teo, T., Lee, C. B. & Chai, C. S., "*Understanding Pre-Service Teachers' Computer Attitudes: Applying and Extending the Technology Acceptance Model*", *Journal of Computer Assisted Learning*, Vol. 24, 2008, pp. 128 – 143.

④ Ngai、E. W. T., Poon, J. K. L. & Chan, Y. H. C., "*Empirical Examination of the Adoption of Webct Using TAM*", *Computers & Education*, Vol. 48, 2007, pp. 250 – 267.

⑤ Lee, Y. C., "*The Role of Perceived Resources in Online Learning Adoption*", *Computers & Education*, Vol. 50, 2008, pp. 1423 – 1438.

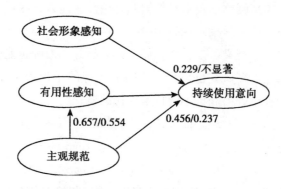

图 7.4　社会影响的作用（决策阶段/确认阶段）

一　主观规范的影响

主观规范是以往研究中关注最多的一个社会影响因素，所得出的研究结论也千差万别。有研究发现主观规范对行为意向有正向直接影响，也有的发现主观规范对行为意向的影响不显著。在第四章第二节中讨论了以往研究结论不一致的原因，并把主观规范的概念进一步完善，既包括了命令性规范，也包括了解释性规范。通过数据分析发现，一方面主观规范直接正向影响持续意向，并且对确认阶段的教师来说主观规范对持续使用意向的影响要低于决策阶段的教师；另一方面，主观规范还高度地直接正向影响有用性感知，且对两个阶段的教师来说这种影响都非常强。

根据 Venkatesh 和 Davis 的观点[①]，主观规范对教师技术创新采纳的影响可有两种机制：遵从和内化。在遵从机制下，教师认识到上级领导、周围同事和学生认为他应该采用网络教学系统，并且这些领导、同事和学生认为在教学中采用网络教学系统效果很好；或者相反，领导、同事和学生认为不应采用系统，他们认为使用系统的效果不好，这时教师会因感受到压力而直接遵从规范，从而直接影响其持续使用意向，而不管技术到底如何。在内化机制下，教师认识到上级领导、同事和学生认为他应该使用网络教学系统，且认为使用网络教学系统的效果不错；或者是相反，领导、同事和学生认为不应该采用系统，他们认为使用系统的效果不好，这时，这些建议或看法会整合到自己的信念结构中，改变自己对网络教学系统的

① Venkatesh, V. & Davis, F. D., "*A Theoretical Extension of The Technology Acceptance Model*: *Four Longitudinal Field Studies*", *Management Science*, Vol. 45, No. 2, 2000, pp. 186 – 204.

看法，从而影响到有用性感知，通过有用性感知间接影响持续使用意向。

对确认阶段教师来说，他们对技术的使用经验相对丰富，对技术的了解更加全面，这时，遵从机制的作用会大大降低，也就是主观规范对持续使用意向的直接影响在确认阶段比决策阶段大为下降，在本研究中，这种影响的标准化路径系数从 0.456 下降到了 0.237。另一方面内化机制的作用也会发生变化，本研究发现，主观规范对有用性感知的影响在确认阶段比决策阶段稍有下降，标准化路径系数从 0.657 下降到了 0.554。

二　社会形象感知的影响

本研究发现，对决策阶段的教师来说，社会形象感知正向影响持续使用意向，即教师越是认为技术的使用可提高声誉和地位，越会产生积极的使用意向；但对确认阶段的教师来说，社会形象感知的影响不显著。

参考 Venkatesh 和 Davis 的观点[①]可以推断，社会形象感知的影响实际上遵从的是同化（identification）机制。如果教师发现使用技术创新的教师比不使用的享有更高的声誉，会感到技术创新的使用更容易得到所在群体的认可，在这种氛围下就很容易产生使用技术的意向，而且越是认为技术创新的使用可提高社会形象，产生的意向越强烈。本研究与 Venkatesh 和 Davis 的研究不同的是，他们的研究中社会形象感知与有用性感知有积极的关系，而本研究发现社会形象的提高并不一定必然导致教师认为技术是有用的。事实上如果技术的有用性不高，但可以提高社会形象，照样会产生积极的使用意向。数据分析结果也证明了这一点。

然而，在确认阶段，随着经验的积累，教师使用技术的动机越来越转向如何改善教学而不是提高声誉，抑或是由于技术的使用已经获得了这种声誉，这时社会形象感知不再发生作用，即对持续使用意向的影响消失了。数据分析结果也证明了这一点。Liao 和 Lu 的研究有类似的结论，在他们的研究中发现，对于没有 E-Learning 经验的学生来说，对提高社会形象的关注会影响他们使用在线学习网站的行为意向。[②]

---

① Venkatesh, V. & Davis, F. D. , "*A Theoretical Extension of The Technology Acceptance Model: Four Longitudinal Field Studies*", *Management Science*, Vol. 45, No. 2, 2000, pp. 186 – 204.

② Liao, Hsiu-Li and Lu, Hsi-Peng, "*The Role of Experience and Innovation Characteristics in the Adoption and Continued Use of E-Learning Websites*", *Computers & Education*, Vol. 51, 2008, pp. 1405 – 1416.

第五节　综合分析

　　将以上对4个研究模型的检验结果综合在一起，可更清晰地看出两个使用阶段起关键作用的影响因素及其影响机制。图7.5为对决策阶段教师来说各因素的影响情况。可以清楚地看出，对于决策阶段的教师来说，直接影响持续使用意向的关键因素包括易用性感知、有用性感知、主观规范、社会形象和制度承诺。此外还可看出，相容性感知、自我效能、个人创新性、促进条件、主观规范是有用性感知的前因因素，它们通过有用性感知的中介间接影响持续使用意向；自我效能、个人创新性和促进条件同时也是易用性感知的前因因素，并通过易用性感知间接影响持续使用意向。

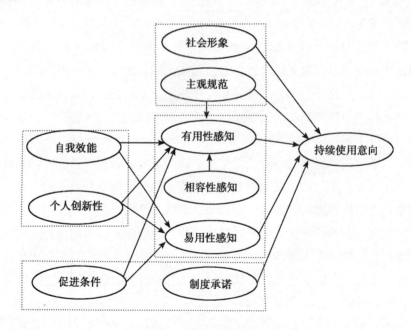

图7.5　决策阶段各因素的影响情况

　　图7.6为对确认阶段的教师来说各因素的影响情况。从图中可以清楚地看出，对确认阶段的教师来说，直接影响持续使用意向的关键因素为有用性感知、易用性感知和主观规范；直接影响使用水平的关键因素为持续使用意向和促进条件。此外还可看出，相容性感知、自我效能、个人创新性、促进条件、主观规范仍然是有用性感知的前因因素，它们通过有用性

感知间接影响持续使用意向；自我效能和促进条件是易用性感知的前因因素，它们通过易用性感知间接影响持续使用意向。

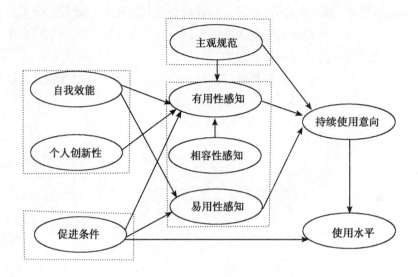

图 7.6 确认阶段各因素影响情况

对两个阶段教师采纳行为的影响因素进行比较可以发现，有用性感知、易用性感知和主观规范始终是持续使用意向的直接影响因素，但这些因素在两个阶段的影响程度是不一样的。从表 6.18 可以看出，对决策阶段的教师来说，易用性感知的影响（0.625，$p < 0.001$）远大于有用性感知的影响（0.169，$p < 0.05$）；而对确认阶段的教师来说，有用性感知的影响（0.418，$p < 0.001$）增强，易用性感知的影响（0.203，$p < 0.001$）降低，有用性感知对持续使用意向的影响大于易用性感知。主观规范对决策阶段教师持续使用意向的影响系数为 0.456，$p < 0.001$，而对确认阶段教师持续使用意向的影响系数为 0.237，$p < 0.001$，也就是说，对确认阶段的教师来说，主观规范对持续使用意向的影响降低了。

通过比较还可发现，对决策阶段的教师来说，社会形象感知和制度承诺是持续使用意向的直接影响因素；但对确认阶段的教师来说，社会形象感知和制度承诺对持续使用意向没有影响。

对于间接影响因素来说，比较图 7.5 和图 7.6 可以看出，相容性感知、自我效能、个人创新性、促进条件、主观规范始终为有用性感知的前因因素，并且从表 6.18 可以看出，对两个使用阶段的教师来说，这些因素对有用性感知的影响程度是同等的。

　　至于易用性感知的前因因素，可发现自我效能和促进条件在两个阶段均影响易用性感知，且自我效能的影响在两个阶段是同等的，而促进条件对易用性感知的影响对确认阶段的教师来说从程度上有所降低。个人创新性对易用性感知的影响只表现在决策阶段，对确认阶段的教师来说，个人创新性对易用性感知没有显著影响。

　　另外研究还发现自我效能对持续使用意向的关系、易用性感知对有用性感知关系对两个阶段的教师来说都不显著。

第八章 研究结论、意义与展望

第一节 研究结论

　　教育技术创新的扩散与用户采纳行为研究是教育技术研究领域的一个重要方面，近年来得到西方一些学者的广泛关注，但国内的研究成果相对较少。本研究在对国内外相关理论和研究进行分析总结的基础上，结合教育技术发展和在高校组织中的实施情况，将研究的关注点锁定在教育技术创新扩散过程中起关键作用的教师个人，研究的主要问题是：影响教师对教育技术创新的采纳行为的主要因素有哪些？这些因素是如何产生影响的？对不同采纳阶段的教师来说，采纳行为的影响因素及影响机制有何差异？

　　针对这些问题，在对文献进行分析的基础上，综合了以往相关研究的理论成果，重新界定了一些模糊的或交叉的概念，识别了影响教师接受和采纳教育技术创新的关键因素，剖析了关键认知信念对采纳意向和行为的路径关系，遵循"认知信念→意向→行为"的分析逻辑，从创新特征、个人特征、组织干预、社会影响4个方面提出了4个影响因素结构模型，共包含了18个假设关系。为了检验这些模型和假设以解决提出的问题，本研究选取了个体创新采纳决策过程中的两个阶段：决策阶段和确认阶段，以高等学校教师在日常教学中网络教学系统的采纳为背景，从5所不同类型的高等院校中抽取了分别处于试验使用阶段（对应决策阶段）和正式使用阶段（对应确认阶段）的两个教师被试样本，采用K-均值聚类方法对被试进行了聚类分析；采用结构方程模型方法检验了提出的研究模型和假设，并对结果进行了分析和讨论。最终得出如下研究结论：

　　（1）处于决策阶段的被试可分为三类：拒绝者、观望者和转化者；处于确认阶段的被试也可分为三类：中止倾向者、探索者和积极者。不同类别的被试采纳或持续采纳意向不同，对网络教学系统的创新特征（包括有用性感知、易用性感知和相容性感知）、个人特征（包括自我效能、个人创新性）、组织干预（包括制度承诺和促进条件）和社会影响（包括主观规范和社会形象感知）诸因素的认知也不同。

（2）创新特征感知、个人特征、组织干预和社会影响均为网络教学系统采纳的重要影响因素，并且对不同的创新采纳阶段（决策阶段和确认阶段）的教师来说，有些因素的影响是不同的。

（3）对处于决策阶段的教师来说，有用性感知、易用性感知、制度承诺、主观规范和社会形象感知5个因素直接正向影响持续使用意向；相容性感知、自我效能、个人创新性、促进条件、主观规范通过正向影响有用性感知间接影响持续使用意向，且自我效能、个人创新性和促进条件还通过正向影响易用性感知间接影响持续使用意向。

（4）对处于确认阶段的教师来说，有用性感知、易用性感知和主观规范直接正向影响持续使用意向；持续使用意向和促进条件直接正向影响使用水平；相容性感知、自我效能、个人创新性、促进条件和主观规范通过正向影响有用性感知间接影响持续使用意向，且自我效能、促进条件还通过正向影响易用性感知间接影响持续使用意向。

（5）对处于不同阶段的教师来说，有些因素的影响发生了变化。制度承诺和社会形象感知对决策阶段教师的持续使用意向具有影响，而对确认阶段教师的影响不显著。个人创新性只对决策阶段教师的有用性感知具有影响，对确认阶段教师的有用性感知的影响不显著。

此外，有用性感知、易用性感知、主观规范对持续使用意向的影响，主观规范对有用性感知的影响，促进条件对易用性感知的影响，对两个阶段的教师来说作用程度是不同的。有用性感知对持续使用意向的影响对确认阶段的教师来说作用程度较高；而易用性感知、主观规范对持续使用意向的影响，主观规范对有用性感知的影响，促进条件对易用性感知的影响，对决策阶段的教师来说作用程度较高。

第二节　管理和实践意义

以上结论在增加创新扩散和技术采纳理论研究在中国高等教育领域的经验的同时，在一定程度上也弥补了国内在高校组织技术创新推广和实施研究的不足，可为教育技术开发者和高校组织的教学信息化管理提供有益参考。具体来讲，本研究结论的管理和实践意义如下：

一 创新特征的影响方面

技术采纳和创新扩散研究几乎无一例外地关注创新特征如何影响创新的接受或扩散，教育领域的技术创新采纳和扩散研究也是这样。和其他研究一样，本研究发现，教师对有用性、易用性和相容性3个创新特征的感知是影响其决定采纳和持续采纳教育技术创新的最稳定的因素。其中，有用性感知和易用性感知均直接影响持续采纳意向，相容性感知强烈影响有用性感知从而间接影响持续使用意向。因此，对教育技术开发者来说，应特别重视技术系统的有用性、易用性和相容性。一是搞好需求调研和系统设计，使技术确实能有助于教学目标的实现，有助于教师利用技术创新教学方式，扩大学习资源广度，方便师生交流，提高学生的学习效果；其次是注意技术的易用性，不但技术操作简单易行，而且在教学设计上要灵活方便，让教师不需要太多努力就可熟练地将技术有效地与教学整合；三是要照顾到不同教师、不同学科的各种需求，适合各种教学模式、不同教学理念的教学实践。

对高校管理者来说，首先在教育技术创新的引进上要结合本校的实际做好内部需求分析和产品调查，引进或开发的教育技术要切实符合本校实际和未来发展、有助于发挥现代技术优势克服传统教学的弊端，同时又易于操作和使用，教育技术创新的投资应以教育教学价值为导向，而不是为了技术而投资技术；其次是要采取措施（如培训项目、技术与教学整合交流观摩会等）让教师认识到所引进的教育技术创新的潜在优越之处，让教师认识到技术的适用性，并确保教师能够轻松地使用技术创新。对于刚刚接触技术创新的教师应特别关注易用性感知的影响，对于已使用一段时间的教师应特别关注有用性感知的影响。

二 学校组织中的社群影响方面

本研究的结果表明，除已引起广泛注意的创新特征之外，与学校组织环境相关的因素也会强烈地影响教师的教育技术创新接受和采纳行为，社群影响就是组织情境因素的一种，包括主观规范和社会形象感知。研究发现，主观规范显著地影响教师技术创新采纳行为的决策，教师通常会遵从周围群体包括同事、领导和学生的意见或看法而产生积极或消极的创新采纳意向，同时周围群体的这些意见或看法还会影响教师对创新的有用性感知，这些意见或看法会内化为教师自己的信念。主观规范的影响在教育技术创新实施的早期阶段尤其强烈。所以，管理者在规划教育技术创新实施时，应认真考虑教师周围社群的重要影响力，有效利用自身的影响力、同事之间的影响力和学生的影响力。具体地说，管理者要对教育技术创新的实施提供持续关注和支持，发挥社群中的意见领袖和变革代理对系统成员的影响作用，在组织内形成一种支持性氛围，同时也让教师体会到一定的社会压力；管理者要营造一种积极的教学变革氛围，鼓励教师、学生互相帮助；还要建立一些积极的社会网络，如学习小组、互联网社区、技术与教学整合研讨会等，让教师互相分享和传播有益的经验做法，以提升社群成员的互相影响。

另外，研究还发现，在决策阶段也就是技术创新采纳的早期阶段，社会形象感知会影响教师在教学中正式采纳技术的决定。因此，管理者应采取一些措施，如将技术与教学整合的竞赛、表彰、评比，让教师感受到技术与教学的有效整合可赢得组织的认可和师生的赞誉。

三　组织干预的影响方面

组织干预是学校管理者为促进教育技术创新的实施而采取的行政性行动，包括制度建设、资源提供、技术支持、专业发展机会等。在本研究中概念化为两个因素，一是制度承诺，二是促进条件。研究发现，对刚刚接触教育技术创新正处决策阶段的教师来说，制度承诺直接强烈地影响他们的创新采纳决策。因此，一方面管理者应制定可行的制度协调和激励教师在教学中整合技术。从整体的教育教学改革战略和规划中体现教育技术创新的重要地位，政策上鼓励在教学中使用技术创新探索教育教学的革新，从制度上认可由于技术使用而造成的工作量增加并进行补偿、奖励，乃至在业绩考核、职称晋升上给以适度考虑。另一方面针对教育技术创新实施遇到的各种情况，探索现行的教学制度改革，如网络教学的实行给教和学带来益处的同时，也给现行的教学管理制度提出挑战，教学目标、教学方式、教学过程、师生角色、时间安排、交流渠道等教学结构都不可避免地会发生变化，现行的以班级授课制为核心的教学制度不可避免地会出现不协调的情况；由于学习使用技术和开发课程资源占用更多的精力也会与科研工作发生冲突。因此应逐步探索修订和完善现行制度，协调各种矛盾和冲突。更为重要的是，管理者应有效地向教师传达学校对技术创新采纳的承诺，让教师体会到技术创新对学校教育教学的重要性。

另一个重要的组织干预因素就是促进条件，它包括技术支持、资源提供和专业发展机会等。研究发现，促进条件是直接影响教育技术创新使用水平的最重要的因素，同时它还会影响教师对技术的有用性感知和易用性感知，从而间接影响持续使用意向。因此，管理者应该给予教师足够的资源，包括场所、设备、软硬件工具、支持材料、时间等，提供足够的技术支持如配备充足的技术支持队伍、提供求助服务台、提供各种形式的使用指南等，避免因为访问障碍和问题长久不能解决而造成的不满意。此外，还要为教师提供各种专业发展机会，加强培训了解教育技术创新在教育教学上表现出的强大优势，掌握技术使用技能，降低使用门槛，特别不应忽视以技术整合为基础的教学方式改革的培训，让教师知道"是什么，为什么，如何做，如何有效地做，做成什么样子"，从而形成一个技术整合的图景，以保障教师有效地在教学中整合技术，提高使用水平。

四　个人特征的影响方面

研究发现，个人特征是影响教师教育技术创新采纳的间接因素。自我效能和个人创新性程度高的教师通常更容易发现技术创新的有用性和易用性，尤其是在决策阶段。这一结论的启示是，在教育技术创新实施的早期阶段，首先应选择那些自我效能和个人创新性比较高的教师率先使用技术创新，这样一方面教育技术创新的实施可以有一个良好的开端，为大范围的广泛应用打好基础；另一方面，可以通过社群影响（主观规范）波及其他教师，从而起到一个带头和示范作用。再者，对于那些自我效能相对较低的教师，应采取措施提高他们的自我效能，根据社会学习理论的观点，这些措施可包括从小做起增加其本人技术使用的成功经验，观察与其类似的教师的成功经验，言语鼓励劝说、降低其技术焦虑等。

五　不同采纳阶段不同类别的教师应该区别对待

由于不同采纳阶段各因素的影响不同，同一采纳阶段不同类别的教师的采纳或持续采纳意向以及对各影响因素的认知也不同，因此，在技术创新的推广过程中应区别对待。如，对处于决策阶段的教师，应重点关注转化者，促使其尽快在教学中正式采用技术创新，这部分教师的率先采纳同时还会起到带动作用。对于确认阶段的教师来说，应重点关注探索者，这部分教师已经具备了相当的基础，处于积极者和中止倾向者之间，且占很大比例，应采取相应措施促使他们成为积极者，防止"退化"为中止倾向者。此外，对于不同阶段不同类别的教师应该采取不同的措施，如对处于决策阶段的拒绝者来说，他们认为技术难于使用，常常抱怨缺乏技术支持、资源支持和专业发展机会，而易用性感知是这一阶段影响使用意向的最重要的因素之一，技术支持、资源支持和专业发展机会的提供（即促进条件）又可提高易用性感知，所以对这部分教师来说要给予足够的有效支持和培训，降低他们的技术门槛。又如对处于确认阶段的积极者来说，由于他们对技术创新的有用性、相容性和易用性已经形成非常积极的认识，且社会影响对处于决策阶段的教师来说影响最大，所以应有意识地组织他们与决策阶段的教师进行广泛交流，发挥社会影响的积极作用。

第三节　主要创新点

本研究的主要创新点包括以下几个方面：

一　进一步拓展国内教育技术研究的边界，沟通教育技术与社会科学学科的联系

巴巴拉·西尔斯将教育技术领域的研究划分为媒体应用、创新扩散、实施和制度化、政策法规 4 个方向。[①] 以往研究多集中于媒体应用方向，对其他三个方向重视不足。自 20 世纪末有学者呼吁教育技术研究向创新扩散研究转移以来，国外这方面的研究逐渐增多，尽管多数研究集中在对创新扩散理论和 TAM 模型的检验上。近年来这方面的问题也引起了我国一些学者的重视，但尚缺乏系统的研究，特别是缺乏实证支持，需要更多的关注和深入研究。本研究借鉴国内外特别是西方国家的学者提出的相关理论和研究成果，对高校组织内教育技术创新扩散过程中影响教师技术创新采纳行为的因素和机制进行了初步的实证探讨，拓宽了现有教育技术研究领域的范围，从某种程度上弥补上这方面研究的缺失或不足。此外，本

---

① ［美］巴巴拉·西尔斯、［美］丽塔·里齐：《教育技术：领域的定义和范畴》，乌美娜译，中央广播电视大学出版社 1999 年版。

研究从社会科学视角看待技术与教学整合的问题，把技术的应用转化为一个社会学问题，从而沟通了教育技术与社会心理学、行为学、社会学、管理学等学科之间的联系，扩大了看待相关问题的视野。

二　将教师的认知信念作为高校组织内教育技术创新扩散的关键

本研究对教育技术创新本质的认识不同以往。过去的很多研究常常隐含了这样一个假设：技术的卓越是影响其是否被采纳的主要原因。基于这一假设，研究的重点要么是认为技术还不够优秀，将精力放在如何改进技术上，继续在技术设计与开发上增加投入；要么是认为技术是对学校系统有帮助的事物，系统成员应该接受这一技术，实践上表现为"从上到下"命令式的技术实施推进，结果往往陷入"个人指责"的藩篱。从现实情况来看，这种技术决定倾向的观点并没有取得预期的效果。

本研究认同 Rogers 对创新概念的定义，将教育技术创新看作一种"中性"的事物，它只不过是"一种新思想、新产品或新方法"，高校引入某一教育技术创新只是代表组织层面的接受和采纳，真正被有效地利用则有赖于个体用户对它的接受，以及技术、用户个人、学校组织、师生同伴群体等各种因素相互作用。其中教师认知信念是高校组织内教育技术创新扩散的关键。教师在教学中是否使用技术，使用何种技术，以及怎样使用技术的决定是建立在对技术是否有利于实现教和学的目标、技术是否符合自己的价值观并满足自己的需要，个人是否有能力使用技术完成目标、组织的干预措施是否符合自己的期望、周围群体对技术使用有什么看法等的认知信念基础之上的。是教师个人对这些因素的认知信念而不是这些因素本身影响了教师的采纳决定。理解教师对各种因素的认知是至关重要的。基于此，本研究在各因素的测度上均采用了教师对这些因素的认知信念而不是因素的客观表现，以此所得的结论会更有价值。

三　从技术、个人、组织、社会影响 4 个方面系统地探讨了影响教师采纳或持续采纳教育技术创新的因素及影响机制

本研究在系统分析相关理论和现有研究的基础上，从技术、个人、组织和社会影响 4 个方面识别了影响教育技术创新采纳的关键因素和作用路

径，提出了 4 个影响因素结构模型，即：创新特征影响模型、个人特征影响模型、组织干预影响模型、社会影响模型，并在现有条件下尽可能多地从不同类型的高校获取经验数据，对模型进行了检验。数据分析结果证明了大多数理论推想，回答了论文开始提出的问题，实现了研究的目标。除在中国高校组织背景下进一步验证了以往研究的一些结论外，对以往的理论也有一定的发展。4 个模型和研究结论较好地解释了高校组织内教育技术创新扩散过程中教师的采纳行为，为今后在不同背景下进一步的检验提供了一个基础参考框架，同时对于技术开发人员和学校技术创新实施和管理也有一定的参考意义。

四　采用横向研究方法探讨了各影响因素不同采纳阶段的动态变化

分析比较不同采纳阶段的影响因素及各因素影响的差异具有很重要的理论意义和实践意义。遗憾的是，文献分析显示，很少有研究进行这方面的探讨。一个最理想的方法是采用纵向研究方法对同一样本进行跟踪、观察，但受成本和条件限制不是所有研究都能轻易实现的。本研究采用在同一横断面上获取处于不同采纳阶段的样本数据，达到了一个近似的效果，实现了对不同阶段进行比较的目标。尽管在结果上不一定特别严谨，但通过与理论和其他研究成果的对话，在现有条件限制下还是取得了很有意义的结果。

五　识别了 6 类不同特征的采纳群体

本研究根据被试对技术、个人、组织和社会因素的认知及其技术创新使用意向，分别对决策阶段和确认阶段的被试进行聚类分析，识别了 6 类不同类型的群体：拒绝者、观望者、转化者、中止倾向者、探索者和积极者。可按照不同类型的群体，有针对性地采取相应技术促进措施。这对于经济有效的技术创新推广具有一定的参考价值。

六　进一步丰富了创新扩散和技术采纳理论

除在中国高等教育背景下验证了创新扩散和采纳理论的一些观点和逻辑之外，我们还做了以下工作：第一，对创新扩散理论、技术接受模型、技术接受模型 2、技术接受模型 3、技术接受和使用统一理论、认知心理学的理性行为理论和计划行为理论、社会学习理论以及相关研究进行了系统的分析，梳理了不同理论、模型和研究中包含的概念或变量，吸收现有的研究成果对模糊的概念、容易导致歧义的概念进行了澄清和界定，对交叉概念进行了归类或合并，识别了焦点因素和关键因素；第二，剖析了以往研究中的变量关系，并进行推理论证，作为本研究模型提出的基础；第三，引入了新的因变量持续使用意向和使用水平，丰富了因变量和变量关系；第四，对关键因素进行了补充和扩充，如社会形象在 TAM2 中只是有用性感知的前因变量，在本研究中作为直接影响意向的因素，还增加了制度承诺作为关键因素。这些工作的合理性均得到了本研究数据的支持，一定程度上进一步地丰富了扩散和采纳理论。

第四节　研究的局限性

受研究能力和研究条件的限制，本研究尚存在一些局限性，影响了研究结论的一般性和准确性，有待于未来研究中加以改进。本研究的主要局限性表现在以下几个方面：

（1）对教育技术创新个体采纳行为影响因素的研究最好是针对同一样本进行长期跟踪，对不同阶段的影响因素进行对比分析，从而了解不同阶段的影响因素差异。因受研究时间和条件的限制，本研究在同一时间段上取得了两部分样本，分别处于早期试验使用和后期正式使用阶段，并对两个阶段教师采纳行为的影响因素进行了比较。虽然研究结论也得到了很多现有研究的支持，但由于使用的不是同一个样本，比较分析得出的结果很可能会有失严谨性。

（2）虽然本研究在现有条件下尽可能地从多个不同类型的学校获得样本，但样本的分布还是不能涵盖所有类型的学校。在 5 所被调查高校中，所采用的抽样方法也是不同的，有的采取了随机抽样方法；有的采取了整群抽样方法，有的采取了目的抽样方法；问卷的填写方式有的采用了网络问卷，有的采用了印刷问卷，抽样总体也只是限制在已经对技术有或多或少的了解并开始使用的教师范围。尽管数据分析显示问卷具备较好的信度和效度，但很难弄清样本在多大程度上代表总体。

（3）本研究关注的教育技术创新类型是网络教学系统，与单用户私人使用的教育技术不同，它具有很高的社会性，结果可能导致社会影响和组织干预因素的影响表现比较突出。

（4）研究样本的性别分布是不均衡的，女性教师占了近 2/3。以往研究显示①②，性别是影响技术创新接受和使用的重要因素，如女性容易受主观规范的影响，这种现象可能会影响结论的一般性。

第五节　研究展望

教育技术创新的扩散和采纳行为研究是教育研究中一个崭新的领域，随着现代教育技术的飞速发展，教育组织对这一问题的研究提出了迫切的要求。本文在对相关理论和研究成果进行分析整理的基础上，识别了影响教育技术创新采纳行为的关键因素，提出 4 个理论模型并进行了实证检验，取得了一些初步的研究成果。但本研究只回答了高校组织内教育技术扩散和采纳的一小部分问题，所提出的模型和取得的结论尚需在今后的研究中进行进一步的验证和完善。在教育技术创新扩散和采纳研究领域仍有大量问题需要继续研究探索，这将是笔者在今后继续努力的方向。

具体地说，在本研究的基础上，需要在以下几个方面进行深入的研究：

（1）虽然本研究尚存一些局限性，但还是希望本研究提出的模型和所得出的研究结论在不同教育和技术创新背景下进行实证检验。由于情境因素和大量潜在的与情境有关的因素的存在，会导致在现实世界中一些偶然因素的相互作用，产生某些假象，另外情境与行为也会互相影响，从而导致研究结论的不一致。需要在不同的组织情境下，针对不同的教育技术创新类型继续对模型和结论进行检验和完善，去伪存真，识别真正影响教育技术创新扩散和采纳的因素及各因素的影响机制，从而加深对采纳行为的理解，同时也提高研究结论的一般性。

（2）本研究注意到了影响因素在不同阶段的动态变化特征，并取得了一些初步的结论。但由于不同阶段的被试不是使用的同一个样本，这些结论难免会有出入。因此，需要进行纵向研究，在不同时间点上对同一样本的认知和行为进行跟踪和观察，更深入准确地了解不同采纳阶段各影响

---

① Venkatesh, V., Morris, M. G., Davis, G. B. and Davis, F. D., *"User Acceptance of Information Technology: Toward A Unified View"*, *Mis Quarterly*, Vol. 27, No. 3, 2003, pp. 425 – 478.

② 高峰：《教师接受网络教育技术的影响因素研究》，《开放教育研究》，2010 年第 5 期。

因素的动态变化,为教育技术创新实施的管理提供更有价值的信息。

(3)新型教育技术与教学的整合往往意味着教学方式的改变,从表5.23可以看出,技术的使用导致整个教学结构包括教学目标、教学内容、教学过程、师生角色、媒体依赖程度等都发生了或多或少的变化,这对于早已习惯传统教学方式的教师来说无疑会带来工作方式的改变,在教学中整合新的技术势必将会付出更多努力和精力,在决定是否采纳或是否持续采纳新技术前他们会对付出的成本和获得的收益进行评估。因此,在今后的研究中,需要对成本效益方面进行更多地关注,以加深对教师技术采纳行为的理解。此外,对于成长于信息时代的学生来说,在使用技术获取信息和进行学习方面具有更强的能力,甚至远远超过他们的老师,在学习中很多学生越来越习惯于使用新型技术(如互联网)。因此,学生对教师在教学中整合技术的影响也是不容忽视的,虽然本研究的主观规范因素包括了学生的影响方面,但还不够细致,需要引起未来研究更进一步的关注。

(4)目前国内教育技术创新扩散和采纳领域的研究还比较稀少,国外特别是欧美发达国家在这方面的研究取得了相对丰富的成果,其他非教育领域的技术采纳和扩散研究相对比较成熟,有必要借鉴这些研究成果在我国教育领域进行检验,探索其适用性并进行跨文化比较,对于丰富本土理论无疑是一个有效的途径。

参 考 文 献

中文部分：

［英］阿什比：《科技发达时代的大学教育》，滕大春、滕大生译，人民教育出版社 1983 年版。

［美］埃弗雷特·M.罗杰斯：《创新的扩散》（第 4 版），辛欣译，中央编译出版社 2002 年版。

［美］艾尔·巴比：《社会研究方法》（第 10 版），邱泽奇译，华夏出版社 2005 年版。

［美］巴巴拉·西尔斯、［美］丽塔·里齐：《教育技术：领域的定义和范畴》，乌美娜译，中央广播电视大学出版社 1999 年版。

［美］班杜拉（Albert Bandura）：《自我效能：控制和实施》，缪小春译，华东师范大学出版社 2003 年版。

蔡宪：《E-learning 与学校教学》，《南京师大学报（自然科学版）》2002 年第 S1 期。

陈晓萍、徐淑英、樊景立：《组织与管理研究的实证方法》，北京大学出版社 2008 年版。

董艳：《自我效能感在国内远程教育领域研究中的研究综述》，《远程教育杂志》2008 年第 6 期。

段文婷、江光荣：《计划行为理论述评》，《心理科学进展》2008 年第 2 期。

［美］弗林克尔·瓦伦：《教育研究的设计与评估》，蔡永红译，华夏出版社 2004 年版。

高建江：《班杜拉论自我效能的形成与发展》，《心理科学》1992 年第 6 期。

何克抗：《E-Learning 与高等教学的深化改革（上）》，《中国电化教育》2002 年第 3 期。

何智：《中学教师使用信息技术教学的影响因素研究》，硕士学位论文，首都师范大学，2006年。

侯杰泰、温忠麟、成子娟等：《结构方程模型及应用》，教育科学出版社2004年版。

黄芳铭：《结构方程模式：理论及应用》，中国税务出版社2005年版。

黄荣怀、江新、张进宝：《创新与变革——教育信息化的核心价值》，教育科学出版社2007年版。

金兼斌：《技术传播——创新扩散的观点》，黑龙江人民出版社2000年版。

康宁：《网络化与大学教育》，《高等教育研究》2000年第1期。

李艳、［美］James. R. Linder：《高校教师对网络教育发展中的障碍因素的认识——来自中国农业大学教师群体的问卷调查报告》，《开放教育研究》2005年第6期。

林雯、胡华进、杨满福：《从创新扩散的角度看高校教育技术推广应用——论广西高校教育技术推广的"四主"模式》，《现代教育技术》2009年第9期。

刘承波：《信息时代高等学校教学过程的变革及其运行机制》，博士学位论文，厦门大学，2002年。

刘先义：《教育技术革命及其实现》，《学术交流》1996年第1期。

鲁耀斌、徐红梅：《技术接受模型的实证研究综述》，《研究与发展管理》2006年第3期。

［美］帕特丽夏·加姆波特、马克·查：《技术与高等教育——新时代的契机与变革》，《北京大学教育评论》2003年第4期。

［美］S. E. Taylor等：《社会心理学》（第10版），谢晓菲等译，北京大学出版社2006年版。

［美］斯蒂芬·P. 罗宾斯：《组织行为学》，孙健敏、李原译，中国人民大学出版社2005年版。

宋风宁、苏良亿、黎玉兰：《高校网络教学中教师阻抗因素探析》，《江苏高教》2005年第4期。

汪琼：《迎接数字化校园的挑战——教育变革模型及其应用》，《北京大学教育评论》2005年第3期。

汪琼：《网上教学成功四要素》，北京大学出版社2007年版。

王春蕾、刘美凤：《美国影响信息技术在学校教育中有效应用的因素分析》，《开放教育研究》2004 年第 2 期。

王海燕：《高校网络教学实施效果调查与分析——以宁波大学为例》，《宁波大学学报》（教育科学版）2005 年第 3 期。

王运武、陈琳：《中外教育信息化比较研究》，电子工业出版社 2008 年版。

吴明隆：《结构方程模型——Amos 的操作与应用》，重庆大学出版社 2009 年版。

吴明隆：《SPSS 统计应用实务》，台北文魁信息股份公司 2000 年版。

谢云、钟志贤：《创新推广理论视野中的教育信息化发展》，《中国教育信息化》2007 年第 5 期。

许炜：《技术接受模型研究领域的可视化引文分析》，《图书·情报·知识》2008 年第 2 期。

杨健：《中学教师应用信息技术态度的质的研究》，硕士学位论文，西北师范大学，2002 年。

郁阳刚、任慧军、郭晓虹等：《组织行为学——理论·实务·案例》，清华大学出版社 2010 年版。

翟杰全：《技术转移与扩散：技术传播与企业的技术传播》，北京理工大学出版社 2009 年版。

张豪锋、白雪：《技术接受模型及其在信息化合作学习中的作用》，《中国电化教育》2008 年第 5 期。

张进宝、毕海滨：《创新扩散视角下的教育技术应用推广机制研究》，《开放教育研究》2008 年第 5 期。

张俐蓉：《信息技术与学校教育关系的反思与重构》，教育科学出版社 2007 年版。

张楠、郭迅华、陈国青：《信息技术初期接受扩展模型及其实证研究》，《系统工程理论与实践》2007 年第 9 期。

章伟民、曹揆申：《教育技术学》，人民教育出版社 2000 年版。

赵国栋、黄永忠：《关于中国高等教育信息化发展状况的调查分析》，《中国远程教育》2005 年第 8 期上。

郑旭东：《领袖群伦：唐纳德·伊利教育技术学学术思想研究论纲》，《电化教育研究》2005 年第 4 期。

钟志贤、杨蕾：《21 世纪的教育技术：走进教育信息化》，《中国电化教育》2002 年第 3 期。

英文部分:

Abrahams, D. , *Technology Adoption in Higher Education: A Framework for I-dentifying and Prioritizing Issues and Barriers to Adoption*, Ph. D. Dissertation, Cornell University, 2004.

Adams, D. A. , Nelson, R. R. & Todd, P. A. , "Perceived Usefulness, Ease of Use, and Usage of Information Technology: A Replication", *Mis Quarterly*, Vol. 16, No. 2, 1992, pp. 227 – 247.

Agarwal, R. & Prasad, J. , "Are Individual Differences Germane to the Acceptance of New Information Technologies ?", *Decision Sciences*, Vol. 30, No. 2, 1999, pp. 361 – 391.

Agarwal, R. , Sambamurthy, V. & Stair, R. M. , "The Evolving Relationship between General and Specific Computer Self-Efficacy—An Empirical Assessment", *Information System Research*, Vol. 11, No. 4, 2000, pp. 418 – 430.

Agarwal, R. & Prasad, J. , "A Conceptual and Operational Definition of Personal Innovativeness in the Domain of Information Technology," *Information Systems Research*, Vol. 9, 1998, pp. 204 – 215.

Ajzen, I. , "The Theory of Planned Behavior", *Organizational Behavior and Human Decision Process*, Vol. 50, 1991, pp. 179 – 211.

Ajzen, I. , "From Intentions to Actions: A Theory of Planned Behaviour, Action Control: From Cognition to Behaviour", Kuhl, Julius; Beckmann, Jürgen, *Action control: From cognition to behavior*, Berlin and New York: Springer-Verlag, 1985, pp. 11 – 39.

Ball, S. R. , *The Role of Organization Culture in Innnovation Adoption: Teaching through the Internet in Specialized Schools of Business*, Ph. D. Dissertation, University of Michigan, 2005.

Bandura A. , "Reflection on Self-Efficacy", *Advance in Behavioral Research and Therapy*, S. Rachman (Ed), PergamonPress, Oxford, England, 1978, pp. 237 – 269.

Bandura, A. , "Self-Efficacy Mechanism in Human Agency", *American Psy-

chologist, Vol. 37, No. 2, 1982, pp. 1122 – 1147.

Bandura, A., *Self-Efficacy: The Exercise of Control*. New York: Freeman, 1997.

Bandura A., "Guide for constructing self-efficacy scales", *Self-efficacy beliefs of adolescents*, Vol. 5, 2006, pp. 307 – 337.

Bandura, A., *Social Foundations of Thought and Action: A Social Cognitive Theory*, Prentice Hall, Englewood Cliffs, 1986.

Bandura. A., "Self-efficacy: Toward a Unifying theory of behavioral change", *Psychological Review*, Vol. 2, 1977, pp. 191 – 215.

Bates, R. & Khasawneh, S., "Self-Efficacy and College Students' Perceptions and Use of Online Learning Systems", *Computers in Human Behavior*, Vol. 23, 2007, pp. 175 – 191.

Bauder, D. Y., *Computer Integration in K-12 Schools: Conditions Related to Adoption and Implementation (Kindergarten, Twelfth-Grade)*, Ph. D. Dissertation, Syracuse University, 1993.

Bejar, I., "Biased Assessment of Program Impact Due to Psychometric Artifacts", *Psychological Bulletin*, Vol. 87, 1980, pp. 513 – 524.

Bekkering, E., Hutchison, D., "A Follow-Up Study of Using Remote Desktop Applications in Education", *Information Systems Education Journal*, Vol. 7, 2008.

Bommer, M. & Jalajas, D. S., "The Threat of Organizational Downsizing on the Innovative Propensity of R&D Professionals", *R&D Management*, Vol. 29, 1999, pp. 27 – 34.

Boudreau, M. C., *Learning to Use ERP Technology: A Causal Model*. 36th Hawaii International Conference on System Sciences (Hicss' 03), IEEE Computer Society, 2003.

Brett J. L., Griffeth, L. R. & Hartman, S., "Measuring Student Perceptions of Blackboard Using The Technology Acceptance Model", *Decision Sciences Journal of Innovative Education*, Vol. 4, No. 1, 2006, pp. 87 – 99.

Brown, S. A., Venkatesh, V. "Model of Adoption of Technology in Households: A Baseline Model Test and Extension Incorporating Household Life Cycle", *MIS Quarterly*, Vol. 29, No. 3, 2005, pp. 399 – 426.

Chan, H. , Lam-Hang, J. & Yang, J. , *Testing the Boundaries ofthe Technology Acceptance Model*, Hershey, Pa: Idea Group Publishing, 2003.

Chang, Su-Chao and Tung, Feng-Cheng, "An Empirical Investigation of students' Behavioural Intentions to Use the Online Learning Course Websites", *British Journal of Educational Technology*, Vol. 39, No. 1, 2008, pp. 71 – 83.

Chau, P. , Hu, P. , "Information Technology Acceptance by Individual Professionals: A Model Comparison Approach", *Decision Sciences*, Vol. 32, No. 4, 2001, pp. 600 – 710.

Chen, Yu-Li. , "Modeling The Determinants of Internet Use", *Computers & Education*, Vol. 51, No. 2, 2008, pp. 545 – 558.

Cheung, W. , Huang, W. , "Proposing a Framework to Assess Internet Usage in University Education: An Empirical Investigation from A Student's Perspective", *British Journal of Educational Technology*, Vol. 36, No. 2, 2005, pp. 237 – 253.

Chin, W. W. & A. Gopal. , "Adoption Intention in GSS Relative Importance of Beliefs", *DATA BASE*, Vol. 26, No. 2&3, 1995, pp. 42 – 63.

Chuang, J. , *The Relationships between Junior High School Teacher's Information Literacy and Their Integration of Information Technology into Curriculum in Taiwan*, Ph. D. Dissertation, Spalding University, 2004.

Cialdini, R. B, "Crafting normative messages to protect the environment. *Current Directions in Psychological Science*, Vol. 12, 2003, pp. 105 – 109.

Cialdini, R. B. , Reno, R. R. & Kallgren, C. A. , "A Focus Theory of Normative Conduct: Recycling the Concept of Norms to Reduce Littering in Public Places", *Journal of Personality and Social Psychology*, Vol. 58, No. 6, 1990, pp. 1015 – 1026.

Coffland, D. A. & Strickland, A. W. , "Factors Related to Teacher Use of Technology in Secondary Geometry Instruction", *The Journal of Computers in Mathematics and Science Teaching*, Vol. 23, No. 4, 2004, pp. 347 – 365.

Coladaci, T. , "Teachers' Sense of Efficacy and Commitment to Teaching", *Journal of Experimental Education*, Vol. 60, No. 4, 1992, pp. 323 – 337.

Compeau, D. R. , C. A. Higgins & S. L. Huff, "Social Cognitive Theory And

Individual Reactions to Computing Technology: A Longitudinal Study", *MIS Quarterly*, Vol. 23, No. 2, 1999, pp. 145 – 158.

Cooper, R. & Zmud, R., "Information Technology Implementation Research: A Technological Diffusion Approach", *Management Science*, Vol. 36, No. 2, 1990, pp. 123 – 139.

Czarkie, D., Gal, C. & Kuntzman, Z., "Teacher's Use and Acceptance of The Educational Municipal Portal as A Part of Learning/Teaching", *A Working Paper. In Proceedings of World Conference on Educational Multimedia, Hypermedia and Telecommunications*, Chesapeake, VA: Aace, 2008, pp. 351 – 355

Daugherty, M. & Funke, B., "University Faculty and Student Perceptions of Web-Based Instruction", *Journal of Distance Education*, Vol. 3, No. 1, 1998, pp. 21 – 39.

Davis, F. D., *A Technology Acceptance Model for Empirically Testing New End-User Information Systems: Theory and Results*, Ph. D. Dissertation, MIT Sloan School of Management, 1986.

Davis, F. D., "Perceived Usefulness, Perceived Ease of Use, And User Acceptance of Information Technology", *MIS Quarterly*, Vol. 13, No. 3. 1989, pp. 319 – 340.

Davis, F. D., Bagozzi, R. P. & Warshaw, P. R., "User Acceptance of Computer Technology: A Comparison of Two Theoretical Models", *Management Science*, Vol. 35, 1989, pp. 982 – 1003.

Davis, F. D. & Venkatesh, V. A., "Critical Assessment of Potential Measurement Biases in the Technology Acceptance Model: Three Experiments", *International Journal of Human-Computer Studies*, Vol. 45, No. 1, 1996, pp. 19 – 45.

Davis, F. D., "User Acceptance of Information Technology: System Characteristics, User Perceptions and Behavioral Impacts", *International Journal of Man-Machine Studies*, Vol. 38, No. 3, 1993, pp. 475 – 487.

Derco, J., *Instructuctional Technology Adoption at the University of Tennessee: Perceived Influences of Select Faculty Members*, Ph. D. Dissertation, The University of Tennessee, 1999.

Do, T. , *Rogers' S Five Main Attributes of Innovation on the Adoption Rate of Online Learning*, Ph. D. Dissertation, Hawaii Pacific University, 2008.

Dooley, K. E. , Murphrey, T. P. , "How the Perspectives of Administrators, Faculty, and Support Units Impact the Rate of Distance Education Adoption", 2006. (http: //www. westga. edu/ ~ distance/ojdla/winter34/ dooley34. html).

Drennan, J. , Kenedy, J. , Pisarski, A. , "Factors Affecting Student Attitudes toward Flexible Online Learning in Management Education", *The Journal of Educational Research*, Vol. 98, No. 6, 2005.

Ely, D. P. , "Conditions That Facilitate the Implementation of Educational Technology Innovations", *Educational Technology*, Vol. 32, No. 6, 1999, pp. 23 – 27.

Erik, M. , Van Raaij, Jeroen, J. L. & Schepers. , "The Acceptance and Use of a Virtual Learning Environment in China", *Computers & Education*, Vol. 50, 2008, pp. 838 – 852.

Ertmer, P. A. , "Addressing First- And Second-Order Barriers to Change: Strategies for Technology Integration", *Etr & D*, Vol. 47, 1999, pp. 47 – 61.

Farquhar, J. D. & Surry, D. W. , "Adoption Analysis: an Additional Tool for Instructional Developers", *Education and Training Technology International*, Vol. 31, No. 1 1994, pp. 19 – 25.

Faseyitan, S. , Libii J. N, and Hirschbuhl, J. , "An Inservice Model for Enhancing Faculty Computer Selfefficacy", *British Journal of Educational Technology*, Vol. 27, 1996, pp. 214 – 216.

Fichman, R. G. , "Information Technology Diffusion: A Review of Empirical Research". *ICIS*. 1992, pp. 195 – 206.

Fichman, R. , "The Diffusion and Assimilation of Information Technology Innovations", In Zmud, R. , *Framing the Domains of It Management: Projecting the Future through the Past*, Pinnaflex Press, Cincinnati Oh, 2000, pp. 105 – 128.

Fishbein, M. , Ajzen, I. , *Belief, Attitude, Intention and Behavior: An Introduction of Theory and Research*, Reading, Ma: Addision-Wesley Publishing Company, 1975.

Fulk, J., Schmitz, J. & Steinfield, C. W, "A Social Influence Model of Technology Use", *Organizations and communication technology*, Vol. 117, 1990, p. 142.

Fullmer, P., *The Implementation Technological Innovation in an Institution of Higher Education: A Case Study*, Ph. D. Dissertation, Wilmington College, 2006.

Gallivan, M. J., "Organizational Adoption and Assimilation of Complex Technological Innovation: Development and Application of a New Framework", *The Data Base for Advances in Information Systems*, Vol. 32, No. 3, 2001, pp. 51 – 85.

GAO, Y., "Applying theTechnology Acceptance Model (TAM) to Educational Hypermedia: A Field Study", *Jl. of Educational Multimedia and Hypermedia*, Vol. 14, No. 3, 2005, pp. 237 – 247.

Gefen, D. & Straub, D., "The Relative Importance of Perceived Ease of Use in Is Adoption: A Study of E-Commerce Adoption", *Journal of the Association of Information System*, Vol. 1, 2000, pp. 1 – 27.

Geri, N., Elaiza, O. N., "Beyond Adoption: Barriers to an Online Assignment Submission System Continued Use", *Interdisciplinary Journal of E-Learning and Learning Objects*, Vol. 4, 2008.

Gibson, S. G., Harris, M. L. & Colaric, S. M., "Technology Acceptance inan Academic Context: Faculty Acceptance of Online Education", *Journal of Education for Business*, Vol. 83, No. 6, 2008, pp. 355 – 359.

Glass, G. V., "Primary, Secondary, and Meta-Analysis of Research", (http: //stat. smmu. edu. cn /history/primary. pdf).

Graham, C. R. & Robison, R., "Realizing the Transformational Potential of Blended Learning: Comparing Cases of Transforming Blends and Enhancing Blends in Higher Education", In *Blended Learning: Research Perspectives*, Edited By Picciano, A. G. and Dziuban, C. D. Needham, Ma: Sloan Consortium, 2007, pp. 83 – 110.

Grimes, D. D., *Factors That Influenced Faculty inthe Decision to Adopt the Internet for Instruction at Southeastern United States University*, Ph. D. Dissertation, East Carolina University, 2005.

Grimes, D. D. , *Factors That Influenced Faculty in the Decision to Adopt the Internet for Instruction at Southeastern United States University*, Ph. D. Dissertation, East Carolina University, 2005.

Groves, M. & Zemel, P. , "Instructional Technology Adoption in Higher Education: an Action Research Case Study", *International Journal of Instructional Media*, Vol. 27, No. 1, 2000, pp. 57 – 65.

Guskey, T. , "Teacher Efficacy, Self-Concept, and Attitudes toward the Implementation of Instructional Innovation", *Teaching & Teacher Education*, Vol. 4, No. 1, 1988, pp. 63 – 69.

Haber, J. R. , *Perceptions of Barriers Concerning Effective Online Teaching and Policies: Florida Community College Full-Time Faculty Members*, Ph. D. Dissertation, University of South Florida, 2005.

Halfhill, C. S. , *An Investigation into Factors Influencing Faculty Behavior Concering Distance Learning Instruction Using Theory of Planned Behavior*, Ph. D. Dissertation, The University of Central Florida, 1998.

Hanna, B. R. , Factors Influencing Teachers' Use of Information Technoloty in Their Classrooms, Ph. D. Dissertation, University of Connecticut, 2001.

Harris, J. B. & Grandgenett, N. , "Correlates with Use of Telecommuting Tools: K-12 Teachers'Beliefs and Demographics", *Journal of Research on Computing in Education*, Vol. 31, No. 4, 1999, pp. 327 – 340.

Harrison, D. A. , Mykytyn Jr. , P. P. , and Rjemenschneider, C. K. , "Executive Decisions about Adoption of Information Technology in Small Business: Theory and Empirical Tests", *Information System Research*, Vol. 8, No. 2, 1997, pp. 171 – 195.

Hartwick, J. & Barki, H. , "Explaining the Role of User Participation in Information System Use", *Management Science*, Vol. 40, No. 4, 1994, pp. 440 – 465.

Hendrickson, A. R. , and Latta, P. D. , "An Evaluation of the Reliability and Validity of Davis's Perceived Usefulness and Perceived Ease of Use Instrument", *Journal of Computer Information Systems*Vol. 36, No. 3, 1996, pp. 77 – 82.

Hendrickson, A. R. , Massey, P. D. and Cronan, T. P. , "On the Test-Retest Reliability of Perceived Usefulness and Perceived Ease of Use Scales", *MIS Quarterly*, Vol. 17, No. 2, 1993, pp. 227 –230.

Hoerup, S. L. , *Diffusion ofan Innovation: Computer Technology Integration and the Role ofCollaboration*, Ph. D. Dissertation, Virginia Polytechnic Institute and State University, 2001.

Holloway, R. E, "Diffusion and Adoption of Educational Technology: A Critique of Research Design", In Jonassen, D. H. , *Handbook of Research for Educational Communications and Technology*, New York, NY: Simon & Schuster Macmillan, 1997, pp. 1107 –1133.

Hsu, C. L. , Lu, H. P. , "Why Do People Play Online Games? an Extended TAM with Social Influences and Flow Experience", *Information & Management*, Vol. 41, No. 7, 2004, pp. 53 –868.

Hu, P. J. , Chau, P. Y. K, Sheng, O. R. L. , Tam, K. Y. , "Examining the Technology Acceptance Model Using Physician Acceptance of Telemedicine Technology", *Journal of Management Information System*, Vol. 16, No. 2, 1999, pp. 91 –112.

Hubona, G. S. & Cheney, P. H. , "System Effectiveness of Knowledge-Based Technology: The Relationship of User Performance and Attitudinal Measures", *Proceedings of the Twenty-Seventh Annual Hawaii International Conference on System Sciences (Hicss-27)*, 1994, pp. 532 –541.

Hyland, A. , "to Teach Online or Not? The Decision Facing University Teachers", 2003. (http://surveys. canterbury. ac. nz/herdsa03/pdfsnon/n1090. pdf).

Igbaria, M. & Iivari, J. , "The Effects of Self-Efficacy on Computer Usage", *OMEGA*, Vol. 23, No. 6, 1995, pp. 587 –605.

Igbaria, M. , N. Zinatelli, P. Cragg & Cavaye, A. L. M. , "Personal Computing Acceptance factors in Small Firms: A Structural Equation Model", *MIS Quarterly*, Vol. 21, No. 3, 1997, pp. 279 –305.

Ilie, V. , Slyke, C. V. , Parikh, M. A. & Courtney, J. F, "Paper Versus Electronic Medical Records: The Effects of Access on Physicians' Decisions to Use Complex Information Technologies", *Decision Sciences*, Vol. 40,

No. 2, 2009, pp. 213 – 241.

Isman, A. & Dabaj, F., "Diffusion of Distance Education in North Cyprus", *Turkish Online Journal of Distance Education*, Vol. 6, No. 4, 2005. (http: //tojde. anadolu. edu. tr/tojde20/pdf/article6. pdf).

Jacobsen, M., *Adoption Patterns and Characteristics of Faculty Who Integrate Computer Technology for Teaching and Learning in Higher Education*, Ph. D. Dissertation, Calgary University, 1998.

Jebeile, S. & Reeve, R., "The Diffusion of E-Learning Innovations in an Australian Secondary College: Strategies and Tactics for Educational Leaders", *The Innovation Journal*, Vol. 8, No. 4, 2003.

Karahanna, E. & Straub, D. W., "The Psychological Origins of Perceived Usefulness and Ease-of-Use", *Information and Management* Vol. 35, No. 4, 1999, pp. 237 – 250.

Kearns, K., "Innovations In Local Governments: A Sociocognitive Network Approach", *Knowledge and Policy*, Vol. 5, No. 2, pp. 45 – 67.

Keen, P., "Information Systems and Organizational Change", *Communications of the ACM*, Vol. 24, No. 1, 1981, pp. 24 – 32.

Keller, C., *Virtual Learning Environments in Higher Education: A Study of User Acceptance*, Ph. D. Dissertation, Linköping University, Sweden, 2007.

Khan, B. H., "Web-Based Instruction (WBI): What Is It and Why Is It?" In B. H. Khan, *Web-Based Instruction*, Englewood Cliffs, NJ: Educational Technology Publications, Inc, 1997.

Kim, J. W. & Lee, H. S., "Some Considerations in Diffusing E-Teaching for Higher Education: A Case of Sahmyook University in Korea" *Journal of Internet Banking and Commerce*, Vol. 13, No. 2, 2008.

Kim, M. R., "Factors Influencing The Acceptance of E-Learning Courses for Mainstream Faculty in Higher Institutions", 2008. (http: //itdl. org/journal/feb08/article03. htm).

Kripanont, N. *Examining a Technology Acceptance Model of Internet Usage by Academics within Thai Business Schools*, Ph. D. Dissertation, Victoria University, 2007.

Kwon, T. & Zmud, R., "Unifying the Fragmented Models of Information Sysytems Implemwntation", in (Editors) Boland, R. & Hirschheim, R. , *Critical Issues In Information Systems Research*, John Wiley & Sons, 1987.

Lau, S. H. , Woods, P. C. , "An Investigation of User Perceptions and Attitudes towards Learning Objects", *British Journal of Educational Technology*, Vol. 39, No. 4, 2008, pp. 685 – 699.

Lee, H. , *A Comprehensive Innovation Diffusion Model in a Higher Educational Setting: Post Facto Formative Research*, Ph. D. Dissertation, Idiana University, 2001.

Lee, Y. C. , "The Role of Perceived Resources in Online Learning Adoption", *Computers & Education*, Vol. 50, 2008, pp. 1423 – 1438.

Lee, Y. , Kozar, K. A. , Larsen, K. R. T. , "The Technology Acceptance Model: Past, Present, and Future", *Communications of the Association for Information System*, Vol. 12, 2003, pp. 52 – 780.

Lewis, W. , Agarwal, R. & Sambamurthy, V. , "Sources of Influence on Beliefs about Information Technology Use: an Empirical Study of Knowledge Workers", *Mis Quarterly*, Vol. 27, 2003, pp. 657 – 678.

Li, Y. , *Faculty Perceptions about Attributes and Barriers Impacting Diffusion of Web-Based Distance Education (WBDE) at the China Agricultural University*, Ph. D. Dissertation, Texas A & M University, 2004.

Liao, S. , Shao, Y. , Wang, H. , Chen, A. , "The Adoption of Virtual Banking: an Empirical Study", *International Journal of Information Management*, Vol. 19, No. 1, 1999, pp. 63 – 74.

Liao, H. A. , "Communication Technology, Student Learning, and Diffusion of Innovation", *College Quarterly*, Vol. 8, 2005, pp. 1 – 18.

Liao, Hsiu-Li and Lu, Hsi-Peng, "The Role of Experience and Innovation Characteristics in the Adoption and Continued Use of E-Learning Websites", *Computers & Education*, Vol. 51, 2008, pp. 1405 – 1416.

Liaw, Shu-Sheng, "Investigating Students' Perceived Satisfaction, Behavioral Intention, and Effectiveness of E-Learning: a Case Study of The Blackboard System", *Computers & Education*, Vol. 51, 2008, pp. 864 – 873.

Lin, H. F. & Lee, G. G. "Effects of Socio-Technical Factors on Organizational Intention to Encourage Knowledge Sharing", *Management Decision*, Vol.

44, No. 1, 2007, pp. 74 – 88.

Liu, Xiaojing, *Socio-Cultural Factors Affecting the Success of an Online MBA Course*: *A Case Study Viewed from Activity Theory Perspective*, Ph. D. Dissertation, Indiana University, 2006.

Ma, W. W., Anderssonw, R. & Streithw, K. O., "Examining User Acceptance of Computer Technology: An Empirical Study of Student Teachers", *Journalof Computer Assisted Learning*. Vol. 21, 2005, pp. 387 – 395.

MacKenzie, D., *Knowing machines*: *Essays on technology change*, Cambridge, MA: MIT Press, 1996, pp. 7.

Mahdizadeh, H., Biemans, H. & Mulder, M., "Determining Factors ofthe Use of E-Learning Environments by University Teachers", *Computers & Education*, Vol. 51, 2008, pp. 142 – 154.

Marakas, C. M., Yi, M. Y. & Johnson, R. D., "The Multilevel and Multifaceted Character of Computer Self-Efficacy: toward Clarification of the Construct and an *Integrate Framework for Research*", Information System Research, Vol. 9, No. 2, 1998, pp. 126 – 163.

Marcinkiewicz, H. R. &Regstad, N. G., "Using Subjective Norms to Predict Teachers' Computer Use", *Journal of Computing in Teacher Education*, Vol. 13, No. 1, 1995, pp. 27 – 33.

Marcinkiewicz, H. R., "Computer and Teachers: Factors Influencing Computer Use in the Classroom", *Journal of Research on Computing In Education*, Vol. 26, No. 2, 1993, pp. 220 – 237.

Marcinkiewicz, H. R., "Differences in Computer Use of Practicing versus Preservice Teachers", *Journal of Research on Computing In Education*, Vol. 27, No. 2, 1994, pp. 184 – 197.

Marson, B. M., *The Adoption and Implementation of Online Public Access Catalogs in The North Carolina Community College System*, Ph. D. Dissertation, North Carolina University, 2001.

Martinez-Torres, M. R. & Marin S. L. T., "A Technological Acceptance of E-Learning Tools Used in Practical and Laboratory Teaching, According to the European Higher Education Area", *Behaviour & Information Technology*, Vol. 27, 2008, pp. 495 – 505.

Mathieson, K., "Predicting user intentions: Comparing the technology acceptance model with the theory of planned behavior", *Information Systems Research*, Vol. 2, No. 3, 1991, pp. 173 –191.

McQuiggan, C. A. "A Survey of University Faculty Innovation Concerns and Perceptions That Influence the Adoption and Diffusion of a Course Management System", 2006. (http://files. eric. ed. gov/fulltext/ED492812. pdf)

Michele, J. D., "Adoption Patterns of Faculty Who Integrate Computer Techology for Teaching and Learning in Higher Education", Social Sciences and Humanities Reseach Council of Canada Ottawa, 1998.

Midgley, David. F. & Dowling, Grahame R., "Innovativeness: The Concept and Its Measurement", *Journal of Consumer Research*, Vol. 4, 1978, pp. 229 –242.

Miller, L. and Olsen, J., "in Canada: How Computers Live in Schools", *Educational Leadership*. Vol. 3, No. 2, 1995, pp. 74 –77.

Moon, J. W. & Kim, Y. G., "Extending the Tam for a World-Wide-Web Context", *Information & Management*, Vol. 38, No. 4, 2001, pp. 217 –230.

Moore, Gray C., "End User Computing and Office Automation: a Diffusion of Innovations Perspective", *INFO*. Vol. 25, No. 3, 1987, pp. 214 –235.

Moore, G. C. & Benbasat, I., "Development of an Instrument to Measure the Perceptions of Adopting an Information Technology Innovation", *Information Systems*, Vol. 2, No. 3, 1991, pp. 192 –222.

Moskal, Martin & Foshee., "Educational Technology and Distance Education in Central Florida: an Assessment of Capabilities", *The American Journal of Distance Education*, Vol. 11, No. 1, 1997, pp. 6 –23.

Mwaura, C., "Influence of Attributes of Innovations on the Integration of Web-Based Instruction by Faculty Members", *the Turkish Online Journal of Educational Technology*, Vol. 3, No. 2, 2004. (http://www. tojet. net/ articles/326. htm).

Nanayakkara, C., "A Model of User Acceptance of Learning Management Systems: a Study within Tertiary Institutions in New Zealand", *International Journal of Learning*, Vol. 13, No. 12, 2007.

Naveh, G. , Tubin, D. , Pliskin, N. , "Web Sites for Every Department Course", *Campus-Wide Information Systems*, Vol. 23, No. 2, 2006, pp. 68 – 75.

Ndubisi, N. O. , "Factors Influencing E-Learning Adoption Intention: Examining the Determinant Structure of the Decomposed Theory of Planned Behaviors Constructs", HERDSA 2004 Conference, 2004, (http: //www. herdsa. org. au/wp-content/uploads /conference/2004/PDF/P057-jt. pdf).

Ngai, E. W. T. , Poon, J. K. L. & Chan, Y. H. C. , "Empirical Examination of the Adoption of Webct Using TAM", *Computers & Education*, Vol. 48, 2007, pp. 250 – 267.

Pan, C. C. , Sivo, S. , Gunter, G. & Cornell, R. , "Students' Perceived Ease of Use of an Elearning Management System: An Exogenous or Endogenous Variable?" *Journal of Educational Computing Research*, Vol. 33, No. 3, 2005, pp. 285 – 307.

Park, B, *Faculty Adoption and Utilization of Web-Assisted Instruction (WAI) In Higher Education: Structural Equation Modeling (SEM)*. Ph. D. Dissertation, Florida State University, 2003.

Park, H. , *Factors That Affect Information Technology Adoption by Teachers*, Ph. D. Dissertation, University of Nebraska, 2004.

Pituch, K. A. , Lee, Y. K. , "The Influence of System Characteristics on E-Learning Use", *Computers & Education*, Vol. 47, 2006, pp. 222 – 244.

Plouffe, C. R. , Hulland, J. S. , Vandenbosch, M. , " Research Report: Richness Versus Parsimony in Modeling Technology Adoption Decisions-Understanding Merchant Adoption of A Smart Card-Based Payment System", *Information System Research*, Vol. 12, No. 2, 2001, pp. 208 – 222.

Premkumar, G. & Potter, M. , "Adoption of Computer Aided Software Engineering (Case) Technology: An Innovation Adoption Perspective", *Data Base*, Vol. 26, No. 2 & 3, 1995.

Poon, C. S. & Chan, D. , "Effects of contaminants on the properties of concrete paving blocks prepared with recycled concrete aggregates", *Construction and building materials*, Vol. 21, No. 1, 2007, pp. 164 – 175.

Van Raaij, E. M. & Schepers, J. J. "The Acceptance and Use of aVirtual

Learning Environment in China", *Computers & Education*, Vol. 50, No. 3, pp. 838 – 852.

Ravitz, J., *Conditions That Facilitate Teachers' Internet Use in Schools with High Internet Connectivity*, Ph. D. Dissertation, 1999, Syracuse University.

Rivis, A. & Sheeran, P., "Descriptive Norm as an Additional Predictor in the Theory of Planned Behaviour: A Meta-Analysis", *Current Psychology: Developmental*, *Learning*, *Personality*, *Social*, Vol. 22, No. 3, 2003, pp. 218 – 233.

Robinson, L., Marshall, G. W. & Stamps, M. B., "Sales Force Use of Technology: Antecedents to Technology Acceptance", *Journal of Business Research*, Vol. 58, 2005, pp. 1623 – 1631.

Rogers, E. M. *Diffusion of Innovations*, the Free Press, New York, 1983, 1995, 2003.

Sachs, S. G., *An exploratory study comparing characteristics of innovators and non-innovators at a large university*, Ph. D. Dissertation, Michigan State University, 1976.

Saga, V. & Zmud, R., "The Nature and Determinants of It Acceptance, Routinization, and Infusion", in L. Levine (Editor), *Diffusion, Transfer, and Implementation of Information Technology*, North-Holland, Amsterdam, 1994, pp. 67 – 86.

Salancik, G. & Pfeffer, J., "A social information processing approch to job attitudes and task design", *Administrative Science Quarterly*, Vol. 23, 1978, pp. 224 – 253.

Salf, A. A. A., *The Motivating and Inhibiting Factors Affecting the Use of Web-Based Instruction at The University of Qassim in Saudi Arabia*, Ph. D. Dissertation, Wayne State University USA, 2005.

Schillewaert, N., Ahearne, M. J., Frambach, R. T. & Moenaert, R. K., "The Adoption of Information Technology in the Sales Force", *Industrial Marketing Management*, Vol. 34, 2005, pp. 323 – 336.

Schillewaert, N., Ahearne, M. J., Frambach, R. T. & Moenaert, R. K., "The Adoption of Information Technology in the Sales Force", *Industrial Marketing Management*, Vol. 34, 2005, pp. 323 – 336.

Selim, H. M. , "Critical Success Factors for E-Learning Acceptance: Conwrmatory Factor Models ", *Computers & Education*, Vol. 49, 2007, pp. 396 – 413.

Shea, P. , Pickett, A. , Li, C. S. , "Increasing Access to Higher Education: a Study of the Diffusion of Online Teaching among 913 College Faculty", *International Review of Research in Open and Distance Learning*, Vol. 6, No. 2, 2005.

Shen, D. , Laffey, J. , Lin, Y. & Huang, X. , "Social Influence for Perceived Usefulness and Ease-of-Use of Course Delivery Systems", *Journal of Interactive Online Learning*, Vol. 5, No. 3, 2006.

Sivo, S. A. , Pan. C. C. S. & Hahs-Vaughn, D. L. , "Combined Longitudinal Effects of Attitude and Subjective Norms on Student Outcomes in a Web-Enhanced Course: A Structural Equation Modelling Approach", *British Journal of Educational Technology*, Vol. 38, No. 5, 2007, pp. 861 – 875.

Smylie, M. A. , "Teacher efficacy at work", in P. Reyes (Ed.), *Teachers and Their Workplace*, 1990, pp. 48 – 66.

Stacy, W. , Sally, J. , *Technological Diffusion within Educational Institutions: Applying Techonogy Acceptance Model*, Society for Information Techonology & Teacher Education International Conference 10th, Antonio, TX, 1999, pp. 2 – 4.

Stockdill, S. H. & Morehouse, D. L. , "Critical Factors in the Successful Adoption of Technology: A Check List Based on TDC Findings", *Educational Technology*, Vol. 32, No. 1, 1992, pp. 57 – 58.

Straub, D. W. , "The Effect of Culture on Diffusion E-Mail and Fax in Japan and the U. S. ", *Information Systems Research*, Vol. 5, No. 1, 1994, pp. 23 – 47.

Straub, D. , Limayem, M. , Karahana-Evarito, E. , "Measuring System Usage: Implications for Its Theory Testing", *Management Science*, Vol. 41, No. 8, 1995, pp. 1328 – 1342.

Surry, D. & Gustafson, K. , *The Role of Perceptions in Instructional Development and Adoption*, Proceedings of Selected Research and Development Presentation at the 1994 National Convention of the Association for Educational Communications and Technology, 1994.

Surry, D. W. & Ely, D. P., "Adoption, Diffusion, Implementation, and In-stitutionalization of Instructional Design and Technology", in R. A. Reiser & J. V. Dempsey (Eds.), *Trends and Issues in Instructional Design and Technology*. Upper Saddle River, NJ: Merrill Prentice Hall, 2002.

Surry, D. W., Farquhar, J. D., "Diffusion Theory and Instructional Technology", *Journal of Instructional Science and Technology*, Vol. 2, No. 1, 1997.

Szajna, B., "Software Evaluation and Choice Predictive Validation of the Technology Acceptance Instrument", *Mis Quarterly*, Vol. 18, No. 3, 1994, pp. 319 - 324.

Tabata, L. N., and Johnsrud, L. K., "The Impact of Faculty Attitudes toward Technology, Distance Education, and Innovation", *Res High Educ*, Vol. 49, 2008, pp. 625 - 646.

Taylor, S. & Todd, P. A., "Understanding Information Technology Usage: A Test of Competing Models", *Information Systems Research*, Vol. 6, No. 2, 1995, pp. 144 - 176.

Taylor, S. & Todd, P. A., "Assessing It Usage: The Role of Prior Experience", *MIS Quarterly*, Vol. 19, No. 4, 1995, pp. 561 - 70.

Teo, T., Lee, C. B. & Chai, C. S., "Understanding Pre-Service Teachers' Computer Attitudes: Applying and Extending the Technology Acceptance Model", *Journal of Computer Assisted Learning*, Vol. 24, 2008, pp. 128 - 143.

Thatcher, J. B. & Perrewe', P. L., "An Empirical Examination of Individual Traits as Antecedents to Computer Anxiety and Computer Self-Efficacy", *MIS Quarterly*, Vol. 26, 2002, pp. 381 - 396.

Thompson, R. L., Higgins, C. A., & Howell, J. M., "Personal Computing: toward a Conceptual Model of Utilization", *MIS Quarterly*, Vol. 15, 1991, pp. 124 - 143.

Tinnerman, L. S., *University Faculty Expressions of Computer Self-Efficacy and Personal Attitudes Regarding the Viability of Distance Learning*, Ph. D. Dissertation, Indiana University of Pennsylvania, 2007.

Tornatzky L. & Fleischer, M. , *The Processes of Technological Innovation*, Lexington Books, Lexington, Ma, 1990.

Turner, A. A. , *Diffusion of Collaboration Technology in a Global Government Organization*, Ph. D. Dissertation, The George Washington University, 2007.

U. S. Department of Education, *Transforming American Education: Learning Powered by Technology——DRAFT National Educational Technology Plan 2010*, March 5, 2010. (http: //www. ed. gov/technology netp-2010).

Van Slyke, C. , Lou, H. , and Day, J. , "The Impact of Perceived Innovation Characteristics on Intention to Use Groupware", *Information Resources Management Journal*, Vol. 15, No. 1, 2002, pp. 5 – 12.

Van Slyke, C. , Belanger, F. and Comunale, C. , "Factors Influencing the Adoption of Web-Based Shopping: The Impact of Trust", *Database For Advances in Information Systems*, Vol. 35, No. 2, 2004, pp. 32 – 46.

Venkatesh, V. & Davis, F. D. , "A Model of Antecedents of Perceived Ease of Use: Development and Test", *Decision Sciences*, Vol. 27, No. 3, 1996, pp. 451 – 480.

Venkatesh, V. "Determinants of Perceived Ease of Use: Integrating Perceived Behavioral Control, Computer Anxiety and Enjoyment into the Technology Acceptance Model", *Information Systems Research*, Vol. 11, Issue4, 2000, pp. 342 – 365.

Venkatesh, V. & Davis, F. D. , "A Theoretical Extension of The Technology Acceptance Model: Four Longitudinal Field Studies", *Management Science*, Vol. 45, No. 2, 2000, pp. 186 – 204.

Venkatesh, V. , Bala, H. , "Technology Acceptance Model 3 and a Research Agenda on Interventions", *Decision Science*, Vol. 39, No. 2, 2008, pp. 273 – 315.

Venkatesh, V. , Morris, M. G. , Davis, G. B. and Davis, F. D. , "User Acceptance of Information Technology: Toward A Unified View", *MIS Quarterly*, Vol. 27, No. 3, 2003, pp. 425 – 478.

Venkatesh, V. , Davis, F. D. , Morris, M. G. , "Dead or Alive? The Development, Trajectory and Future of Technology Adoption Research", *Journal of the Association FKR Information System*, Vol. 8, No. 4, 2007, pp. 267 – 286.

Venkatesh, V. , Bala, H. , "Technogy Acceptance Model 3 and a Research Agenda on Intervenions", *Decision Science*, Vol. 39, No. 2, 2008, pp. 273 – 315.

Vispoel, W. P. & Chen, P. , *Measuring Self-Efficacy*: *the State of the Art*. Paper Presented at the American Educational Research Association, Boston, and Ma, 1990.

Walker, G. , M. , *Faculty Intentions to Use Web Enhanced Instructional Components*, Ph. D. Dissertation, Capella University, 2004.

Watson, C. E. , *Self-Efficacy*, *the Innovation-Decision Process*, *and Faculty in Higher Education*: *Implications for Faculty Development*, Ph. D. Dissertation, Virginia Polytechnic Institute and State University, 2007.

Wood, R. & Bandura, A. , "Social Cognitive Theory of Organizational Management", *Academy of Management Review*, Vol. 14, No. 3, 1989, pp. 361 – 384.

Wu, J. & Lederer, A. , "A meta-analysis of the role of environment-based voluntariness in information technology acceptance", *Management Information Systems Quarterly*, Vol. 33, No. 2, 2009, p. 11.

Zaltman, G. , Duncan, R. & Holbek, J. , *Innovations and Organizations*, New York, NY: John Wiley & Sons, Inc, 1973.

Zhang Sheng (张胜), Zhao Jue (赵珏), Tan Weiwei (谭伟伟), "Extending Tam for Online Learning Systems: An Intrinsic Motivation Perspective", *Tsinghua Science and Technology*, Vol. 13, 2008, pp. 312 – 317.

Zhen, Y. , Garthwait, A. , and Prat, A. "Factors Affecting Faculty Members' Decision to Teach or not to Teach Online in Higher Education", *Online Journal of Distance Learning Administration*, Vol. XI, No. 3, 2008.

Zmud, R. & Apple. , "Measuring Technology Incorporation/Infusion", *Journal of Product Innovation Management*, Vol. 9, 1992, pp. 148 – 155.

Zmud, R. , "An Examination of 'Push-Pull' Theory Applied to Process Innovation in Knowledge Work", *Management Science*, Vol. 30, No. 6, 1984, pp. 727 – 738.

附录：调查问卷

尊敬的各位老师：

首先感谢您对本研究的支持。本研究的目的是为了获取影响贵校老师在全日制在校生教学中使用网络教学系统的因素，以改进各项工作。

本问卷调查只用作研究用途，不涉及个人隐私，对您填写的所有内容绝对保密，问卷内容只用作整体性分析，并不对外公开。如果您对本研究结果感兴趣，欢迎与我们联系，我们愿意与您分享。衷心感谢您抽出宝贵时间填写本问卷，时间大约需要 15 分钟。

2010. 5

一　基本情况

1. 您的性别是：（1）男（2）女

2. 您的职称是：（1）教授（2）副教授（3）讲师（4）助教（5）其他

3. 您的年龄是：（1）30 岁以下　（2）31—40 岁（3）41—50 岁（4）51—60 岁（5）60 岁以上

4. 您的学科背景是：（可多选）

（1）哲学（2）经济学（3）法学（4）教育学（5）文学（6）历史学（7）理学（8）工学（9）农学（10）医学（11）管理学（12）其他

5. 您所在院系：

二　假设您听说有一个网络教学系统对您的教学很有帮助，但您从未使用过它。请选择在以下情境下您对使用该系统的信心程度。（请在最适合您的数字上画√）

1 = 非常没信心 2 = 没信心　3 = 不好说　4 = 有信心　5 = 非常有信心

如果使用该系统时没有人在旁边指点，我也能用它完成工作	1	2	3	4	5
如果有该系统的操作指南参考的话，我就能用它完成工作	1	2	3	4	5
如果我曾经见过其他人使用该系统，我就能用它来完成工作	1	2	3	4	5
如果使用过程中遇到麻烦时有人帮忙，我就能用它来完成工作	1	2	3	4	5
如果开始时有人帮助，我就能使用它来完成工作	1	2	3	4	5
如果我有足够的时间的话，我就能用该系统来完成工作	1	2	3	4	5

三　您使用网络教学系统的原因是：（单选，在适合您的选项左边的○上画√）

○ 学校（或院、系）要求我必须使用。

○ 我是自愿使用的。

四　在使用目前的网络教学系统前，您有没有使用过其他网络教学方式（如博客、BBS 讨论区、电子邮件、Moodle、自建教学网站等）？

（1）有 （2）没有

五　以下是关于在教学中使用网络教学系统的一些作用的陈述，请您选择您对每个陈述的认可程度。（请在您最认可的数字上画√）

1 = 非常不同意　2 = 不同意　3 = 不确定　4 = 同意　5 = 非常同意

在教学中使用网络教学系统有助于教学目标的实现	1	2	3	4	5
在教学中使用网络教学系统对教学方式创新有帮助	1	2	3	4	5
在教学中使用网络教学系统增加了学生可利用学习资源的广度	1	2	3	4	5
在教学中使用网络教学系统有助于提高学生的学习效果	1	2	3	4	5
在教学中使用网络教学系统使师生、生生之间的交流更方便、有效	1	2	3	4	5

续表

在教学中使用网络教学系统有助于教学目标的实现	1	2	3	4	5
使用网络教学系统对教学是有益的	1	2	3	4	5
在教学中使用网络教学系统长远来看可节省我的时间	1	2	3	4	5

六　以下是关于网络教学系统是否易学易用的陈述，请选择您对这些陈述的认可程度。（请在您最认可的数字上画√）

1 = 非常不同意　2 = 不同意　3 = 不确定　4 = 同意　5 = 非常同意

我认为，网络教学系统用起来很容易	1	2	3	4	5
我很轻易地学会了使用网络教学系统	1	2	3	4	5
我认为，在教学中使用网络教学系统做我想做的事很容易	1	2	3	4	5
在教学中使用网络教学系统涉及教学方式的改变等很多事情，总体操作起来很复杂	1	2	3	4	5

七　以下是关于网络教学系统的使用是否与您原来的教学经历相符的陈述，请选择您对这些陈述的认可程度。（请在您最认可的数字上画√）

1 = 非常不同意　2 = 不同意　3 = 不确定　4 = 同意　5 = 非常同意

使用网络教学系统教学符合我以往的教学风格	1	2	3	4	5
使用网络教学系统正好实现了我原来的一些想法	1	2	3	4	5
我担心使用网络教学系统后有可能导致教学质量下降	1	2	3	4	5
使用网络教学系统教学后在教学设计、教学方法、师生角色等方面发生了很大变化，让我感觉不好应对	1	2	3	4	5
使用网络教学系统教学耗费了我太多的时间和精力	1	2	3	4	5

八　请标出您对以下陈述的认可程度。（请在您最认可的数字上画√）

1 = 非常不同意　2 = 不同意　3 = 不确定　4 = 同意　5 = 非常同意

我的同事认为在教学中使用网络教学系统效果不错	1	2	3	4	5
我的学生认为使用网络教学系统学习效果不错	1	2	3	4	5
我的上级领导认为使用网络教学系统教学效果不错	1	2	3	4	5
我的同事认为我应该在教学中使用网络教学系统	1	2	3	4	5
我的学生认为我应该在教学中使用网络教学系统	1	2	3	4	5
我的上级领导认为我应该在教学中使用网络教学系统	1	2	3	4	5
我发现，在教学中使用网络教学系统的教师比不使用的享有更高的声誉	1	2	3	4	5
我发现，在教学中使用网络教学系统的教师比不使用的更引人注目	1	2	3	4	5
我发现，在教学中使用网络教学系统的教师更容易得到认可	1	2	3	4	5

九　请标出您对下列陈述的认可程度。（请在您最认可的数字上画√）

1 = 非常不同意　2 = 不同意　3 = 不确定　4 = 同意　5 = 非常同意

学校（或学院、系）为网络在教学上的应用勾画了一个美好的前景	1	2	3	4	5
学校（或学院、系）为教师的教学创新提供了一个开放的环境	1	2	3	4	5
学校（或学院、系）从政策上鼓励在教学中使用信息技术（如网络教学系统）	1	2	3	4	5
学校（或学院、系）认可我在教学中使用网络教学系统所做出的努力	1	2	3	4	5
学校（或学院、系）对教师的考核方法对使用网络教学系统的教师来说是有利的	1	2	3	4	5
使用网络教学系统遇到困难时，总会有技术人员帮助解决	1	2	3	4	5
我经常和同事交流探讨在使用网络教学系统过程中遇到的问题	1	2	3	4	5

续表

学校（或学院、系）为网络在教学上的应用勾画了一个美好的前景	1	2	3	4	5
学校（或学院、系）为使用网络教学系统教学提供了足够的支持材料（指导手册、相关软件、设备、工具等）	1	2	3	4	5
学校（或学院、系）为教师的专业发展提供了足够的支持（如时间、会议交流机会等）	1	2	3	4	5
我有时间在网络教学系统上开发各种教学活动	1	2	3	4	5
学校（或学院、系）开设的网络教学系统培训课程能帮助教师提高系统的使用能力	1	2	3	4	5

十　当您听说有新的教学方法、技术或媒体时，您会：

1＝非常不同意　2＝不同意　3＝不确定　4＝同意　5＝非常同意

我会想各种办法来试用它	1	2	3	4	5
一般说来，我不好决定用还是不用	1	2	3	4	5
在我周围的同事中，我总是比较早使用的	1	2	3	4	5

十一　一般来说，您在教学过程中使用网络教学系统的次数是：

（1）几乎不使用（2）小于上课总次数的1/3（3）小于上课总次数的1/2（4）小于上课总次数的2/3（5）每次课都使用

十二　请标出您对下面一些教学活动（或功能）使用的情况。（请在您最适合您的数字上画√）

1＝从没用过 2＝很少使用　3＝中等程度使用 4＝经常使用 5＝最大程度的使用

发课程通知	1	2	3	4	5	作业提交、批阅	1	2	3	4	5
张贴教学大纲	1	2	3	4	5	分组教学（自适应教学内容）	1	2	3	4	5
上传或链接课程资料	1	2	3	4	5	管理学生成绩单	1	2	3	4	5
课后讨论区（BBS）	1	2	3	4	5	学生活动记录统计	1	2	3	4	5
用聊天室进行讨论	1	2	3	4	5	学生电子档案夹	1	2	3	4	5
在线视频课堂	1	2	3	4	5	电子信箱	1	2	3	4	5
小组学习	1	2	3	4	5	同伴互评	1	2	3	4	5

　　十三　请阅读以下对使用网络教学系统情况的 4 个描述，并选择最适合你的选项：

　　○我开通了网络教学系统账户，正在学习并试验性的使用，还没正式用于教学。

　　○网络教学系统在我的教学中是一个补充角色。

　　○网络教学系统在我的教学中扮演支持角色。

　　○在我的日常教学活动中，无论师生都会很自然地用到网络教学系统来进行教学或学习，网络教学系统是我的教学的有机组成部分。

　　其他：

　　十四　与没有使用网络教学系统时相比，你认为以下哪些教学活动要素发生了变化？变化程度如何？

1 = 没有变化　2 = 稍有变化　3 = 中等变化　4 = 较大变化　5 = 很大变化　6 = 不确定

教学内容	1	2	3	4	5	6	学生角色	1	2	3	4	5	6
教学过程	1	2	3	4	5	6	网络依赖程度	1	2	3	4	5	6

　　十五　就下列陈述，请标出您认可的程度。（请您在您最认同的数字上画√）

1 = 非常不同意　2 = 不同意　3 = 不确定　4 = 同意　5 = 非常同意

在以后的教学中，我将继续使用网络教学系统	1	2	3	4	5
不管学校（或学院、系）是否提倡，在以后的教学中我将继续使用网络教学系统	1	2	3	4	5
如果有可能，我将在承担的所有课程中使用网络教学系统	1	2	3	4	5
我将做进一步的实践和研究，探讨网络教学系统和教学的改进和创新	1	2	3	4	5

　　十六　您认为在教学中成功地利用网络教学方式需要哪些条件？

　　十七　您认为在教学中利用网络教学方式的阻碍因素是什么？

　　十八　请您提供一些其他方面的建议。